LOGISTICS MANAGEMENT

21世纪物流

国际物流管理

International Logistics Management

王昭凤 主编

電子工業出版社
Publishing House of Electronics Industry
北京 · BEIJING

图书在版编目（CIP）数据

国际物流管理 / 王昭凤主编. —北京：电子工业出版社，2013.7
21 世纪物流管理系列规划教材
ISBN 978-7-121-20470-8

Ⅰ. ①国… Ⅱ. ①王… Ⅲ. ①国际贸易－物流－物资管理－高等学校－教材 Ⅳ. ①F252

中国版本图书馆 CIP 数据核字(2013)第 105849 号

责任编辑：杨洪军
印　　刷：涿州市般润文化传播有限公司
装　　订：涿州市般润文化传播有限公司
出版发行：电子工业出版社
　　　　　北京市海淀区万寿路 173 信箱　邮编 100036
开　　本：787×980　1/16　印张：17.25　字数：356 千字
版　　次：2013 年 7 月第 1 版
印　　次：2023 年 6 月第10次印刷
定　　价：36.00 元

凡所购买电子工业出版社图书有缺损问题，请向购买书店调换。若书店售缺，请与本社发行部联系，联系及邮购电话：（010）88254888，88258888。
质量投诉请发邮件至 zlts@phei.com.cn，盗版侵权举报请发邮件至 dbqq@phei.com.cn。
本书咨询联系方式：（010）88254199，sjb@phei.com.cn。

21世纪物流管理系列规划教材

编委会名单

总　序

物流业作为国民经济发展的动脉和基础产业，具有十分重要的地位。国际上，物流业的发展水平已经成为衡量一个国家社会经济发展水平和综合国力的重要指标。随着我国市场经济的快速发展、科学技术的进步及消费者需求的日益多元化和个性化，物流业作为“第三利润源泉”日益受到企业的关注。为进一步促进我国经济发展，近年来，政府大力推动各地区兴建不同类型的物流中心，我国物流业作为一个独立的产业部门迅速崛起。但由于目前我国的物流业还处于初步发展阶段，企业物流和物流企业的发展仍具有一定的盲目性。受物流人才短缺的制约，物流运作中的技术运用和物流管理仍处于较低水平，物流规划、仓储管理、合理化运输及物流信息系统等方面的发展与世界先进水平相比仍有较大的差距，无法完全适应不断发展的市场需求。因此，加强物流技术人员和物流管理人员的培养是我国物流业发展的关键。

为适应物流业发展的要求，自2000年以来，经教育部批准，各高等院校纷纷设立了与物流相关的专业。南开大学滨海学院的物流管理专业正是在这一背景下诞生的。滨海学院物流管理专业自诞生之日起，就明确地把专业目标确定为：面向社会培养应用型中高级物流管理人才。为了实现这一专业培养目标，南开大学滨海学院于2004年年底启动了21世纪物流管理系列规划教材的编写工作。

本套教材共9册，包括《物流管理概论》、《物流运输组织与管理》、《物流管理信息系统》、《物流系统规划与设计》、《供应链管理》、《物流财务管理》、《国际物流组织与管理》、《物流法理论与实务》和《仓储和配送管理》。本套教材的编写工作由南开大学滨海学院物流管理专业主任王昭凤具体负责策划和组织，以南开大学经济学院、经济与社会发展研究院相关专业以及滨海学院物流管理专业的师资为主要编写力量。参编人员结合本科生的特点和我国物流业发展的实际情况，在以往研究的基础上，参阅了国内外大量同类教材和相关的研究资料，经过一年多的努力，完成了本套教材的编写工作。

本套教材具有以下几个突出特点：

第一，系统性与完整性。从整套教材到每个分册，在内容设计上都坚持突出系统性与完整性的原则。本套教材在集体讨论的基础上形成各分册的内容，既囊括物流管理的全部内容，又保证每本教材在逻辑结构上的完整性，同时避免各单本教材之间的重复。

第二，理论性与应用性。中高级物流管理人才既要具备必要的理论基础，能够指导实践，又必须了解实际的物流运作。因此，本套教材一方面注重对物流理论的全面阐述，另一方面又注重实际应用，尽可能多地收集和分析国内外的成功案例，以加深学生对物流管理的感性认识。

第三，前瞻性。好的教材必须具有前瞻性，能够给学习者以启迪，引导其思考和创新。本套教材的编写目的在于总结现有的理论和实践，使学习者能够系统地掌握相关知识，同时，编写人员对物流研究的最新动态、物流产业的最新发展方向等给予高度关注，并体现在教材中，力求在前瞻性上有所贡献。

第四，通俗性。教材在语言上努力做到通俗易懂，在概念的解释、原理的阐述及物流管理流程的描述等方面深入浅出，力求用通俗的语言阐述深奥的理论。

本套教材主要作为高等院校物流管理专业本科生用书，也可作为高等职业教育和中高级物流专业人才培训用书，还可供物流业从业人员阅读参考。

全体参编人员对本套教材倾注了大量心血，希望能够对中国物流管理研究、物流业的发展有所贡献。

刘秉镰

前　言

国际物流伴随着国际贸易的发展而发展，是国际贸易和国际交流的重要支撑。随着中国经济的发展，以及中国参与世界经济分工的深度和广度不断扩展，中国国际物流业务的扩展非常迅速。尽管受到2008年以来的金融危机影响，国际贸易出现疲软的势态，中国进出口业务发展的速度有所放缓，2012年中国海运集团由于业务萎缩还出现了严重的亏损，但中国经济的开放与发展不可逆转，中国企业走出国门、外国企业进入中国的步伐从来没有停止，反而更加频繁。从统计数字看，近几年来，中国传统的出口贸易项目确实出现了明显的萎缩，但中国企业跨国经营步伐明显加速却是毋庸置疑的。中国企业在境外设厂经营、收购外国公司、承揽国际工程项目等，为中国物流企业拓展国际业务带来了无限商机，极大地推动了中国国际物流行业的发展。

国际物流业务的内容复杂而范围很广，国际物流管理更需要复合型的国际化人才。中国物流企业参与国际竞争的关键在于业务拓展能力和管理能力。目前，中国物流企业在国际物流领域占有的份额远不能与现有的经济发展状态和已有的设施设备相匹配，由于国际化复合型人才的匮乏，与发达国家大型物流企业相比，中国物流企业的管理水平和业务拓展能力相对较低，很多企业无法承接国际物流业务，大的国际物流项目主要由国外物流公司承揽，很多中国企业开展国际业务也必须依赖国外物流企业，将国际物流业务承包给国外公司。因此，加强国际物流管理专业人才培养，仍然是当前物流高等教育的重要内容之一，这对于提高中国物流企业的国际业务拓展能力、推动中国物流企业深入开展国际物流业务、提高国际竞争力具有重要的现实意义。

本教材着眼于理论和实务的结合，力图构建一个以国际物流业务流程为核心的完整知识框架，突出国际物流实务。教材围绕国际物流业务流程相关专业基础知识，结合具体的国际物流实务，详细介绍国际物流中的运输、包装与仓储、货运代理、通关和检验检疫、国际运输保险等各种国际物流流程中的一般业务活动及其组织管理和操作，对国际物流网络系统、国际物流和国际贸易之间的关系、国际物流中心的发展以及国际物流发展趋势等前沿问题进行系统介绍和理论探讨，并就不同的国际物流中心以及邮政物流、展品物流、工程物流和军事物流等特殊国际物流管理进行专门介绍。教材还特别针对中国国际物流发展、中国物流企业开展国际物流业务的现状等进行系统的介绍和分析。

本教材共十章，具体包括：国际物流概述，国际贸易与国际物流，国际物流中心，国际物流的包装和仓储，国际物流的检验、检疫与通关，国际货物运输，特殊货物的国际物流管理，国际货物运输保险，国际物流货运代理和中国国际物流的发展。教材框架在全体参编人员讨论的基础上设计和确定，由王昭凤主编。本课程教学以周三或周四课时、总计54～72课时为宜；教学过程中可根据学生的具体情况对课程内容酌情删减。为方便学生学习，我们在每章设置了本章学习目标和本章小结，同时精心设计了复习思考题，并附有相关案例，以帮助学生对知识的理解。

本教材编写的具体分工如下：王昭凤编写第1、8章，陈志卷编写第2、4章，赵玉亮编写第3、5章，袁伯友编写第6章，耿会君编写第7章，曹海鸥编写第9章，刘艳霞编写第10章。陈志卷承担了在教材框架设计和讨论过程中的组织工作，王昭凤负责本书的修改统稿。本教材适用于高等院校物流工程、物流管理、国际贸易等相关专业的本科教学，也可用于从业人员的培训和自学材料。

本教材是在电子工业出版社2006年出版的《国际物流组织与管理》的基础上重新组织和编写的。总体上看，两本教材在结构和内容方面差异巨大，但沿用了《国际物流组织与管理》中的、在实践中变化不大的部分常规性业务流程以及相关的法律法规内容等。在此，特别对相关编写人员表示衷心的感谢。此外，教材的编写也参考了其他大量相关领域专家的著作和已出版教材，在此也谨致以衷心的感谢。同时，衷心感谢电子工业出版社常淑茶编审对出版本教材给予的大力支持和帮助。

尽管我们在编写过程中非常认真，努力减少纰漏和错误，希冀给读者奉献一本高质量的教材，但基于作者能力，教材中肯定存在疏漏，欢迎广大读者批评指正，并敬请同行不吝赐教。

目　录

第 1 章

国际物流概述

本章学习目标

- ◇ 学习和掌握国际物流的内涵和特征；
- ◇ 了解国际物流网络系统及其主要的通道和节点；
- ◇ 了解国际物流发展的历史和障碍；
- ◇ 掌握国际物流发展的新趋势；
- ◇ 理解国际物流在经济全球化中的地位和作用。

随着世界经济的发展，国际间分工日益细化，国际间的合作与交流日益频繁，推动了国际间的商品流动。任何国家都不可能包揽一切领域的经济活动，这就必然形成国际物流。国际物流就是国际范围内的物流运作，涉及不同的国家。其业务运作的空间距离长，环节多，涉及不同国家的企业和市场，经济、法律法规、物流设施设备等差异很大，从而使物流业务流程延续时间更长，作业更加复杂，技术要求更高，因此，国际物流不是国内物流的简单延伸。

1.1 国际物流的内涵和特征

1.1.1 国际物流的内涵

21 世纪以来，在网络技术、信息技术不断发展的推动下，经济全球化进程以前所未有的速度深化和发展着。国际贸易的高速发展、跨国公司展开全球经营战略，使资源在全球范围内进行分布，推动着全球经济的发展。国际物流是物流活动的国际化运作，是跨国界的、范围扩大了的更加复杂的物流活动，其物流业务流程跨越国界，它包括全球范围内与物料管理和物资运送相关的所有业务环节。所以，国际物流又称国际大流通或大物流，是在国际分工协作状态下，按照国际惯例，利用国际化的信息网络、物流设施设备和物流技术，实现物品在国际间的流动和全球范围内的资源优化配置。

按照国际物流的内容，可以将其分为狭义的国际物流和广义的国际物流。狭义的国际物流是与国际贸易活动相关的物流活动，是伴随着国际贸易和国际分工合作形成的，如贸易公司为实现进出口商品交易、跨国公司为组织全球范围内的产品生产而必需的货物集运、分拨、包装、运输、仓储、装卸、加工、报关、保险、单证处理等，都属于国际贸易物流。它服务于跨国经营的国际贸易，即选择最佳的方式和路径，以最低的费用和最小的风险，保质、保量、适时地将货物从一个国家或地区的供给方运到另一个国家或地区的需求方，以保证国际贸易和国际化生产高效、有序地进行，提高企业在国际市场上的竞争能力。广义的国际物流则是指各种形式的物资在国与国间的流动，它不仅包括国际贸易物流，还包括非国际贸易物流，即由非对等交易活动引起的国际间的物流活动，如跨越国界的国际邮件，国际展品，国际军火，个人、家庭或组织间的实物赠与，国际间公益活动及逆向物流（如退货）等引起的物流活动。

从具体的业务活动内容看，国际物流活动是进出口商、货运代理人、海关和承运商等的通力合作，借助国际物流设施，共同完成商品过程中的从卖方到买方的所有物流活动。可以分为四个方面：为完成全球采购、国际进出口贸易的国际运输；为保证货物不间断供给和顺利运输的储存、加工、包装、组配和保险；为方便供给和国际运输的节点物流，如港口物流、港站流通、保税作业；过境货物的报检、报关等。一个国际物流过程总会涉及货物的交货方、贸易中间人、货运代理人、货物运输人和货物接收方等。贸易中间人和货运代理人都是专门从事商品使用价值转移活动的业务机构或代理人。我们从图 1-1 可以清晰地了解国际物流系统及其主要的业务活动流程。根据物流业务活动存在的状态，我们把国际物流活动分为基本业务活动和特殊业务活动。

1．国际物流的基本业务活动

国际物流的基本业务活动是指包括运输、保管、包装、装卸、流通加工和信息处理等与国内物流业务相同的基本物流业务。例如，海运、空运和公路运输，仓储、进出口业务、海港码头装卸转运货物等与货物保管相关的作业；与国际物流运输距离长、运量大、运输过程中货物堆积存放期长、装卸次数多等相适应的特殊包装业务；适合当地国的标准和满足销售商的要求的商品分类和小包装作业、与此相关的商品价格标签粘贴等流通加工活动。海运由于成本低且运输量大，而成为国际物流主要的和普遍的运输方式。空运速度快，但成本大，运输的批量也相对较小，是国际物流的辅助形式，一般用于紧急的、小批量运输。另外，相对于国内物流，国际物流活动中的信息量和信息来源更大和更广，更需要及时的收集和处理。

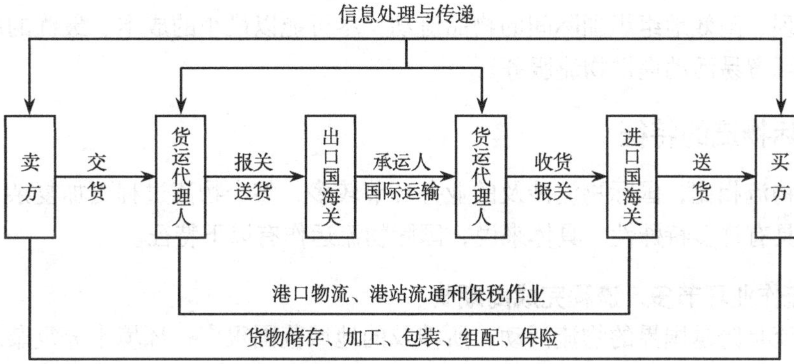

图 1-1　国际物流系统及其主要的业务活动流程

2. 国际物流的特殊业务活动

与国内物流业务不同的特殊国际物流业务活动具体涉及以下几个方面。

（1）国际货运代理业务。由于国际间运输涉及复杂的手续，很少有企业能自己完成全过程，因此，国际货物运输通常由专门从事国际货物运输及各种相关业务的机构或中间人进行业务代理。代理人接受交易双方的委托，负责办理与国际运输有关的具体业务。

（2）报关业务。报关（包含检验、检疫等活动）和相关文书单据制成等是国际物流所特有的物流活动。报关是指货物在进出境时，由进出口货物的收、发货人或其代理人，按照海关的规定格式填报“进出口货物报关单”，随附海关规定应交验的单证，向海关办理报关手续。

（3）运输保险。国际物流运输距离长、装卸保管次数多，地理、气候和社会环境等比较复杂，在物流过程中可能会遇到不可预测的各种风险，因此必须办理货物的运输保险。我国海洋运输的基本险别分为平安险、水渍险和一切险三种。

（4）保税业务。保税制度是国际通行的海关制度。保税货物是指进入一个关境，在海关监管下为缴纳进口税捐，存放后再行出口的货物。按照《中华人民共和国海关法》的规定，保税货物是为进行贸易活动（储存）和加工制造（加工、装配）两种特殊目的而进口的货物，它们必须以原状或加工后重新运出境。这类货物可以暂免纳税，待货物确定流向后，再由海关决定征税或免税。保税货物的通关和其他一般货物通关不同，必须办理从进境、储存或加工，然后重新运出境的全过程的各种通关手续，才算真正完成通关手续。

（5）信用证业务。国际物流活动中的结算支付方式复杂。一般使用的支付方式有汇付、托收、信用证。我国外贸经常使用的支付方式是信用证方式。

在国际物流系统中，没有一家企业能单独依靠自身力量办理和完成整个国际物流的复杂过程。国际物流管理就是要按照国际贸易和交流的活动的规则和程序，在现代信息技术基础上，合理、高效地组织国际间的物品流动，尽可能以最小的成本、最优的质量为国际贸易和非国际贸易活动提供物流服务。

1.1.2 国际物流的特征

与国内物流相比，国际物流涉及的业务环节较多，整个物流过程更加复杂，因此，国际物流运作具有许多特殊性。具体来说，国际物流运作有以下特征。

1．物流作业环节多，流程完成周期长

国际物流是跨越国界的物流活动，所涉及的地域范围很广，环境十分复杂。与一般物流相比，国际物流作业不仅需要一般的运输、仓储、装卸、流通加工等环节，还需要某些特殊的环节，这使得物流流程的完成周期更长。具体体现在以下几个方面。

（1）运输时间长。由于地域范围加大，货物的在途时间拉长，同时，海洋运输和航空运输都会因为固定的船期或航班固定而延长运输过程。

（2）业务流程长。由于物流流程涉及不同的国家，货物的出入境都需要报关、安全检查检疫、清关等必备的海关过境程序。物流活动涉及的国家越多，这个过程越长。

（3）大量的装卸作业。不同国家物流设施设备的差异，必然要求更多的运输工具转换，这就导致物流过程中更多的装卸作业。

（4）特殊包装。为保证长距离物流运输的安全性，避免由于温度和气候条件的变化，或者搬运作业可能对货物造成的损害，一般地，国际物流中的货物都需要特殊包装。同时，需要办理相关的保险，以降低整个物流过程中的风险损失。

2．物流作业复杂

国际物流跨越海洋和大陆，其业务流程涉及多个国家和地区，其本身就是一个庞大的复杂系统，国际物流作业的复杂性主要表现在以下几个方面。

（1）作业环境差异大。在不同国家之间进行经济活动时，往往会受到各个国家不同的政策、法律规定、经济发展的程度、地理环境条件、科技发展的水平、物流技术标准，以及特殊的历史、文化背景等诸多因素的影响。一个国际物流系统需要在几个不同法律、人文、语言、科技、社会标准的环境下运行，这些无疑会大大增加物流的难度和系统的复杂性。

（2）国际物流运作过程复杂。国际运输往往需要多种运输方式的衔接，运输过程以及运输所涉及的信息非常复杂。同时，由于货物的运送线路长、环节多，物流流程的完成周期长，气候条件复杂，对货物运输途中的保管、存放要求高，货物的加工和储存都具有一定的复杂性。由于涉及不同国家，物流过程中的管制和查验以及相关的手续复杂而烦琐。

（3）复杂的国际物流作业单证。国际物流需要大量的不同种类的单证。国内作业一般只用一份发票和一份提单就能完成，而国际作业往往需要大量的有关商务单证、结汇单证、船务单证、运输单证、报检报关单证、港口单证及装卸货流转单证等。同时，货物装运交付每经过一个国家，都需要使用这个国家或地区语言的单证。因此，尽管有时候物流运输的地域范围并不大，但由于语言的复杂性，物流作业要涉及大量单证。例如，西欧国家在地域上并不比美国大，即使整个西欧是统一的市场，不存在货物出入关的相关程序，但由于存在不同语言，物流作业中同样会产生大量的单证。此外，虽然在国际物流运输中，针对不同的运输方式有许多共同的国际性规则，如国际惯例、价格条件、国际清算、信用证交易、承运人责任限制、通用单证等，但不同的国家或地区在运输方式、资金融通、订货项目及政府控制等方面总存在着差异，它们也会导致国际物流过程中的单证增多。

3．物流过程具有高风险性

风险产生的根本原因在于事物发展及其环境变化的不确定性，物流活动也是如此。由于国际物流较长的流程完成周期和复杂的作业流程，国际物流过程中除了存在一般性物流风险（如意外事故、不可抗力、作业损害、理货检验疏忽、货物自然属性、合同风险）外，还面临着政治、经济和自然等方面的更高风险。

（1）政治风险。政治风险主要是指由于所经过国家的政局动荡，如罢工、动乱或战争以及国与国之间的政治、经济关系的变化等原因造成物流流程中断、运输延迟、货物损害甚至丢失等。毫无疑问，物流流程涉及的国家越多，这种风险就越大。

（2）汇率和利率风险。除一般存在的经济风险以外，国际物流还面临着汇率风险和利率风险。在信用货币制度下，各国货币间的汇率和货币利率的波动性很大，它不仅受各国经济政策、经济状况的影响，而且受到由世界经济决定的国际金融市场交易状况的影响，使交易结算的货币相对币值不确定，从而导致物流过程中的现金存在的不确定性。物流流程完成周期越长，这种不确定性就越大，结算货币的汇率和利率的风险就越大。海运班轮公司为减少运输费结算货币贬值造成的损失，通常要加收货币贬值附加费。同时，处于不同国家的不同物流阶段上的费用支出会涉及多种货币。币种越多，汇率和利率风险就越大。

（3）自然风险。这是指因地震、海啸、风暴等自然灾害引起的运输事故、物流过程中断等风险。自然灾害会直接造成货品损失，中断物流过程。跨越更广阔的地域、较长周期的物流运作流程，由于运输时间、距离的扩大，货物在途中的转运、装卸的频率较大，各口岸处理货物的设备、基础设施条件千差万别，必然蕴含着更多的发生自然风险的机会，从而导致更高的自然风险。

4．以远洋运输为主，多种运输方式相结合

国际物流运输方式的选择不仅关系到国际物流交货周期的长短，还关系到国际物流总成本的大小。与国内物流相比，国际物流以远洋运输为主，并多种运输方式相结合。由于国际物流中的运输距离远、运量大，考虑运输成本，运费较低的海运成为最主要的方式。同时，为缩短货运时间，满足客户在时间上的要求，在运输方式上还采用空运、陆运和海运想结合的方式。目前，在国际物流活动中，“门到门”的运输方式越来越受到货主的欢迎，使得能满足这种需求的国际复合运输方式得到快速发展，逐渐成为国际物流运输中的主流。

5．物流标准化要求高

国际物流的运作既涉及不同国家和地区政府宏观控制和管理问题，又涉及不同物流基础设施和设备的问题。因此，国际物流不仅需要标准化的信息系统支持，还需要不同国家和地区物流基础设施标准化，以保证国际间物流高效运作。

（1）全球标准化信息系统是保证国际物流效率的基础。信息技术是现代物流发展的最有力的技术支撑，也是物流成为独立产业的技术基础。要实现物流流程中各环节之间的有序衔接，以节约时间、缩短流程周期，就必须建立统一的信息技术平台，借助高水平的信息传输和信息处理技术，以标准化的方式将有用的信息及时传递到相关的物流节点，实行全球信息一体化运作，保证各物流环节之间及时传递和处理相关信息，从而有效地组织和安排各节点的相关业务。目前，在物流信息传递技术方面，欧洲各国不仅实现企业内部的标准化，而且实现了企业之间及欧洲市场的标准化。

（2）基础设施设备标准化，可以有效地减少物流作业量，缩短物流流程完成周期。如运输和货物搬运设施设备、仓库和港口设施等。标准集装箱运输方式的发展极大地促进了物流基础设施设备的标准化发展，但各个国家和地区在诸如汽车、轮船等运输工具的装载尺寸、载重和铁路轨道规格等方面仍然存在着很大的差距，这就导致产品在跨越边界时，不得不在不同的运输工具之间卸载和转运，人为地增加作业环节和作业量，导致大量的资源浪费和物流成本。美国和欧盟各国在许多基础设施和工具方面实施标准化建设，如托盘采用 1 000 毫米×1 200 毫米，集装箱实施统一规格及条形码技术等，极大地促进了国际物流的有效发展。

（3）普适性的贸易协定可以有效地减少物流作业环节、降低物流成本。为保护国内企业生产，一些国家和地区通过规定某些商品的进口额度，对超出部分设置高额关税，限制这些商品的流入量，从而人为地增加物流成本。例如，美国对金枪鱼进口就采取了这样的措施。为避免缴纳过多的关税，进口商往往在金枪鱼即将到达规定的数量时，将多余的部分存入保税仓库，等待第二年年初进行装运。这就增加了物流成本，也使金枪鱼的物流过程复杂化。

1.1.3 国际物流的分类

根据不同的标准国际物流可以分成不同的类型。

1. 根据货物在国与国之间的流向分类

根据货物在国与国之间的流向，国际物流可分为进口物流和出口物流。凡存在于进口业务中的国际物流行为被称为“进口物流”，而存在于出口业务中的国际物流行为被称为“出口物流”。鉴于各国的经济政策、管理制度、外贸体制的不同，进口物流和出口物流既存在交叉的业务环节，又存在不同的业务环节，海关对进出口物流活动在监管上也存在着较大的差异。

2. 根据货物流动的关税区域分类

根据货物流动的关税区域，国际物流可分为国家间物流与经济区域间物流。这两种类型物流，在形式和具体环节上存在着较大差异。例如，欧盟国家之间由于属于同一关税区，成员国之间的物流的运作与欧盟成员国和其他国家或经济区域之间的物流运作在方式和环节上就存在着较大的差异。

3. 根据跨国运送的货物特性分类

根据跨国运送的货物特性，国际物流可分为贸易型国际物流和非贸易型国际物流。贸易型国际物流是指由国际贸易活动引起的商品在国际间的移动，除此之外的国际物流活动都属于非贸易型国际物流，如国际展品物流、国际邮政物流、国际军火物流、国际逆向物流等。

（1）国际展品物流，是指以展览为目的，暂时将商品运入一国境内，待展览结束后再复出境的物流活动。国际展品物流的主要内容包括制定展品物流的运作方案，安排展品的征集和运输，协调组织展品的包装、装开箱、清点、保管及协助安排展品布置等。

（2）国际邮政物流，是指通过各国邮政运输办理的包裹、函件等。国际邮政完成的货运数量非常大，是国际物流的重要组成部分。随着航空快递业务的发展，部分国际函件和货物包裹已经从国际邮政中分离出去。

（3）国际军火物流，是指军用品作为商品和物资在不同的国家或地区之间的买卖和流通。它是广义物流的一个重要组成部分。

（4）国际逆向物流，是指对国际贸易中回流的商品进行改造和整修活动，包括循环利用容器和包装材料；由于损坏和季节性库存需要重新进货、回调货物或过量库存导致的商品回流。

此外，根据国际物流经营方式和管理的重点，国际物流还可以分为资源导向型国际物流、信息导向型国际物流和客户导向型国际物流。

1.2 国际物流网络系统

在国际间组织物流活动，货物从起运地发货，经输出国海关报关后，借助国际运输工具在国际间运输，到达输入国口岸后，经由输入国海关报关后，送到最终目的地。这一过程中的一系列物流活动按照国际惯例和国际通行的流程运作，它们相互联系、相互影响，共同构成一个有机的国际物流体系。

1.2.1 国际物流系统

全部国际物流活动是在国际物流网络系统的支撑下完成的，即基于国际物流网络和信息系统、跨越国界的各种物流活动。

1. 国际物流网络构成

国际物流网络是由国际物流节点和国际物流通道连接而成的，是由多个收发货的“节点”和它们之间的“连线”所构成的物流网络以及与之相伴随的信息流网络的有机整体。它具体分为三个部分：物流节点、物流通道和信息网络。

国际物流网络“节点”是指国际物流网络中收发货的各个环节，即物流线路的连接点或端点。具体是指国际物流网络中那些从事各种物流活动的空间场所，如国际物流中心、外贸仓库、自由港、自由贸易区、保税区、出口加工区、储运中心、中转站、管道站等。通过这些节点，将商品收进发出，并在这些节点中存放保管。不同类型的物流节点具有不同的作用。

国际物流网络“连线”是指各种运输方式的通道，如海洋运输通道、陆桥运输通道、铁路运输通道、航空运输通道，管道运输通道等，它们连接着各国际物流节点。

节点之间以及通道上的信息传递则构成信息流，所有节点和通道之间的信息传递和信息处理系统则构成国际物流的信息网络系统。国际物流网络中的各环节业务活动的衔接和完成都依赖于信息网络系统。国际物流是由多环节、多层次、多个子系统构成的复杂运作系统，整个物流流程中的通道和节点非常多，并且各节点之间的物理距离很远，要保证整个系统的有效运转，使各环节之间的平顺衔接，就必须保证信息传递的及时、准确，因此，信息网络的效率直接影响着国际物流运作的总体效率。国际物流活动就在信息网络支撑下，在物流节点和物流通道上进行，图 1-2 显示的是国际贸易中的物流网络。

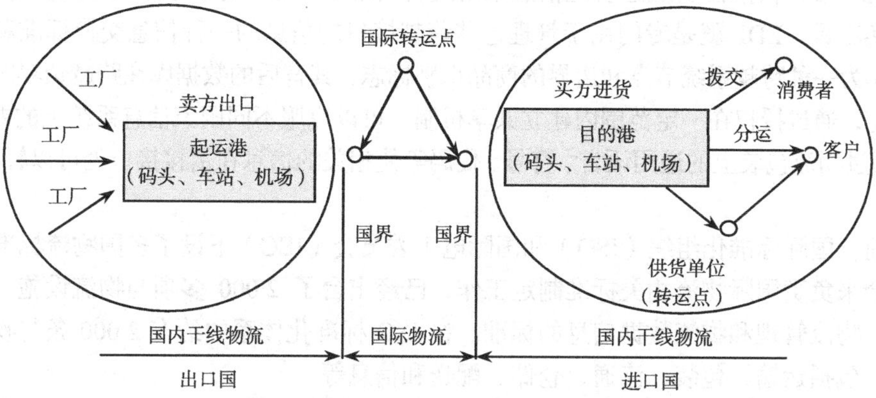

图 1-2　国际贸易中的物流网络节点和通道

要保证国际物流网络系统的高效运转，就必须确保系统中的节点与通道之间及通道与通道之间的良好衔接。例如，不同运输方式和运输工具之间的衔接，通过站台和配送中心的储存场所，在收货工具和发货运输工具间建立快速运转和配送平台，采用直拨的货物运输方式，避免多次的出库入库存储过程；确定各级仓库的供应范围，使生产厂家仓库与各中间商仓库、港（站、机场）区仓库及出口装运能力配合和协同，尽可能避免某一级仓库过度储存，使物流网络系统各节点存货均衡，保证国际物流畅通。

2. 国际物流系统中的标准化

国际物流设施设备、物流运作和服务的技术，以及信息传递的标准化，是确保国际物流系统有机整体高效运行的物质基础，它对于降低物流成本、提高国际物流效率、提高物流运作管理水平及不同国家企业间的合作具有重要的现实意义。

国际物流涉及不同的国家，而不同的国家的运输工具、物流基础设施及信息系统等往往有各自的标准。例如，目前国际多数国家采用的铁路轨距为 1 435 毫米，但国家间铁路轨道宽度还存在差异。国际铁路协会规定，1 435 毫米的轨距为国际通用的标准轨距，1 520 毫米以上的为宽轨，1 067 毫米以下为窄轨，目前国际上有 30 多种不同的铁路轨距。亚欧大陆桥从中国出发，经由哈萨克斯坦、吉尔吉斯斯坦、乌兹别克斯坦等多个国家，它们普遍使用的是苏联的铁路标准，轨距为 1 520 毫米，而中国和欧洲其他国家则使用的是 1 435 毫米轨距。轨距的不一致导致火车车厢无法直接过境，货物必须重新卸装，不仅影响了运输速度和质量，而且增加了成本。除此之外，集装箱尺寸和标记，卡车、船舶、集装箱装卸设备和工具，内装货物的组合方式，以及物流包装的语言、符号、代码等的差异，也会影响国际物流业务活动的衔接，从而影响营运和管理效率。

同时，接口信息需要通过管理信息系统进行管理。单证、票据往往是跨越系统接口的信息交换工具。EDI 就是专门用于管理这些跨越接口的信息的一种信息交换标准和技术。条形码作为一种跨越系统节点和边界的商品识别标志，其背后的数据库在跨越边界时常有障碍，因此，通过授权在一定范围内建立共享机制，可以克服不同国家信息系统上的差异性。另外，通过物流包装上的通用语言、符号、代码等使相关的信息在衔接接口处可以轻松识别、认同。

目前，国际标准化组织（ISO）和国际电工委员会（IEC）下设了多国物流标准化的技术委员会来负责国际物流相关标准制定工作，已经出台了 2 000 多项与物流设施、物流运作模式、物流管理和物流数据信息的标准。在 ISO 标准化体系中约有 2 000 条与物流有关的标准，包括运输、包装、流通、仓储、配送和信息等。①

国际物流信息的标准化包括物流信息标志的标准化、信息自动采集标准化和信息传递标准化。欧洲商品编号（EAN）和美国统一编码委员会（UCC）是国际物流信息标准化的重要推动组织，EAN 码是北美以外国家和地区货物、运输、服务和位置的唯一有效的编码。目前，两个组织已经达成联盟，在国际上大力推广商品条形码技术，为商品提供用标准条形码表示的、在国际范围内具有唯一性的标准商品编码，便于商品在国际范围内的跟踪。两个组织加强合作，旨在推动全球范围内的物流信息标准化。

美国、欧盟、英国和日本都非常重视并积极参与国际物流的标准化。美国在国家标准协会（ANSI）的推动下，推出了约 1 200 条与物流相关的标准。美国作为北大西洋公约的成员之一，直接参与该组织的物流标准化制定工作；欧洲标准化委员会（CEN）组织成立了第 278 和第 320 委员会，分别负责道路交通和运输信息化以及物流和服务的标准化工作，并和第 119 和第 296 委员会共同推进物流的标准化进程；英国标准化体系中与物流标准化有关的条款约 2 500 条；日本政府委托日本物流管理协会对物流机械设备的标准化进行调查，并提出了若干物流标准化草案，在日本标准化体系中，与物流有关的条款约有 400 条。国际物流标准化技术委员会如表 1-1 所示。

① 目前在 ISO 标准化体系中，与运输有关的标准有 181 条，包装有 42 条，流通有 2 条，仓储有 93 条，配送有 53 条，信息有 1 605 条（转引自刘军. 国际物流. 北京：电子工业出版社，2010）。

表 1-1 国际物流标准化技术委员会

编　号	名　称	秘书国	我国归口技术单位
ISO TC4	物流标准协调		
ISO TC7	造船	荷兰	全国船舶技术委员会
ISO TC22	公路车辆	法国	长春汽车研究所
ISO TC51	托盘	英国	铁道部标准所
ISO TC63	玻璃包装容器	捷克斯洛伐克	轻工部玻璃研究所
ISO TC96	起重机	澳大利亚	机械部起重运输机械研究所
ISO TC100	链条和链轮	英国	机械部标准所
ISO TC101	连续装卸设备	法国	机械部起重运输机械研究所
ISO TC104	集装箱	美国	全国集装箱标准化技术委员会
ISO TC110	产业车辆	法国	机械部起重运输机械研究所
ISO TC122	包装	加拿大	中国出口商品包装研究所
ISO TC883	货物作业标准		

1.2.2 国际物流网络系统中的节点

如前所述，国际物流节点是物流网络中物流线路的连接点或端点，具体是指国际物流网络中那些从事各种物流活动的空间场所，如制造厂仓库、中间商仓库、口岸仓库、国内外中转点仓库以及流通加工配送中心和保税区仓库、物流中心等。

1. 国际物流节点的功能

（1）转运、储存和增值加工功能。国际物流节点是各种交通工具和不同运输方式的衔接点，同时又是货物的集散地。货物在此分拨、配送或者转换运输工具，部分货物需要在此进行期间长短不一的存储，并按照客户的要求进行必要的组装、简单加工、分拆和包装等增值业务。

（2）物流信息收集、处理和传递。每个物流节点都是整个物流系统中信息的传递、收集、处理和发送的集中地，因此可以看做物流信息点。各信息点间，以及信息在通道上的相互传递，共同形成了整个国际物流系统指挥、调度和业务管理的信息网络，从而保证了物流运转过程畅通。

（3）商业服务功能。物流金融服务、海关业务、边检、运输设施和工具维修等活动都是在相关的物流节点上完成的。同时，一些大型综合航运中心还为物流相关人员提供居住、餐饮和娱乐等生活服务。

（4）管理协调功能。国际物流系统中相关方的管理机构都设置在物流节点上，通过网络系统和管理人员，管理协调着各种物流活动，合理调配各种设施设备，把不同的运输方式和运输工具有机地结合起来，使整个物流流程得以高效、有序地运转。

（5）经济辐射功能。随着现代物流业的发展，国际物流节点的功能不断扩展，综合物流中心和大型港口对周边地区经济的辐射作用日益明显。依赖国际物流，资源的全球化配置和国际分工得以实现，许多大型装备制造企业围绕着国际物流节点建设，形成一个个以加工制造为核心的临港工业区，也催生了与大型装备制造企业配套的生产和服务企业，有力地推动了地区经济的发展。

2. 国际物流节点的分类

根据国际物流节点的功能，可以把国际物流节点划分为以下几种。

（1）转运型节点。主要功能是实现不同运输方式或同种运输方式的不同运输工具之间的转换，包括陆运转运站、水运转运站、空运转运站、综合转运站及特种转运站等。

（2）流通型节点。主要功能是组织国际货物流动，如流通仓库、中转仓库、集货中心、分货中心、加工中心等。货物在这类节点上停顿时间较短。

（3）储存型节点。以存放货物为主要职能，如储备仓库、营业仓库、口岸仓库、港口仓库、货栈等。货物在这类节点上停顿的时间较长。

（4）综合型节点。它是指完成两种以上主要功能的节点。它将若干国际物流功能有机地结合在一个节点上，如国际物流中心、物流园区等，适应物流大量化、复杂化要求。综合型节点能在一个节点实现多种功能转化，从而使物流简单化、高效化，因此是现代物流节点发展的主要方向之一。

3. 国际物流网络中的口岸

口岸是指由国家指定的对外贸易、政治、外交、科技、文化、旅游和移民往来的，并供往来人员、货物和交通工具出入国（边）境的港口、机场和车站等。口岸是国际货运枢纽。它不仅设在沿海的港口，在开展国际联运、国际航空、国际邮件邮包交换业务的内陆腹地和其他有外贸、边贸活动的地方也有口岸设置。

按出入国境的交通运输方式，口岸可分为港口口岸、陆地口岸和航空口岸。港口口岸是指国家在江、河、湖、海沿岸设置的，供人员和货物出入国境及船舶来往停靠；陆地口岸是指国家在陆地上设置的，供人员和货物出入国境及陆上交通运输工具停站；航空口岸，又称空港口岸，是指国家在拥有国际航线的机场设置，供人员和货物出入国境及航空器起降。

我国按照开放程度将口岸分为一类口岸和二类口岸。一类口岸是指允许中国籍和外国籍人员、货物、物品和交通工具直接出入国（关、边）境的海（河）、陆、空客货口岸，这类口岸必须经由国务院批准，但可以是中央管理的口岸，也可以由省、自治区、直辖市管理。目前，全国共有对外开放的一类口岸 253 个，其中水运口岸 133 个、铁路口岸 17 个、公路口岸 47 个、航空口岸 56 个。二类口岸是指允许中国籍人员、货物、物品和交通工具直接出入国（关、边）境的海（河）、空客货口岸，以及仅允许毗邻国家双边人员、货物、物品和交通工具直接出入国（关、边）境的铁路车站、界河港口和跨境公路通道，由省级人民政府批准开放管理。表 1-2 列出了中国现有的一类口岸。

表 1-2 中国现有的一类口岸一览表

地　　区	空　　港	陆　　港	海（河）港
北京市	北京首都国际机场		
天津市	天津国际机场		天津港
河北省	石家庄机场		秦皇岛港、京唐港
山西省	太原机场		
内蒙古	呼和浩特白塔机场、海拉尔东山机场	二连浩特、满洲里、阳日哈沙特、朱恩嘎达布其、甘其毛道	
辽宁省	沈阳仙桃国际机场、大连周水子国际机场	丹东	营口港、锦州港、大连港、丹东港
吉林省	长春机场	集安、珲春、图们开山屯、三河、南坪	白城大安港
黑龙江省	哈尔滨阎家港国际机场、佳木斯机场、齐齐哈尔三家子机场	逊克、抚远、密山	哈尔滨水运口岸、佳木斯港、抚远港、漠河港
上海市	上海虹桥国际机场、上海浦东国际机场		上海港
江苏省	南京禄口国际机场		连云港、南通港、镇江港、张家港、南京港、扬州港、江阴港
浙江省	杭州萧山国际机场、宁波栎社机场、温州机场		宁波港、镇海港、舟山港、温州港、台州海门港
安徽省	合肥骆岗机场、黄山屯溪机场		芜湖港、铜陵港、安庆港、马鞍山港

续表

地　区	空　港	陆　港	海（河）港
福建省	福州长乐国际机场、武夷山机场、厦门高崎国际机场		福州港、厦门港、漳州港、泉州港
江西省	南昌向塘机场		九江港
山东省	济南机场、青岛流亭机场、烟台机场		威海港、青岛港、烟台港、日照港、岚山港、龙口港
河南省	郑州机场、洛阳机场		
湖北省	武汉天河机场		汉口港、黄石港
湖南省	长沙黄花机场		岳阳城陵矶港
广东省	广州白云机场、深圳国际机场、湛江机场、梅州机场、汕头机场	广州、皇岗、佛山、文锦渡、罗湖、沙头角、笋岗、拱北、常平、端州、三水	广州港、黄埔港、惠州港、茂名港、南海港、番禺港、潮州港、汕头港、深圳蛇口港、湛江港、肇庆港、中山港
广西壮族自治区	南宁国际机场、桂林两江国际机场、北海机场	友谊关、凭祥、东兴、水口	北海港、防城港、梧州港、钦州港、江山港、花海港
海南省	海口机场、三亚凤凰机场		海口港、三亚港、东方八所港
重庆市	重庆江北国际机场		重庆港
四川省	成都双流机场		
贵州省	贵州磊庄机场		
云南省	昆明巫家坝国际机场	畹町、瑞丽、文山天保、金水河、河口、磨憨	思茅港、景洪港
西藏自治区	拉萨贡嘎机场	聂拉木、普兰、吉隆、日屋、亚东	
陕西省	西安咸阳机场		
甘肃省	兰州机场	马鬃山	
新疆维吾尔自治区	乌鲁木齐国际机场、喀什机场	巴克图、阿拉山口、霍尔果斯、红山嘴、老爷庙、红其拉甫	
香港	香港新机场		维多利亚港
澳门	澳门国际机场		九澳深水港

续表

地　区	空　港	陆　港	海（河）港
台湾	桃园中正国际机场、台北松山国际机场、高雄国际机场		高雄港、台中港、花莲港、苏澳港、布袋港

4. 国际物流网络中的港口

港口是位于江、河、湖、海或水库沿岸，能提供船舶往来停靠、办理客货运输或其他专门业务的场所与基地。它是水、陆、空交通的集结点和枢纽，是产品和外贸进出口货物的集散地。由于国际贸易中的货物运输大部分通过港口进出，因此，也有人将港口称为“门户”。

（1）按国际贸易政策，港口可分为国际贸易港、国内贸易港和自由港。

国际贸易港是政府指定对外开放的航运贸易港，有外交关系国家的船舶可自由进出，无外交关系的，经批准也可通行，但需办理有关通行手续。我国现实行的对外开放政策，大部分港口都是国际贸易港。

国内贸易港是专供本国商船出入的。外轮原则上不得驶入。有的国家允许外轮去装货，但须先到附近的国际港办妥手续后才可驶入。

自由港，也称“自由口岸”。是指全部或绝大多数国外商品可以免税进出口的港口。这种港口划在所在国家关境之外，外国货物进港时可免缴关税，还可以在港内自由改装、加工、拣选、长期储存或销售。

（2）按水运系统中的地位和作用，国际港口可分为干线港、支线港和地区性港。

干线港是港口功能高度集约化的产物，这类港口所在城市的经济、金融与贸易十分发达，有广阔的经济腹地，有众多的固定航线通往国内和世界各主要港口，是世界性的大型枢纽港。进行大宗货物干线运输的环球航行船队在这些港口卸下货物后，再通过支线运输转运到其他中、小港口。

支线港也是国际性的港口。这类港口与邻近各国的港口有业务联系，或者与同一海域邻近一些海上国家的港口有联系。大型干线船队一般不在这类港口挂靠，在这里靠泊的都是直达或支线船。它们服务于本港经济腹地的生产或消费，没有固定的航运支线，很少进行运转。因此，港口泊位数量一般较少，装载效率较低，竞争能力较差。但从吞吐量来看，有些支线港也非常大。

地区性港一般较小，经济影响的辐射面较窄。它主要为国内或更小区域的船舶运输服务，通常是区域性国际航线或分支航线的挂靠港，或者少数区域性国际港航线及国内集装箱航线的起始港和终点港。

（3）根据装卸货物的不同，港口还可分为综合性港口和专业性港口。

综合性港口是指能够装卸多种货物的港口。专业性港口是指专门或者主要从事某种货物的装卸作业的港口。

经济全球化和中国的对外开放使中国港口迅速发展起来，港口商业化使许多港口能够根据自身的财务状况，自主拓宽经营范围，吸引船舶到港，增加货物进出口量，增加港口的吞吐能力，努力提高经营效率，港口的现代化程度不断提高，这在客观上加快了物流运转速度。

5. 国际物流网络中的铁路

铁路车站是铁路运输的基本生产单位，集中了铁路运输的各项技术设备，并参与整个陆路运输过程的各个作业环节。按车站的作业性质，铁路可以分为以下几种。

（1）中间站。中间站的主要任务是办理列车的接发、通过工作，以及零摘挂列车的调车作业和物品的承运、交付、装卸和保管等工作。

（2）区段站。区段站是位于铁路牵引区段起讫点上的车站。多设在中等城市和铁路网上牵引区段的分界处。区段站办理的业务与中间站一样，但业务量较大，除办理列车接发等与中间站相同的业务外，还办理货物列车的无改编中转作业，以及区段货物列车和零摘挂列车的编组接替及向货场及专用线的取送车作业等。

（3）编组站。编组站是铁路运输网中的主要车站。它的主要任务是将重车和空车汇集后编成发往各地的直达列车，并对区段列车、摘挂列车及小运转列车等进行编组。编组站以改编车流作业为主、直通车流作业为辅。

（4）货运站。货运站是指专门办理物品装卸作业、联运或换装的车站。货运站可以是能够进行各种与货物运输有关的各种作业的综合站，也可以是专门办理某一种物品作业的专业性货运站。

（5）铁路枢纽和枢纽站。铁路枢纽是指建立在几条铁路干线衔接交叉点的联合车站，也指几个专业车站以及连接这些车站的联络线、进站线路等设备的整体。只有一个连接车站的铁路枢纽，称为枢纽站。

（6）港口车站。位于港口或港湾地区，承担列车到发、交接、解编、集结等作业，衔接水路运输与铁路运输，相互转运货物的铁路车站。

此外，铁路集装箱办理站是专门管理组织集装箱运输的铁路站。按其业务性质与办理范围的不同，铁路集装箱办理站可分为两种：一种是集装箱运量较大，是定期直达列车始端或终端站，有的称为基地站；另一种是集装箱运量较小，仅办理集装箱运输业务，称为办理站。

铁路集装箱办理站专门组织集装箱运输，并保管集装箱和修理集装箱。

6. 国际物流网络中的公路集装箱货运站

国际物流网络中的公路运输一般采用集装箱运输方式。公路集装箱货运站，也称集装箱公路中转站，是集装箱港口和铁路货运站向腹地延伸的后方基地和运输枢纽，是国际物流网络中的重要节点之一。

公路集装箱货运站对集装箱货物的公路运输进行组织与管理，包括货源、运力、具体运行等方面的组织与管理，同时参与公路货运市场管理，对国际货物进行中转换装、装卸存储、运输等物流活动，并为货物运输提供代理、报关、报检、保险、商情信息、维修和清洗货车等综合服务业务。

国际集装箱公路货运站在经营过程中，应特别注意与相关部门的业务协作关系，包括与政府和口岸监管部门的关系，与船公司及其代理人、租箱公司或船公司箱管中心、港口码头的合作关系，与其他中转站、货运站以及货主和本地行业组织的协作关系。只有这样，才能提高公路国际集装箱货运站营运效率。

除上述节点以外，国际物流中心、保税区及管道站等也是国际物流网络中的重要节点。管道站，又称输油站或输气站，是管道运输中的主要节点，是对沿管道干线为输送油品或气体而建立的各种作业站或作业场的总称。按管道站所处位置可分为首站、中间站和末站。首站，也称起点站，是长输管道的起点。通常位于油田或气田、炼油厂或港口附近。中间站位于管道沿线。中间站的主要任务是给油流提供能量（压力、热能）。它可能是只给油品加压的泵站，也可能是只给油品加热的加热站，或者是两者兼而有之的热泵站。末站，也称终点站，位于管道的终点。它通常是接收油单位的油库，如炼油厂的原油库等或转运油库等。

有关保税区和国际物流中心的详细内容，我们将在后面的章节中专门介绍。

1.2.3 国际物流网络系统中的通道

国际物流网络系统中的通道是连接国际物流运输始发地、到达地，供运输工具安全、便捷运行的线路，它具有明显的层次性。高层次的运输通道一般由多种运输方式构成，运输量大，而低层次的运输通道由一种运输方式构成或以一种运输方式为主。

按照国际物流通道的运输方式构成，通道可分为综合运输通道和单一方式的运输通道。综合运输通道是由多种运输方式构成的运输通道，其中包括并联型、串联型和混合型。并联型是指在运输通道的起始点的线路由不同的运输方式线路组成，串联型是指在同一运输线上有不同的运输方式，混合型是上述两种类型的综合。单一方式的运输通道即只有一种运输方式，这种类型的运输通道多出现于建设初期，随着经济的发展，逐步发展成综合运输通道。按照运输方式划分，通道主要有国际水路运输通道、国际铁路运输通道、国际陆桥运输通道、国际航空运输通道和国际管道运输通道。

1. 国际水路运输通道

航线和航路是国际水路运输通道中的重要构成部分。航路（Shipping Route）是受国际贸易等因素的影响而长期形成的供船舶向某一目的地行驶的固定航行线路。而航线（Shipping Line）是指航运经营者在各种不同的航路中选择的具体营运路线。影响航线的因素很多，主要包括政治、经济、贸易、自然条件、技术等因素。一条航线可包括若干条航路，或者由若干条航路的全部或部分航程所构成。航线的选择方法因业务不同而有别。一般地，定期业务需先选航线再配船舶；不定期业务则先定船舶后选航线。

航线配船就是先确定航线，然后选择适当的船舶。船舶的性能、装载能力、本身的技术装备不仅需要所要装载的货物与其搭配，如单甲板船不宜装杂货，多层甲板船不宜装矿砂，通风不好的船不宜装散粮，舱口小的船舶不宜装载长大件等，而且要适应航线的技术要求。航线配船不仅要与港口、航行条件相适应，而且要遵循经济准则。例如。在船舶能满载的情况下，应将吨位大、航速高的船舶首先配在装卸定额高、航程长的航线上，航行费用高、停泊费用低的船舶配置在短航线上。

按照船期的性质可以将航线分为定期和不定期两种。定期航线，又称班轮航线，是指使用固定的船舶，按固定的船期和港口航行，并以相对固定的运价经营客货运输业务的航线；不定期航线是经营大宗、低价货物运输业务的客户根据货运需要，按市场价格临时租用船舶、临时选择的航线。

按航程的远近可以将航线分为远洋航线、近洋航线和沿海航线。远洋航线是指船舶航行跨越大洋的运输航线，如远东至欧洲和美洲的航线。我国习惯上以亚丁港为界，把去往亚丁港以西，包括红海两岸和欧洲以及南北美洲广大地区的航线划为远洋航线。近洋航线是指本国各港口至邻近国家港口间的海上运输航线。我国习惯上将由我国各港口东至日本海、西至马六甲海峡、南至印度尼西亚沿海、北至鄂霍茨克海的各港口间的航线称为近洋航线。沿海航线是指本国沿海各港口之间的海上运输航线，如上海—广州、青岛—大连等。常用的海运航线及其主要港口如表 1-3 所示。

表 1-3 常用的海运航线及其主要港口

海运航线	主要港口
红海航线	亚丁、吉达、亚克巴、苏丹
东非航线	摩加迪沙、蒙巴萨、达累斯萨拉姆
西非航线	罗安达、达克尔、拉各斯

续表

海运航线	主要港口
西欧航线	鹿特丹、安特卫普、汉堡、利物浦
地中海航线	热那亚、马赛、巴塞罗那、塞得、亚历山大、贝鲁特
北欧航线	哥本哈根、奥斯陆、斯德哥尔摩、赫尔辛基
美加航线西线	温哥华、西雅图、旧金山、洛杉矶、波特兰和新奥尔良
韩国航线	仁川、釜山
日本航线	神户、大阪、东京、横滨、川崎、门司
越南航线	胡志明、海防
香港航线	香港
新马航线	新加坡、巴生港、槟城、马六甲
孟加拉航线	仰光、吉大港、科隆坡、加尔各答
斯里兰卡航线	科隆坡
澳新航线	悉尼、墨尔本、布里斯班、奥克兰、惠灵顿

按运输组织方法可以将航线分为直达航线、三角航线和综合航线。直达航线是指船舶直接从起运港至目的港、中途不装卸货物的运输路线。使用直达航线具有节约中转费用、减少货损货差、缩短货运期限、加速船舶周转等优势。组织直达航线的条件是在两港之间有较为稳定的大宗货物流。三角航线，又称三角组合航线，是一种环行的货运航线。当几个港口间货物的运输规模至少能保证一艘船舶周期性地满载航行时，就可以选择三角航线。运营商根据货流的规模，配备一定数量的船舶，固定航行于几个港口之间。三角航线按货流的地理位置可组织为无空载航行的三角航线和有空载航行的三角航线。综合航线是将几个直达航线和三角航线组合在一起的航线。通常，船舶（或船队）由同一个始发港依次航行于几条航程不同的航线上。这种航线的优势在于：通过使各条航线的往返航次时间总和与发船间隔成整数倍，减少船舶总需要量；有效调配各航线船员，避免忙闲不均，同时有利于船舶的维修和保养。综合航线形成的前提条件是有相同的发船间隔；各航线的航行条件、运输货物种类相近。

由于集装箱船具有标准化、装载量大、班期固定、航行速度快、便于装卸等特点，目前，国际水路运输多以集装箱船为运输工具从事货物运输。当前，世界上规模最大的三条主要集装箱运输航线是：

（1）远东—北美航线，习惯上也称（泛）太平洋航线。

（2）远东—欧洲、地中海航线，也称欧地线。

（3）北美—欧洲、地中海航线，也称跨大西洋航线。

运河和海峡将世界各大洋和各个国家的内河连为一体，极大地减少了货物装载的次数，提高了国际水路运输效率。国际水运通道上的主要运河有以下几条。

（1）苏伊士运河。苏伊士运河位于埃及东北部，是欧、亚、非三大洲交通要冲，它沟通了地中海和红海，连接了大西洋和印度洋，全长 161.6 千米，船舶通过它平均需要 10 小时。目前它可通行吃水 20.4 米、载重 25 万吨级的超级油轮。它是世界上最繁忙的航道，每年通过它的船舶约为 2.7 万艘次。其货运量在 3 亿吨上下。经过它的船只所载商品额约占世界贸易额的 14%。它是一条具有重要战略意义和经济意义的水道。

（2）巴拿马运河。巴拿马运河斜贯巴拿马共和国中部，是沟通太平洋和大西洋、连接两洋各港口的重要捷径。运河全长 81.3 千米，航道水深 13.5 ~ 26.5 米，是一水闸式运河，可通行载重 6.5 万吨级以下的轮船。船舶通过运河共需 16 小时，其中 8 小时等候编队，8 小时通过。每年约有 1.5 万艘次船舶通过，货运量在 1.8 亿吨，全世界 5%的贸易货运经过该运河。

（3）基尔运河。基尔运河位于德国东北部，沟通波罗的海和红海，是波罗的海通往大西洋的捷径，航程缩短 685 千米。运河长 98.7 千米，深 11.3 千米，可通行吃水 9.4 米、载重 2 万吨级以下船舶，通过时间只需 7 小时，年通过 8 万多艘船舶，是世界上通过船只最多的国际运河。年货运量约 5 000 万吨，运河对所有国籍的船舶日夜开放。

（4）圣劳伦斯海道。该河由美国和加拿大交界的五大湖注入大西洋。该河全长 4 333 千米，航道深 9 米，可通航载重 5 万吨船舶，是大湖区通往美国、加拿大腹地的捷径，但水闸较多，耽误时间，同时，一年有四个月冰冻期。

在国际水路通道上，与运河并驾齐驱的是海峡，主要有以下几条。

（1）马六甲海峡。马六甲海峡位于亚洲东南部马来半岛和苏门答腊岛之间，是沟通太平洋和印度洋的海上交通要道。

（2）英吉利海峡。英吉利海峡介于英、法两国之间的狭窄处，水深是 25 ~ 55 米，连同它在北部的多佛尔海峡总长约 600 千米，是连接西北欧与北美的主要航线。海峡货运繁忙，每年通过海峡的船舶达 17.5 万多艘次，最多时达 30 万艘次。

（3）直布罗陀海峡。直布罗陀海峡位于欧洲伊比利亚半岛南端和非洲西北角之间，是地中海通往大西洋的唯一海上通道，有“地中海咽喉”之称，具有重要的战略意义和交通地位。海峡长约 90 千米，东深西浅，平均水深 375 米。

（4）黑海海峡。又叫土耳其海峡，位于土耳其西北部，总长约 375 千米，是黑海和地中海之间的唯一通道，在交通和军事上具有重要地位。

2．国际铁路运输通道

目前，国际铁路主要分布在欧洲和北美洲，其次是亚洲、南美洲、非洲和大洋洲。铁路轨距有 30 余种，60%铁路运营里程的轨距为 1.435 米，因此这一轨距也被看做国际标准轨距。国际贸易运输中较为重要的铁路干线主要有以下几条。

（1）西伯利亚大铁路。东起俄罗斯远东日本海之滨的海参崴，经过伯力—赤塔—伊尔库茨克—新西伯利亚—鄂木斯克—车里雅宾斯克—古比雪夫—莫斯科，全长 9 300 千米，目前已延伸到东方港，是横贯俄罗斯东西的交通干线。

（2）欧洲铁路网。欧洲铁路网密度居各洲之首，纵横交错，十分发达，既可联系洲内各国，又沟通洲际。

（3）北美横贯东西铁路线。

（4）西亚—欧洲铁路线。

（5）横贯墨西路干线。

（6）北美洲与拉丁美洲相连的国际铁路干线。

（7）联系亚洲、欧洲与非洲的国际铁路干线有三条。

（8）东南非铁路，自坦桑尼亚首都达累斯萨拉姆—开普敦（南非）。

（9）我国与相邻国家的铁路线，如中越、中哈、中朝、中蒙铁路线。

3．国际陆桥运输通道

陆桥运输是指横贯大陆的铁路与公路运输把海与海连接起来的运输方式。大陆桥运输是国际贸易中对集装箱采取多式联运的现代化运输方式，它具有装卸、运输机械化、标准化、系列化、专业化和技术较强等特点。在国际物流中，大陆桥运输一般采用海陆联运方式，全程由海运段和陆运段组成，它比全程海运的路程短，但装卸次数多。因此，大陆桥运输方式能否实施，主要取决于大陆桥运输与全程海运在运输费用、运输时间等方面的整体运营效率。

大陆桥运输方式发展的历史并不长，但在现代信息技术和电子通信技术的支撑下，大陆桥运输方式的优势越来越突出，其发展极为迅速。目前，比较繁忙的大陆桥主要有以下几个。

（1）美国大陆桥。美国大陆桥有两条。一条连接太平洋口岸与大西洋口岸的路线从美国太平洋口岸的洛杉矶、西雅图、旧金山等口岸上桥，通过全长约 3 200 千米铁路，横贯美国东西至美国大西洋口岸的纽约、巴尔的摩等港口转海运。另一条连接太平洋海岸与墨西哥湾的路线从美国太平洋口岸上桥，通过全长 500 ~ 1 000 千米铁路至美国南部墨西哥湾口岸的休斯敦、新奥尔良等港口转海运。

（2）加拿大大陆桥。加拿大大陆桥的路线是从太平洋口岸加拿大的温哥华、美国的西雅图换装上桥，经两大铁路路线横穿北美大陆，运抵加拿大的大西洋口岸蒙特利尔。

（3）西伯利亚大陆桥。西伯利亚大陆桥把太平洋远东地区与俄罗斯波罗的海、黑海沿岸及西欧大西洋沿岸连接起来，是世界最长的大陆桥。目前经过西伯利亚往返于欧亚之间的大陆桥运输路线主要有三条：

① 铁—铁路。由日本、中国香港等地用船把货箱运至俄罗斯的纳霍德卡和东方港，再用火车经西伯利亚铁路运至白俄罗斯西部边境站，然后继续运至欧洲和伊朗或相反方向。

② 铁—海路线。由日本等地把货箱运至俄罗斯的纳霍德卡和东方港，经西伯利亚铁路运至波罗的海的圣彼得堡、里加、塔林和黑海的日丹诺夫、伊利切夫斯克，再装船运至北欧、西欧、巴尔干地区港口。

③ 铁—卡路线。由日本等地把货箱装船运至俄罗斯的纳霍德卡和东方港，经西伯利亚铁路运至白俄罗斯西部边境站布列斯特附近的维索科里多夫斯克，再用卡车把货箱运至德国、瑞士、奥地利等国。

（4）新亚欧大陆桥。东起中国连云港，经陇海线、兰新线，接北疆铁路，出阿拉山口，最终抵达荷兰鹿特丹，全长 10 800 千米。新亚欧大陆桥为亚欧联运提供了一条便捷、快速和可靠的运输通道，1992 年 12 月正式投入运营，有力地促进了中国和世界各国之间经济与技术的交流与合作。

4．国际航空和管道运输通道

航空运输与海洋运输、铁路运输相比，具有运输速度快、运输路程短、运输条件好的特点，可简化包装、节省包装费用，能够减少因运输条件差或时间长而造成的货物损伤和变质，适合鲜活易腐和季节性商品的运送，以及贵重物品的运输，但运输运量小，运输费用高。由于技术的革新和发展，产品由厚、重、长、大向薄、轻、短、小方向发展。同时，市场竞争更加激烈，产品的寿命周期越来越短，为尽快将产品送达客户，越来越多的厂商开始选择航空运输。因此，可以预见，在未来的物流运输中，航空运输将以加速度的方式发展。目前世界重要航空线有三条：西欧—北美间的北大西洋航线、远东—北美间的北太平洋航线和西欧—中东—远东航空线。

顾名思义，管道运输就是通过管道输送货物，如石油、天然气管道运输。世界管道运输通道主要集中在北美和欧洲，美国和俄罗斯的管道运输最发达。1993 年美国就已经有输油管道 31.93 万千米，原油运输量达 9 亿多吨，约占国内货物总周转量的 20%。到 2004 年，美国全国输油管道达 320 万千米。苏联管道建设也很发达。1950 年时，苏联拥有管道 7 700 千米，并且每年以 6 000 ~ 7 000 千米的速度递增。目前，独联体各国的管道总长达 20 多万千米。此外，加拿大、西欧、中东等国家和地区的管道也很发达。

1.3 国际物流的产生和发展

在经济全球化发展的历史背景下，任何一家企业要想在复杂的国际竞争中获胜，都必须着眼于全球，依赖国际物流运作，有效地在全球范围内组织资源。

1.3.1 国际物流产生的历史背景

现代电子信息技术的发展，不仅加快了信息的传播，使人们之间的联系更加广泛，而且导致了企业生产方式的变革。企业不再仅仅关注自己产品的生产成本和市场占有率，而是立足于企业间的合作，利用企业外部的资源和分工优势，追求企业间的合作共赢，着眼于整体价值链的价值增值，在全球范围内进行资源配置，从而催生了全球范围内的物流运作。国际物流运作产生的背景具体来说有以下几个方面。

1. 政府间的合作推动了经济的全球化发展

第二次世界大战以后，发达资本主义国家的经济迅速发展，德国和日本的经济迅速恢复。由于意识形态、国家保护和制度等因素的影响，各国市场相对封闭。20 世纪 80 年代以后，主要发达资本主义国家之间致力于经济的全球化发展，实行开放的经济、金融政策；同时，亚洲、南美洲一些国家或地区经济的腾飞，拓展了全球市场。进入 90 年代，俄罗斯、中国和东欧国家的经济市场化，推动了这些地区的经济发展，形成了极具活力的新兴市场。这些新兴市场容量巨大，为企业提供了更加广阔的产品销售空间。同时，计算机、信息科学技术的迅猛发展，带动了交通运输、通信网络和工业自动化在生产和流通领域的创新和突破，从而深化了国际分工。各国经济相互联系、相互依赖和相互融合的程度不断加深，任何一个国家都不可能完全独立地发展本国经济。为发展本国经济、推动国际间的贸易活动，各国政府不仅放松了贸易管制，通过签订一系列协议和条约，在世界范围内建立具有法律约束力和行政管理能力的经济合作组织，并组成了统一的国际贸易组织，发展标准化的国际贸易术语，有力地推动了国际贸易的发展。随着各国经济管制的放松，发展中国家经济的发展，以及相邻国家间区域经济的构建，世界经济逐步走向一体化，国际贸易的规模不断扩大。在贸易自由化和金融国际化的驱动下，国际贸易、国际投资和国际金融活动日益活跃，生产要素在国际间的流动大大扩展，国际间的交流和往来日益频繁，经济全球化过程不断深化，带动了国际物流业的发展。

2. 跨国公司的全球化经营战略催生了国际供应链

经济全球化的巨大商机吸引着那些有实力的跨国公司，它们着眼于全球资源配置，在全球范围内寻找最合适的生产基地，将生产设施设置在能给公司带来比较大利益的地方。为拓展全球市场空间，跨国公司一方面利用自己雄厚的经济实力，通过在全球范围内进行投资和并购，突破国家或地区的贸易与关税等方面的特殊限制，扩大自己的经营范围和经济实力，取得规模收益。为满足遍布全球子公司的生产需求，跨国公司在全球范围内组织采购、生产加工和市场销售，以降低生产成本，扩大市场份额。到20世纪90年代早期，企业的国际零部件采购额就已经高达8 000亿美元，占世界总贸易额的1/3。另一方面，为克服规模过大带来的管理成本上升，充分发挥企业的核心竞争力，利用国际分工的比较优势，跨国公司普遍采用下包制的生产方式，与国际上最有实力的企业结成战略联盟，在全球范围内动员和利用企业以外的资源优势，有效地发挥专业物流公司的作用，在国际范围内实行供应链的一体化运作，注重供应链的整体价值。例如，美国公司的产品在本国设计、在亚洲制造，再销往欧洲市场。这种全球化经营已经司空见惯，而为企业服务的物流功能在全球范围内发挥作用就成为必然。例如，希捷技术公司位于美国加利福尼亚州，其硬盘生产由位于新加坡的工厂来完成，然后空运往荷兰的阿姆斯特丹。IBM公司从法国购买电子元件，在意大利的工厂生产线路板，在德国和法国的工厂生产记忆芯片，最后在苏格兰装配微机。德国梅赛德斯-奔驰汽车公司自己设计，而在美国亚特兰大州制造。美国福特汽车公司的SHO车型在美国设计，在加拿大生产发动机，在日本生产和装配部分组件，最后运到亚特兰大装配厂装配整车。这种全球化运作使高附加值、高精密度贸易商品大幅增加。与此同时，在全球化的开放背景下，本地公司不再受到政府的特别保护，它们直面外国公司，积极参与公司间的国际分工与协作，贸易商、制造商对国际物流服务的要求日益增加。越来越多的企业融入全球化的分工体系，在供应链的一体化运作中追求自己的经济效益。

3. 快捷的个性化消费需求迫使企业采取物流的一体化运作

现代社会，对自我个性的张扬和求新求异的生活态度，导致了个性化、多元化的消费需求，这就决定了企业生产的产品必须是小批量的个性化的产品，这就使商品贸易需求也趋向于多样化。同时，信息化时代给人们的生活带来了极大的便利，人们的生活节奏也在加快，便捷、快速的生活方式已经成为时代的标志。在激烈的市场竞争中，为适应市场的快速变化、满足人们的消费需求，企业一方面通过技术创新和产品创新，不断推出新产品，产品的寿命周期越来越短；另一方面，小批量、多样化生产必然导致企业生产成本和管理成本的上升，因此，企业必须保持尽可能小的经营规模，以确保企业经营的灵活性。这种小批量、个性化的消费习惯以及快捷的生活方式对消费品的交货时间等要求很高，而整个产品生产的国际化分工协作涉及的企业和环节越来越多，这就要求必须有高水平的国际物流一体化运作，才能满足新的消费需求。

4．网络和信息技术的发展为国际物流运作提供了强大的技术支撑

通信和信息技术革命，导致了计算机的广泛应用，网络技术的发展更使整个世界的空间大幅度缩小。人们通过计算机可以快速地处理大量复杂信息，通过网络可以实现远程信息的瞬间传递。通过电子网络，跨国公司非常容易地在全球范围内组织和管理分散的企业生产；通过网络人们可以进行业务谈判、查验货物，大幅度地降低了跨越国界的国际间贸易成本。标准化的信息平台和有效的管理信息系统，使企业间实现信息的即时传递，从而实现供应链的无缝衔接。借助信息技术、国际互联网和局域网，全球范围内的物流作业流程管理的信息化程度日益加强，包括EDI通关、电子化检验检疫以及电子订舱、电子制单等信息化，极大地提高了国际物流效率，有力地推动了国际物流的发展。

1.3.2 国际物流的发展过程

国际物流是国际间经济、文化交流与合作的基础。由于经济、技术和地理的限制，第二次世界大战以前，全球范围内的国际货物往来种类和数量相对较少，国际物流多数局限于相邻国家组成的局部地域，运输工具也相对单一。第二次世界大战后，随着跨国公司的发展和远洋航海技术的进步，发达国家间的贸易越来越频繁，贸易数量和贸易水平不断上升，带动了跨洋运输的国际物流行业的发展。19世纪80年代以后，伴随着新兴市场的形成和经济全球化的发展，国际分工的日益细密化，任何国家都不能包揽一切业务。国际贸易无论从数量还是从品种上都以前所未有的速度在增加，从而带动了国际物流的发展。如今，国际物流已经成为实现全球资源配置的必不可少的环节，它的运作效率直接影响着国际经济和国际贸易的发展。概括起来，第二次世界大战以后国际物流的发展过程大致可以分为三个阶段：国际集装箱运输时代、国际物流全面启动时代，以及国际物流的快速发展及其信息化、标准化时代。

1．20世纪50年代至80年代的集装箱运输时代

20世纪50年代，第二次世界大战后，随着参战国经济恢复期的展开，西方发达资本主义国家开始了为期20年的黄金经济发展期，国际间的贸易量增长迅速，带动了国际运输业的发展。20世纪60年代开始形成了国际间的大规模物流，国际集装箱运输技术和集装箱船的应用是这一时期国际物流的标志。1968年日本、欧洲、澳大利亚等国家开展集装箱运输，标志着国际物流中集装箱运输时代的开启。随着经济的发展和国际贸易额的扩大，进入70年代，国际贸易无论在数量上还是在质量上，都得到了进一步的发展。国际贸易的迅速发展极大地推动了国际物流的发展，对国际物流服务也提出了更高的要求。为适应国际运输的要求、提高物流服务水平，系统化的物流运作理念开始进入国际领域，一些国家还建立了本国的物流标准化体系。同时，物流设施和物流技术都得到了极大的发展。国际运输中广泛地使用集装箱运输技术，各主要航线和航班普遍采用集装箱船进行国际运输。国际运输船舶出现了明显的大型化趋势，出现了20万吨油轮和10万吨矿石船，1976年法国55万吨超大油轮问世。出现了立体无人仓库，企业建立物流配送中心，并广泛运用电子计算机进行管理。发达国家对运输管制的放松进一步推动了国际物流的发展，国际航空物流的业务量也大幅度增加，同时出现了国际多式联运业务，极大地提高了国际物流效率。中国远洋运输在这一时期也快速发展，1976年开辟了中日、中美、中澳等海运集装箱运输航线。

2. 20世纪80年代至90年代初期的国际物流全面启动时代

这一时代，新兴经济体的发展带动了全球贸易，国际货物多式联运、自动化搬运、装卸技术等快速发展，物流的机械化、自动化水平显著提高，同时，使用了在解决“小批量、高频率、多品种”的精细化物流方面涌现出的许多新技术和新方法。国际物流不仅包括大宗货物、集装杂货，也包括多品种的小批量货物，国际物流业务范围和物流服务空间得到了极大的拓展。与此同时，计算机信息系统开始应用于国际物流的组织和管理过程，电子数据交换（EDI）系统在此期间的出现，标志着国际物流开始进入物流信息时代。信息技术使物流向更低成本、更高服务、更大量化、更精细化的方向发展，国际物流在物流量基本稳定的情况下走向“精细物流”。80年代后期，随着中国的改革开放，中国在集装箱运输和港口建设方面突飞猛进，逐步同世界先进水平接轨。

3. 20世纪90年代初至今，国际物流的快速发展及其信息化、标准化时代

20世纪90年代以后，伴随着中国经济的崛起，中国的国际开放度越来越高，进出口贸易额加速度地增长。为推动对外开放，中国不仅在沿海地区设立了开放的口岸城市、经济开发区，还着力建设港口、保税区、进出口加工区等，方便进出口贸易，极大地推动了全球贸易和国际物流的发展。在中国、俄罗斯、东欧等新兴市场经济体发展的带动下，发达国家之间、发达国家和发展中国家之间、发展中国家之间的贸易额也迅速增长。经济全球化以前所未有的速度迅猛推进，各国之间的联系更加密切，交往更加频繁。在国际贸易、国际投资和跨国公司全球战略实施的推动下，原材料、能源、在产品和产成品在全球范围内频繁流动，国际物流无论是从内容上还是从数量上都以前所未有的速度发展着，高科技的服务手段和高科技的信息技术成为物流企业获取市场竞争优势的关键，物流设施、物流技术、物流服务、货物运输以及包装和流通加工的国际化进程明显加快。国际物流一体化运作成为供应链价值增值的关键。信息技术的发展为国际物流标准化和国际物流一体化运作管理提供了强大的技术支撑，网络技术、条形码技术以及卫星定位系统（GPS）在物流领域得到了普遍应用，国际物流真正进入标准化、信息化物流时代。物流无国界的广泛国际合作成为企业的共识，国际物流的一体化运作成为国际物流追求的目标。相关的国际物流标准、物流保险、物流法规以及技术协定等已成雏形，并在实践中得到不断的完善和发展。

1.3.3 国际物流发展的障碍

尽管物流原理在国际或国内基本相同，但国际物流的经营环境更复杂和更昂贵。物流成本及其复杂性可以用四个 D 来概括：距离（Distance）、单证（Bill of Document）、文化差异（Culture Difference）及顾客需求（Customer Demand）。即在不同的国家或地区内，物流活动的距离更长、单证更复杂，产品和服务上要满足各种文化背景的顾客，需求更加变幻莫测。虽然经济全球化为国际物流的发展奠定了基础，但也有一些不利因素仍然妨碍着国际物流的发展，这些因素可以概括为三类：市场进入障碍、国际市场风险和物流基础设施设备的非标准化障碍等。

1. 市场进入障碍

市场进入障碍包括市场进入限制、信息可得性、定价和关税等。市场进入限制往往是一国通过立法或司法实践对进口商品制造障碍来限制外国企业进入一国本土市场。例如，欧洲实施的当地实际到位制度，日本实施当地零售商“投票”制度等，从政策上限制了外国企业的市场进入。信息的不对称导致外国企业竞争实力减弱。对于外国企业来说，除有关市场规模、人口和竞争状况等直接的信息相当有限外，绝大多数国家的政府要求有关单证在货物装运前必须备齐和处理完毕，而因为不同国家进口业务和有关单证的差异很大，关于进口业务和有关单证方面的信息往往难以掌握。信息的缺失往往会导致单证有瑕疵，在这种情况下，货物装运就会因延迟或被扣押而使物流流程中断，甚至招致客户索赔，给企业带来损失。

有些国家为保护本国市场和企业，实施关税和非关税壁垒来限制国际贸易，在一定程度上增加了物流商国际物流运作的难度和成本。例如，为应对某国对商品进口额的限制，有些进口商会使用在保税仓库里建立存货的方法，这种策略减少了关税费用，但增加了物流活动的复杂性及其成本，从而降低了外国物流企业的竞争力。

2. 国际市场风险

在全球环境下，国际贸易商品价格受汇率变动影响很大，企业必须结合汇率变动趋势、不同国家和地区的顾客行为、市场竞争状态、产品的季节性波动及复杂的政府政策等进行销售预测，确定产品定价。例如，经营德国汽车零件的美国配送商为应对汇率波动，尽可能晚地订购补充零件，以减少风险和投资。然而，当欧元对美元的比价处于上升期时，储备零件反而有利于厂商实施低成本战略。厂商必须考虑贸易商品价格因汇率波动而变化，有时候不得不增加存货和运输的前置时间，这就影响了物流需求的时间分布，增加了国际物流运作的难度。

3．物流基础设施设备的非标准化障碍

尽管国际物流已经提高了集装箱标准化程度，但不同国家和地区运输工具、仓库设施和港口设施及通信系统等仍存在着很大的差异。例如，运输工具的尺度、能力、重量和轨道规格等方面差异很大，货物在不同国家过界和运输，必须多次装卸，不仅增加了物流运作的成本，而且延长了货物的在途时间。

国际物流发展的障碍是客观存在的，但经济全球化和不断增长的国际贸易要求国际物流开拓全球意识和全球观念，克服各种障碍，实施国际物流的一体化运作。为推动全球经济的繁荣，各国政府之间也应该同心协力，尽可能减少人为障碍，为国际物流一体化运作提供条件。国际物流运营商必须了解和洞悉不同国家和地区的市场环境与市场状态，对推动国际物流发展的动力和阻碍国际物流发展的因素进行权衡，才能把握市场脉搏，高效地组织和开展国际物流业务运作。

1.3.4 国际物流的发展趋势

21 世纪全球经济增长速度进一步加快，发达国家对经济全球化和一体化发展的推动，其物流企业先进的管理经验和先进的技术传递，以及发展中国家经济的崛起，都极大地推动了国际物流的发展，国际物流的发展呈现一些明显的趋势，主要表现在以下几点。

1．分工协作下的国际物流一体化运作

随着社会经济的发展，世界范围内的贸易额不断增长，国际间的联系越来越密切，必然导致国际物流业务的扩大。同时，企业间的竞争更加激烈，产业全球化和跨国公司全球化经营，导致生产地和消费地分离，且两者间的距离越来越远，物流效率成为企业经营成败的关键。为充分发挥自己的核心竞争优势，生产商、供应商往往把物流交由专门的物流企业负责，这样可以在不增加组织成本和管理成本的情况下，有效利用分工效率，快速将产品送达顾客手中，实现速度经济。所有这些，都有力地促进了国际第三方物流的发展。在运输技术、信息技术和网络技术等方面的支撑下，生产商、供应商和第三方物流通过网络信息平台，实现了企业间信息的即时性传递和沟通，任何一家相关企业都可以即时查询货物的位置和状态，国际物流的一体化运作更加通畅。同时，新的物流技术推动了国际物流企业间的分工与合作，使行业内的分工更加细密，专业化程度更高。不同类型企业间的合作，使国际物流组合有了更多的选择，并已经形成了许多新的国际物流模式。例如，构建合同导向的个性化、标准化服务体系；物流服务不断延伸，在一体化的运作模式下，形成无缝衔接的一条龙服务：从单位运输配送逐步发展到包含装卸、搬运、仓储、保管乃至报关、通关、保险、商检、卫检、动植检、中转、保税等一系列业务，甚至包括产品异地加工、装配、包装、标志、分拨、配送、销售、转让等增值服务。国际运输企业联合化趋势也十分明显。国际物流的一体化运作已经成为客户选择物流服务商的重要内容之一，出口国物流服务商与进口国物流服务商的密切配合，以及国际物流上的一体化运作，也提高了国际贸易合同的签订和执行的效率，推动了国际贸易的发展。

2. 物流管理的柔性化和智能化

随着消费者需求的多样化、个性化发展，物流需求呈现小批量、多品种、高频次的特点。订货周期变短，时间性增强，物流需求的不确定性提高。这就要求对物流流程进行柔性化管理，根据需求的变动，及时调整物流流程，合理安排生产、运输、仓储和流通加工等灵活组织和实施物流作业，在有效的控制物流成本的基础上，实现物流“多品种、小批量、多批次、短周期”的物流配送。

信息化是柔性化管理实施的重要保障。基于电子、信息技术建立起来的信息系统，对复杂国际物流流程中各环节之间的大量信息进行及时的收集、传递、反馈，将物流作业任务极其细微的变化及时反馈给有关部门，从而使管理人员能够提前安排，通过计算机模拟和测算，对物流流程和环节进行精心选择，及时做出工作计划的调整。目前，国际物流管理中一些先进的物流企业采用了数据库技术、电子订货系统（EOS）、电子数据交换（EDI）、快速反应（QR）、有效的顾客反应（ECR）等技术与观念，大大提高了国际物流活动组织和管理的快捷性和准确性，提高了物流管理效率。

人工智能是指一组旨在使计算机模拟人类推理的技术，包括专家系统、自然语言翻译器、神经网络、机器人、语音识别和 3D 视觉等。专家系统是存储大量专业知识的系统，具有一定的逻辑思维，如可以进行承运人选择、国际物流和营销、存货管理及信息系统设计，还可以记录问题和答案，帮助人们分析解决物流管理和具体作业中的问题。人工智能在国际物流中的应用已初现端倪，并将成为国际物流管理的一种新趋势。

3. 物流领域的网络化

网络物流是将物流活动建立在开放的计算机网络系统上，通过网络系统开展物流业务和物流业务流程的组织和管理。互联网（Internet）是一种集通信技术、信息技术和计算机技术为一体的网络系统，而企业内部网络（或称局域网）则是在互联网的基础上，将企业内部的各个分支机构和管理部门连接成一个统一的网络；电子数据交换（EDI）则是企业间以标准化的电子数据格式在网络上进行数据的交换传输。互联网、局域网及电子数据交换技术在国际物流中的应用，以及加密技术和密码对交互内容的保护，使交易信息在企业和企业、企业内部各部门、企业和消费者之间实现即时的信息安全传递，传递速度更快。

客户可以通过网络完成交易并能够时时在线查询，了解货物所处状态和位置；信息在互联网上的发布和传递，使物流商可以进行有效的数据挖掘和分析，寻找物流商机，通过网络完成物流服务交易，并根据客户的要求对物流业务流程进行有效的组织、调整和安排。

信息化管理是物流网络化的基本前提。客户将业务信息在网络上发布，各物流节点企业通过网络收集、整理有关业务信息，并通过网络签订合同，完成与客户的交易；物流节点企业则在物流流程中，以信息为导向，按照客户要求提前安排，适时展开物流作业，与上下游企业密切配合、有效衔接，快速准确完成物流流程，极大地减少失误，缩短物流环节间的停顿时间。

4．物流作业的自动化

自动化的核心是在信息化的基础上，实现机电一体化，表现为物流作业过程中的无人化自动操作。物流作业自动化不仅克服了人力自然属性的缺陷，减轻了人力繁重的体力劳动及特殊物流对人体的伤害，提高了物流作业能力和作业效率，而且提高了物流作业的标准化和准确性，减少了物流作业的差错，为物流管理的标准化奠定了基础。物流专业人员也因此可以集中精力进行技术的开发和管理创新，从而推动物流的更高自动化和标准化。目前，物流自动化设施非常多，如条形码、语音、射频自动识别系统、自动分拣系统、自动存取系统、自动导向车、货物自动跟踪系统等，这些设施在发达国家已经普遍使用在物流配送中。

5．绿色物流迅速崛起

21世纪，人类面临着人口膨胀、环境恶化和资源短缺三大危机，保护环境、减少污染已经成为全球关注的话题。物流给环境带来的不利影响是显而易见的，如运输工具的噪声、污染排放、对交通的阻塞，以及生产和生活中的废弃物的不当处理所造成的环境污染等。为此，人们提出了绿色物流的概念，即在物流业中导入环境保护意识，建立能促进经济和消费健康发展的物流体系，有效监控货物保管、运输、包装、装卸搬运、流通加工等各个物流环节的环境污染和能源浪费。通过对物流活动和业务流程进行合理规划，改变单向的物流运作，将正向物流和逆向物流结合起来，减少物流作业；通过改变物流作业时间和作业方式，改良物流设施设备，实现节能减排；尽可能减少运输工具的气体排放，利用封闭运输减少有害、有毒货物的泄漏；将废旧物资的回收处理和物流活动结合起来，减少流通环节等，以减少物流活动对环境的污染。例如，采用排污量小的货车车型，近距离配送，夜间运货以减少交通阻塞、节省燃料和减少排放等；建立专门的工业和生活废料处理的物流系统。

开展绿色物流，不仅是对宏观经济环境的保护，而且是企业降低成本、提高经济效益的重要途径。随着人们保护地球环境意识的增强，各国政府越来越重视环境污染的处理和整治，很多国家把企业废旧物品的处理和废弃物、有害物质排放等纳入国家监控范围，并把由此带来的环境成本纳入企业成本之中。企业的物流活动必须符合政府的环保规定，企业必须为企业活动造成的环境污染负责治理。因此，保护环境、开展绿色物流已经成为企业降低成本、提高经济效益的一个重要方面。围绕着绿色物流活动的各项技术改革和创新越来越受到物流企业的重视，如内燃机技术的改进、清洁燃料、绿色包装材料的问世等，利用逆向物流对废旧物资、坏残零部件及包装物的回收，大大地降低了企业的经营成本，提高了企业的经济效益。

本章小结

国际物流是物流活动和物流业务流程跨越国界，在全球范围内的运作。按照国际物流涵盖的范围，可以将国际物流分为广义的国际物流和狭义的国际物流。国际物流管理是指在现代信息技术基础上，合理、高效地组织国际间的货物流动，以最小的成本、最优的服务质量，保证国际贸易和国际化生产高效、有序地进行，最大限度地在供应链中创造价值，以顾客满意的价格提供优质的产品和服务。与国内物流相比，跨越国界的国际物流活动，距离更长、环节更多、环境更复杂，顾客的需求更加变幻莫测。这种复杂性决定了国际物流必然具有许多特殊性，包括：物流作业环节多，流程完成周期长；物流作业复杂；物流过程具有高风险性；国际物流以远洋运输为主，多种运输方式结合；物流的标准化要求高；信息传输和信息处理技术要求高。

国际物流的基本业务主要包括运输、保管、包装、装卸、流通加工和信息处理等。由于海运成本低且运输量大，因此其成为国际物流主要的和普遍的运输方式。国际物流特有的业务活动包括报关（包含检验、检疫等活动）和相关文书单据制成、运输保险等。按照不同的标准，国际物流可以划分为不同的类型，它们从不同角度反映着国际物流的特性和运作特点等。国际物流通道主要包括水路通道、陆桥运输通道和航空通道等。国际物流中应用较多的是水路通道。水路通道主要指营运者在海洋、运河、海峡中开辟的各种类型的航线。集装箱运输的迅速发展，有效解决了船舶在港时间长、作业效率低的问题。

国际物流节点是物流网络系统中物流线路的连接点或端点，是国际物流网络系统中物流功能的主要承担者。其中，口岸、港口、国际物流中心、铁路车站、汽车站、中转站、集装箱货运站、管道站等都是国际物流中的主要节点。

国际物流的产生是在全球经济一体化刺激下，国际贸易发展以及企业实施全球经营战略，消费者需求个性化、多元化给企业带来的竞争压力下发展和壮大的，通信和信息技术革命则为国际物流运作提供了强大的技术支撑。国际物流的发展经历了三个阶段：国际集装箱运输时代、国际物流全面启动时代，以及国际物流的快速发展及其信息化、标准化时代。进入 20 世纪 90 年代以后，尤其是进入 21 世纪，全球经济增长速度进一步加快，发达国家对经济全球化和一体化发展的推动，其物流企业先进的管理经验和先进的技术传递，以及发展中国家经济的崛起，都极大地推动了国际物流的发展。国际物流的发展呈现许多新的趋势，如物流运作的一体化、物流管理的柔性化和智能化、物流领域的网络化、物流作业的自动化，以及绿色物流的崛起等。

经济全球化使国际物流规模和活动的范围不断扩大，物流企业分工协作程度不断提高，第三方物流迅速发展，国际物流服务更加优质化，有力地推动了世界经济的发展。

案 例

英航货运称雄全球的奥秘

金融危机严重地影响了全球经济的发展，国际贸易数量锐减，也使全球航空业跌入低谷。亚太地区市场给航空业的经营者提供了强力的支撑，英航就是其中的受益者。英航全球货运是没有一架属于自己的货机，却把货运业务做到全球第五大的老牌航空公司。英航之所以取得如此成就，在于其有效的全球经营战略。

1．定位亚太地区，瞄准中国市场

多年来中国的 GDP 一直保持 8%左右的增长幅度。强劲的经济增长拉动了进出口货量，加之高科技产品在出口货物中的比例明显提高，使得中国的空运市场受益匪浅。中国与英国之间的货运情况发生了巨大的改变。1997 年之前，中国出口到法国和德国的空运货物已经开始增多，但出口到英国本土的货物却很少。香港回归之后，中国与英国之间的进出口量增长迅猛，亚太地区的货运业务在英航所有业务中是表现最好的一部分。

2．控制住大部分的单元开支，摆脱航运业困境

航空公司的经营人都知道，控制总体支出容易，控制单元开支却很难。例如，一家航空公司拥有 100 架飞机，假设运力减少到 90 架，经营成本自然就减少了 10%。虽然这种做法见效快，但由于运力缩减不是良性的，对公司未来的业务发展并没有好处。所以英航把每架飞机的固定支出从 100 万英镑减少到 90 万英镑，在降低经营成本的同时，通过提高货运效率来保持在市场中的竞争力。

3．采取了灵活的投资和经营策略，减少固定资产

号称全球第五大货运航空公司没有属于自己的货机，也没有客货混装的机型，甚至货运部门也不是独立的公司，却在货运领域取得了非凡的成就。据官方统计，英航每年

的货运操作量达到1.51亿ATK（吨千米载货量），在全球货运航空公司中位列第五。仅在伦敦希斯罗机场，每天就装卸1 500辆货运卡车的货物。

在运力构成上，采取了灵活的投资和经营策略。运力包括2架从阿特拉斯航空公司租来的747-400全货机；在亚太地区，通过与日本航空公司、大韩航空公司、长荣航空公司的合作，控制着一些货运舱位；此外，根据市场变动开设包机服务，如近期香港到美国西海岸、孟买等地的包机就非常火爆。

4．把货运变得更简单

英航在本土市场的客户群体是非常稳定而强壮的。英航耗资2.15亿英镑，在伦敦希斯罗机场建立了一个很大的货运中心。操作人员每天都要进行大量的分拣操作，为货品包装箱贴上标签，然后配送到不同的国家和销售渠道。除了常规的分拣中心之外，还设有一个专门处理鲜活食品的独立货运中心，可以根据超市需求，在机场内完成分拣操作，直接把货品配送到货架上去。除了希斯罗机场，英航还拥有2个类似的全球货运中心，这些服务设施和服务项目的推出，使得英航能够满足客户日益延伸的需求，把货运变得更加简单。例如，伦敦拥有很多的华人餐馆，对中国蔬菜的需求量很大。英航根据这个商机，组织出口商和种植商，把中国南方的菜引进到北京周边种植，在每年5月和10月大量向伦敦出口，并完成直接配送操作。随着客户需求的不断增长，英航的蔬菜生意也越来越大。

5．继续开拓中国市场

面对空前火爆的中国市场，英航首先要解决的就是运力问题。英航计划扩充从北京、上海、广州等城市飞往英国的航班，具体合作方式可能是代码共享、买断舱位或其他方式，当然这需要政府部门的批准。

另外，在中国市场，英航还有一些新的服务项目。例如，英航推出GFX在线订舱服务。与以往的模式不同，客户通过这种服务订舱，就像旅客在网上订机票一样方便。此外，英航针对电脑配件等高附加值、易损坏的货品，以及一些对温度要求比较苛刻的货品，也推出了专门的服务项目。

复习思考题

1. 简述国际物流的概念和分类。
2. 怎样区分国际物流和国内物流？
3. 国际物流网络包括哪些内容？

4. 如何实现国际物流一体化运作?
5. 国际物流的基本业务活动包括哪些?
6. 国际物流的发展趋势如何?
7. 如何理解国际物流在经济全球化中的地位和作用?

第 2 章 国际物流与国际贸易

本章学习目标

- 掌握国际贸易的含义与分类；
- 理解国际贸易与国际物流的关系；
- 掌握与国际物流运作相关的国际贸易术语；
- 掌握国际物流中各种贸易单证的功能与种类；
- 了解国际物流中主要贸易单证的填制内容。

国际物流是随着国际贸易的发展而发展起来的，并且已经成为影响和制约国际贸易进一步发展的重要因素。随着全球贸易量的空前扩大，货物跨国转移带来国际物流量的急剧增长，国际贸易与国际物流的发展关系也日益受到各界的关注。本章将从介绍国际物流与国际贸易关系入手，对国际物流运作中所涉及的国际贸易术语和贸易单证加以介绍。

2.1 概述

2.1.1 国际贸易的含义与分类

国际贸易（International Trade），也称世界贸易或进出口贸易，是指不同国家或地区间的商品和劳务（或货物、知识和服务）的交换活动。国际贸易是各国之间分工的表现形式，反映了世界各国在经济上的相互依赖和相互联系。

国际贸易的形成有两个基本条件：一是随着社会生产力的发展，可作为商品进行交换的剩余产品出现；二是必须有各自为政的社会实体——国家的存在，这样才能实现跨越国界的商品交换。这两个条件缺一不可，没有剩余产品，没有阶级和国家（或独立的经济体），也就没有国际贸易。

从不同的角度划分，国际贸易有不同的种类。

1．按商品移动的方向划分

（1）进口贸易（Import Trade），又称输入贸易，是指将外国商品输入本国市场销售。输往国外的商品未经消费和加工又输入本国，称为复进口或再输入。

（2）出口贸易（Export Trade），又称输出贸易，是指本国生产或加工的商品输往国外市场销售。从国外输入的商品，未在本国消费，又未经本国加工而再次输出国外，称为复出口或再输出。

（3）过境贸易（Transit Trade），指的是别国出口货物通过本国国境，未经加工改制，在基本保持原状条件下运往另一国的贸易活动。过境贸易又可分为直接过境贸易和间接过境贸易。直接过境贸易是外国商品纯系转运性质经过本国，并不存放在本国海关仓库；间接过境贸易是外国商品运到本国国境后，先存放在海关保税仓库，后未经加工改制，又从海关保税仓库提出，再运出国境。

2．按商品的形态划分

（1）有形贸易（Visible Trade），是指买卖那些看得见、摸得着的物质性商品的活动，也称货物贸易。

（2）无形贸易（Invisible Trade），又称服务贸易，是“有形贸易”的对称，是指由劳务或其他非实物商品的进出口而发生的收入与支出。例如，与商品进出口有关的一切从属费用（包括运输费、保险费、商品加工费、装卸费等）的收支、国际旅游费用、外交人员费用、使用专利特许权的费用等均属于无形贸易的范畴。

3．按生产国和消费国在贸易中的关系划分

（1）直接贸易（Direct Trade），是指商品生产国与商品消费国不经过第三国进行买卖商品的活动，即由进出口两国直接完成的贸易。

（2）间接贸易（Indirect Trade）和过境贸易（Transit Trade），是“直接贸易”的对称，指商品生产国与商品消费国通过第三国进行商品买卖的活动，其中，生产国是间接出口国，消费国是间接进口国，第三国是转口贸易国。例如，新加坡、香港、伦敦、鹿特丹等都是国际著名的中转地，从事大量的转口贸易。

4．按贸易参加国的数量划分

（1）双边贸易（Bilateral Trade），是指两个国家或地区之间的贸易。

（2）多边贸易（Multilateral Trade），又称多角贸易，是指三个或三个以上的国家为使相互间的贸易在整体上获得平衡，通过议定协议，在多边结算的基础上进行的贸易。其产生往往源于两国间彼此供应的商品或价格不相当，以致进出口不能平衡，外汇收支发生困难，需要第三国或更多的国家参加协议，建立三国或多国贸易，以使彼此间的进出口达到基本平衡。

5. 按国境和关境划分

（1）总贸易（General Trade），是指以国境为标准划分的进出口贸易。凡进入国境的商品一律列为总进口；凡离开国境的商品一律列为总出口。在总出口中又包括本国产品的出口和未经加工的进口商品的出口。美国、日本、英国、加拿大、澳大利亚、中国等国均采用这种划分标准。

（2）专门贸易（Special Trade），是“总贸易”的对称，是指以关境为标准划分的进出口贸易。只有从外国进入关境的商品以及从保税仓库提出进入关境的商品才列为专门进口。德国、意大利等国采用这种划分标准。

2.1.2 国际物流与国际贸易的关系

国际物流是从20世纪50年代开始发展起来的，早期的国际物流是国际贸易的一个组成部分，可见没有国际贸易，也就谈不上国际物流；同时，国际物流是国际贸易开展和实施的桥梁与工具，国际物流水平的提高不仅可以提升国际贸易交易方式，也可以提升国际贸易业务的效率。所以，国际贸易与国际物流两者的发展是相互制约、相互促进的。

1. 国际贸易促进了国际物流的产生和发展

（1）国际贸易直接导致国际物流的产生和发展。国际物流是国内物流的延伸和进一步扩展，是跨越国界的、流通范围扩大的“物的流通”，目的是实现货物在两个或两个以上国家或地区间的物理性移动。可见，国际物流实质上就是国际贸易活动的一部分，是为国际贸易活动服务的。因此，没有国际贸易，就没有商品的国际间流动，也就不需要国际物流。

随着国际贸易的发展，贸易双方对国际物流服务的专业化、一体化要求加强，使得国际物流由早期的仅将货物由一国供应者向另一国需求者的物理性移动，发展成为今天的集采购、包装、运输、储存、搬运、流通加工、配送和信息处理等基本功能于一身的综合性系统。可以说，国际贸易的发展促进了国际物流向现代化的方向发展。

（2）国际贸易的发展促使国际物流系统不断完善。国际贸易发展促进国际物流系统的完善主要表现在节点设施完善和物流通道打造两个方面。一方面，国际贸易的不断发展，带动国际物流需求规模不断扩张，为满足日益增长的物流服务需求并在国际贸易竞争中处于优势地位，多国政府投资建设集装箱专用码头、深水泊位、中转站等基础设施，这使得国际物流系统的节点设施不断完善。另一方面，全球贸易一体化的新趋势向国际物流提出了“物流无国界”的要求。为实现物流全球一体化的无国界需求，多国政府致力于构建无缝连接的物流通道，如发展集装箱多式联运、大陆桥运输等，这些变革通过优化国际物流通道而不断完善国际物流系统。

（3）国际贸易的发展推动国际物流的不断创新。首先，国际贸易的发展促使国际物流服务内容的创新与升级。随着国际分工日益细化，很多生产和销售型企业将物流的相关服务不断外包，这使得国际物流的服务不断向上和向下延伸，物流咨询、订单处理、库存控制与分析、代收账款和物流培训教育等服务不断地被扩充到现代化国际物流的范畴中。

其次，国际贸易的发展促进了物流经营方式和物流技术的创新。由于国际贸易发展了买方市场，很多贸易商为迎合消费者日益个性化的产品需求，而采取多品种、小批量的贸易方式，因此高频度、小批量的配送需求也随之增加，这使得国际物流经营的专业化、集约化和电子物流的产生和发展。同时，伴随着国际贸易的发展，物流信息网络化、物流全程可视化等需求也日益体现出来，这些新需求也推动着国际物流不断向前发展。

2．国际物流对国际贸易的发展具有反向带动作用

（1）国际物流成本的改变影响国际贸易发展方向。国际物流成本是指为了实现国际贸易，货物自生产完毕到投入销售的整个为国际贸易所需要的物流过程所支付的成本总和。包括为了实现进出口贸易，而涉及的出口国国内、国际间和进口国国内三个阶段货物流通的所有物流成本，与产品的生产研发成本等一样，是实现国际贸易的重要成本之一。

国际贸易因地区间物流成本的比较优势而产生。当国际间的物流成本发生变化时，在需求差异不大的消费市场间，贸易地点会因为物流成本的变动而发生变化，即产品销售会更倾向于物流成本较低的市场。此外，在跨国企业进行工厂和采购中心选址过程中，物流成本业已是其重要的考虑因素。可见，有效降低国际物流成本可通过吸引外资、扩大出口等途径影响国际贸易的发展方向。

（2）国际物流发展促进国际贸易升级。国际物流是伴随着国际贸易的产生而产生的，但从诞生之日起，国际物流就没有停止过自身的独立发展，并且已经实现了持续的发展壮大。同时，国际物流的现代化发展对国际贸易的发展起到了重要的促进作用。随着现代国际物流一体化的不断推进，国际化的专业物流公司不断涌现，大大地提高了国际物流的服务质量和效率，这为企业有效利用国际分工、在全球范围内进行资源的优化配置、有效地降低经营成本、提高企业的国际竞争力，提供了更加广阔的空间。大型跨国公司通过合作，在全球范围内组织生产，将物流外包，从而形成高效专业的全球供应链体系，使国际贸易无论从广度还是深度上都有了前所未有的巨大发展。

（3）高效的国际物流系统是国际贸易持续发展的重要保障。随着国际贸易竞争的日趋加剧，产品的竞争已经转化为成本的竞争。国际贸易中物流成本是所有跨国企业不可忽视的重要环节，而降低成本的主要手段之一就是进行全球采购和生产，将原材料、加工、运输成本统一核算，并使其总值最低是企业追求的方向。在这种情况下，就需要供应商、生产商、贸易商和代理商进行紧密合作，以适应并紧跟瞬息万变的市场需求，并在竞争中立于不败之地。而这些都需要一个高效率的物流和供应链系统作为支撑。可见，高效的国际物流系统是国际贸易持续发展的一个重要支点。

2.2 国际物流中的国际贸易术语和单证

国际物流发生在不同的国家和地区之间，涉及并受到相关国家或地区的贸易规章、法令的约束，需要在运输、保险、费用和权责等方面做出适当安排。在国际物流的实际运作中，买卖双方通过协调，决定采用何种贸易术语来明确成交条件，并签订一系列的贸易合同及单证。因此，有必要对国际物流运作所涉及的国际贸易术语及贸易单证进行理解和掌握。

2.2.1 国际贸易术语概述

贸易术语（Trade Terms），又称价格术语（Price Terms），是指用一个简短的概念或英文缩写字母来表示商品的价格构成，买卖双方在货物交接过程中的手续、风险、费用和应承担的责任，以及所有权转移界限等问题的专门术语。可见，贸易术语的内涵主要包括三部分：交货地点；价格构成；有关风险、责任和费用的划分。

贸易术语始于19世纪，它的出现为进出口贸易带来了极大的便利，但各国和各领域对贸易术语的解释存在差异，故而出现了不少矛盾和分歧。为统一和规范国际贸易交易行为，解决矛盾和分歧，一些国际组织制定了解释国际贸易术语的规则，从而形成了国际贸易惯例。目前，国际上关于价格术语方面的惯例主要有三个。

1.《1932年华沙-牛津规则》

《1932年华沙-牛津规则》（Warsaw-Oxford Rules 1932）是由国际法协会（International Law Association）制定的。该协会于1928年在华沙举行会议，制定了有关CIF买卖合同的统一规则，共22条，称为《1928年华沙规则》，后又经1930年纽约会议、1931年巴黎会议和1932年牛津会议修订，定名为《1932年华沙-牛津规则》，共计21条，对CIF的性质、买卖双方所承担的风险、责任和费用的划分以及所有权转移的方式等问题都进行了比较详细的规定。

2.《1941 年美国对外贸易定义修正本》

1919 年美国九大商业团体以英国贸易上惯用的 FOB 契约条件为基础制定了《美国出口报价及其缩写条例》。其后，于 1940 年在美国第二十七届全国对外贸易会议上进行了修订，并于 1941 年经由美国商会、美国进口商协会和美国对外贸易协会所组成的联合委员会通过，定名为《1941 年美国对外贸易定义修正本》（Revised American Foreign Trade Definition 1941）。这一修正本对内陆交货、装运港船上交货、装运港船边交货、成本加运费、成本加保险费和运费、目的港码头交货六种价格术语做了解释。

3.《国际贸易术语解释通则》

《国际贸易术语解释通则》（International Rules for the Interpretation of Trade Terms）于 1936 年在巴黎，由国际商会统一制定，最初定名为《INCOTERMS 1936》。后为适应国际贸易实践发展的需要，先后于 1953 年、1967 年、1976 年、1980 年和 1990 年对该通则进行了多次修订和补充。为使贸易术语更进一步适应世界无关税区的发展、交易中使用电子信息的增多以及运输方式的变化，国际商会于 1999 年 7 月公布了《2000 年国际贸易术语解释通则》（简称《INCOTERMS 2000》或《2000 年通则》），于 2000 年 1 月 1 日起生效。2010 年 9 月 27 日，国际商会又正式推出《2010 年国际贸易术语解释通则》（简称《INCOTERMS 2010》），与《2000 年通则》并用，且已于 2011 年 1 月 1 日正式生效。

《INCOTERMS 2010》中将贸易术语划分为适用于各种运输的 CIP、CPT、DAP、DAT、DDP、EXW、FCA 和只适用于海运和内河运输的 CFR、CIF、FAS、FOB，并将术语的适用范围扩大到国内贸易中，赋予电子单据与书面单据同样的效力，增加对出口国安检的义务分配，要求双方明确交货位置，将承运人定义为缔约承运人，这些都在很大程度上反映了国际货物贸易的实践要求，并进一步与《联合国国际货物销售合同公约》及《鹿特丹规则》衔接。

《国际贸易术语解释通则》是当前应用范围最广、影响最大的一种惯例，已被国际上多数国家所接受。本书以下章节中贸易术语的介绍主要以《INCOTERMS 2010》的内容为准。

2.2.2 与国际物流运作相关的国际贸易术语

《INCOTERMS 2010》包括两大类（适用于任何运输方式术语 7 个和只适用于海运或内河运输的术语 4 个）、四组（按卖方承担责任、费用和风险由小到大依次分为 E 组、F 组、C 组和 D 组）、11 种术语，如表 2-1 所示。

表 2-1 《INCOTERMS 2010》对国际贸易术语的分类

组　　别	国际代码	术语性质	含　　义	交货地点
通用类：适用于任何运输方式	EXW	启动术语	工厂交货	商品产地、所在地
	FCA	（主运费未付）装运术语	货交承运人	出口国内地、港口
	CPT	（主运费已付）装运术语	运费付至	出口国内地、港口
	CIP		运费、保险费付至	出口国内地、港口
	DDP	到达术语	完税后交货	进口国内
	DAT		货运站交货	指定终站，完成卸货
	DAP		目的地交货	指定地点，尚未卸货
船运类：只适用于海运或内河运输	FAS	（主运费未付）装运术语	装运港船边交货	装运港口
	FOB		装运港船上交货	装运港口
	CFR	（主运费已付）装运术语	成本加运费	装运港口
	CIF		成本加保险费、运费	装运港口

下面将详细介绍 11 种贸易术语的内涵及买卖双方的责任。

1. EXW

EXW 即 Ex Works（…named place）——工厂交货（……指定地点），是指卖方在规定的时间和地点将货物备好并置于买方支配下即可；买方到交货地接收，并承担从交货地至目的地的一切风险、费用和责任。该术语是卖方承担责任、风险、费用最小的一种术语。

2. FCA

FCA 即 Free Carrier（…named place）——货交承运人（……指定地点），是指卖方在规定的时间、地点将货物交给买方指定的承运人，交货义务即告完成，买方承担货交承运人后所发生的一切费用和风险。

FCA 术语下，卖方负责出口货物的包装，按合同规定的时间和地点将货物交与买方指定的承运人，办理出口的清关手续，提供买方进口清关和购买保险所需的所有信息；买方负责寻找承运人，购买保险和进口国清关。

3. CPT

CPT 即 Carriage Paid to（…named place of destination）——运费付至（……指定目的地），是指卖方在规定的时间和地点将货物交给其指定的承运人，且卖方还需支付自起运地至目的地的运费；买方则承担货交承运人后所发生的一切风险和其他费用。

CPT 术语下，卖方负责货物出口包装，交付承运人，预付到达目的地城市的运输费用；

买方在卖方将货物交付承运人时开始承担责任，负责从承运人车上卸货、清关、支付到达目的地城市之后的内陆运输费用。

4．CIP

CIP 即 Carriage and Insurance Paid to（…named place of destination）——运费、保险费付至（……指定目的地），是指卖方在规定的时间和地点将货物交给其指定的承运人，且卖方还需支付货物运输保险费和自起运地至目的地的运费；买方则承担受领货物后所发生的一切费用和风险。

CIP 术语下，卖方负责出口货物包装，支付到达目的地城市的运输费用以及最低保险费，并负责货物出口清关；买方从货物交付承运人开始承担责任，并负责从承运人车上卸货、进口清关和支付到达目的地城市之外的运输费用。

5．DDP

DDP 即 Delivered Duty Paid（…named place of destination）——完税后交货（……指定目的地），是指卖方在指定的目的地将货物交与买方支配，无须卸下即完成交货任务。该术语是卖方承担责任、风险、费用最大的一种术语。

DDP 术语下，卖方承担全部责任，如办理进出口清关手续，承担货物运至目的地的风险和费用，包括在目的地海关应缴的关税和捐税；买方只需在目的地受领货物并卸货即可。

6．DAT

DAT 即 Delivered at Terminal——货运站交货，是指卖方将货物运抵至目的港或目的地的指定终站，并将货物从承运工具上卸载，然后交付买方；买方在接收货物后再办理进口清关等手续。

7．DAP

DAP 即 Delivered at Place——目的地交货，是指卖方将货物运抵至指定目的地，但未将货物从承运工具上卸载，就交付买方；买方在接收货物后再进行卸货、办理进口清关等手续。

8．FAS

FAS 即 Free alongside Ship（…named port of shipment）——装运港船边交货（……指定装运港），是指卖方在指定的装运港或驳船内将货物交至船边就完成了交货任务，买方承担该点以后所发生的一切风险和费用。

9．FOB

FOB 即 Free on Board（…named port of shipment）——装运港船上交货（……指定装运

港）。作为最古老的海上贸易术语之一，FOB 是指当货物在指定的装运港越过船舷时，卖方即完成交货，这意味着买方从交货点起承担货物灭失或损坏的一切风险。

FOB 术语下，卖方负责出口货物包装，将货物运达装运港并装到船上。此外，卖方还负责出口货物清关，并负责提供买方进口清关和购买保险所需要的一切单据和协助。如果出口国当局要求进行装运前检验，该费用由卖方支付；买方负责安排货物从装运港至目的港的运输事宜并支付费用，以及进口清关和购买保险。如果进口国当局要求进行装运前检验，该费用由买方支付。

FOB 贸易术语还有一些变形，如 FOB 班轮条件、FOB 平舱费在内等，这些贸易术语改变的仅仅是装船费用的负担，并不由此改变 FOB 贸易术语的交货地点以及买卖双方风险划分的界限。《2010 年通则》指出，对这些术语添加词句不提供任何指导规定，建议买卖双方在合同中加以明确。

10．CFR

CFR 即 Cost and Freight（…named port of shipment）——成本加运费（……指定目的港），是指卖方必须在合同规定的装运期内在装运港将货物交至运往指定目的港的船上，负担货物越过船舷为止的一切货物灭失或损坏的风险及由于各种事件造成的任何额外费用，并负责租船订舱，支付至目的港的正常运费。

CFR 术语下，卖方负责货物包装，运达装运港，装到船上，并预付运输费用，货物清关以及向买方提供进口清关及购买保险所需的单据；买方在交货地点承接对货物的责任，办理进口清关手续及随后的国内运输。

为了明确责任，CFR 术语也有一些变形，如 CFR 班轮条件、CFR 卸到岸上、CFR 吊钩下交货、CFR 舱底交货等，这些只是为了明确卸货费用由何方负担，并不改变 CFR 术语的交货地点和风险划分界限。《2010 年通则》对术语后加列的附加条件不提供公认的解释，建议买卖双方通过合同条款加以规定。

11．CIF

CIF 即 Cost, Insurance and Freight（…named port of destination）——成本加保险费、运费（……指定目的地），是指卖方必须在合同规定的装运期内在装运港将货物交至运往指定目的港的船上，负担货物越过船舷为止的一切货物灭失或损坏的风险及由于各种事件造成的任何额外费用，并负责办理货运保险，支付保险费以及负责租船订舱，支付从装运港至目的港的正常运费。

CIF 术语下，卖方负责出口货物包装，支付到达目的港的运输费用和最低保险费，并负责出口货物清关；尽管与船公司签订运输合同的是卖方，但买方在货物于装运港越过船舷后即开始承担责任，并负责随后的进口清关及国内运输事宜。

2.2.3 国际物流中的主要贸易单证

国际贸易单证是指国际贸易中使用的各种商务单据（如商业发票、装箱单、货运单等）和公务证书（如登记证书、许可证书等），买卖双方凭借这些单证来处理国际贸易货物的交付、运输、保险、商检和结汇等。

本节内容将简单介绍国际物流运作中涉及的几种贸易单证，包括提单、货运单和进出口货物报关单。

1. 提单

（1）提单的功能及种类。提单（Bill of Lading，B/L），又称海运提单，是指在对外贸易中，运输部门承运货物时签发给发货人的一种单证。我国《海商法》第七十一条中给提单下的定义是“指用以证明海上货物运输合同和货物已经由承运人接收或者装船，以及承运人保证据以交付货物的单证”。

提单在国际贸易中主要承担三项功能：第一，对于将货物交给承运人运输的托运人，提单具有货物收据的功能，证明承运人已接管货物或货物已装船的货物收据；第二，承运人保证凭以交付货物和可以转让的物权凭证，即对于合法取得提单的持有人，提单具有物权凭证的功能；第三，货物运输合同成立的证明文件，提单上印就的条款规定了承运人与托运人之间的权利、义务，而且提单是法律认可的处理有关货物运输的依据，因此常被人们认为提单本身就是运输合同。

按照不同的分类标准，提单可以划分为许多种类，如表 2-2 所示。

表 2-2　提单的种类

分类标准	提单种类	英文名称
按表现形式划分	纸质提单	Bill of Lading, B/L
	电子报文提单	Electronic Bill of Lading
按提单收货人的抬头划分	记名提单	Straight B/L
	不记名提单	Bearer B/L, or Open B/L, or Blank B/L
	指示提单	Order B/L
按货物是否已装船划分	已装船提单	Shipped B/L, or On Board B/L
	收妥待运提单	Received for Shipment B/L
按有无批注划分	清洁提单	Clean B/L
	不清洁提单	Unclean B/L, or Foul B/L
按运输方式划分	直达提单	Direct B/L
	转船提单	Transshipment B/L

续表

分类标准	提单种类	英文名称
按运输方式划分	多式联运提单	Multimodal Transport B/L, or Intermodal Transport B/L
按签发提单的时间划分	倒签提单	Anti-dated B/L
	顺签提单	Post-dated B/L
	预借提单	Advanced B/L
按收费方式划分	运费预付提单	Freight Prepaid B/L
	运费到付提单	Freight to Collect B/L
	最低运费提单	Minimum B/L

（2）提单需要填制的主要内容。对于不同的国家和不同的船公司，提单的格式有所不同，但其内容和项目基本一致，主要内容有以下几点。

1）托运人。与承运人签订运输契约委托运输的货主，即发货人。

2）收货人。按合同和信用证的规定来填写，主要有以下几种填法：记名提单在收货人一栏具体填写特定的收货人名称；不记名提单的收货人一栏可空白，也可填写“交来人”；指示提单是按记名人指示或不记名人指示而交货的提单，前者在收货人一栏填写“To order of …”，后者则填写“To order”，指示提单是一种可转让的单据。

3）被通知人。收货人的代理人或通知其提货的联络人。提单的被通知人一定要有详细的名称和地址，供承运人或目的港及时通知其提货。

4）船名/航次。由承运人配载的装货的船名，班轮运输多加注航次。若是已装船提单，此栏注明船名和航次；若是待运提单，在货物实际装船完毕后再记载船名。

5）装运港/卸货港。与海运托运单相应栏目内容相同。另外，当货物在海运途中发生转运时需要填写转运港口的名称。

6）交货地。最终交货的城市或地区名称。如果货物的目的地就是卸货港，本栏可以空白。

7）货物名称与包装种类。需符合合同或信用证的相关品名、品质和包装的规定。

8）箱数与件数。装入集装箱内货物的外包装件数或集装箱箱数。一般除了要求托运人填件数的阿拉伯数字，还需要填写件数的大写。

9）标记与封志号。与实际货物外包装上下面唛头相一致。当没有唛头时，用“N/M”表示。

10）毛重和体积。一般重量以千克为计量单位，体积以立方米为计量单位。当货物无毛重时，可以在此栏加注净重。

11）运费支付。一般根据成交的价格条件分为两种。若在 CIF 和 CFR 条件下，则注明“Freight Prepaid”或“Freight Paid”；FOB 条件下则填“Freight Collect”或“Freight Payable at Destination”。有时信用证还要求注明运费的金额，按实际运费支付额填写即可。

12）签发地点与日期。签发地点为货物装运港所在地，日期则按信用证的装运期要求，一般不得晚于装运期。

13）承运人签章。提单必须由承运人或其代理人签字盖章才能生效。

14）提单签发的份数。托运人要求签发的提单份数。通常正本提单一式两份或一式三份，每份提单具有同等效力，收货人持其中任意一份提取货物后，其余提单自动失效。

15）提单号码。一般位于提单的右上角，是承运人对发货人所发货物承运的编号。其他单据中，如保险单、装运通知的内容往往要求注明提单号。

2．货运单

货运单，是航运公司向托运人签发的作为货物收据和运输合同证明的文件。由于货运单不能流通，因此不能作为银行质押品使用。货运单的用途是为了避免提单未及时到达卸货港口而造成船舶和货物的延误。

（1）海运货运单。海运货运单，简称海运单，是海上货物的运输合同凭证。它是指货物由承运人接管或装船，以及承运人保证据以将货物付给单证所载明的收货人的一种不可流通的单证。海运单有三个作用：承运人收到由其承运的货物的收据；运输契约的证明；在解决经济纠纷时作为货物担保的基础。

（2）铁路货运单。当通过国际铁路办理货物运输时，在发运站由承运人加盖日戳签发的运单叫做“铁路货运单”。铁路货运单一律以目的地收货人作为记名抬头，一式两份。正本随货物同行，到目的地交收货人作为提货通知；副本交托运人作为收到托运货物的收据。在货物尚未到达目的地之前，托运人可凭货运单副本指示承运人停运，或将货物运给另一个收货人。铁路货运单只是运输合同和货物收据，不是物权凭证，但在托收或信用证支付方式下，托运人可凭货运单副本办理托收或议付。

（3）航空货运单。航空运单（Airway bill）是由承运人或其代理人签发的重要的货物运输单据，是承托双方的运输合同，其内容对双方均具有约束力。航空运单不可转让，持有航空运单也并不能说明可以对货物要求所有权。在货物所有权这一点，航空运单与国际铁路运单相似，与海运提单有很大不同。

航空运单的正本一式三份，每份都印有背面条款，其中一份交发货人，是承运人或其代理人接收货物的依据；第二份由承运人留存，作为记账凭证；最后一份随货同行，在货物到达目的地、交付给收货人时作为核收货物的依据。

根据签发人的不同，航空运单分两类：

1）航空主运单（Master Air Waybill，MAWB）。凡由航空运输公司签发的航空运单就称为主运单。它是航空运输公司据以办理货物运输和交付的依据，是航空公司和托运人订立的运输合同，每批航空运输的货物都有自己相对应的航空主运单。

2）航空分运单（House Air Waybill，HAWB）。集中托运人在办理集中托运业务时签发的航空运单。在集中托运的情况下，除了航空运输公司签发主运单外，集中托运人还要签发航空分运单。

3. 进出口货物报关单

（1）报关单及其分类。进出口货物报关单是指进出口货物收发货人或其代理人，按照海关规定的格式对进出口货物的实际情况做出书面声明，以此要求海关对其货物按适用的海关制度办理通关手续的法律文书。报关单在对外经济贸易活动中具有十分重要的法律地位：是海关监管、征税、统计以及开展稽查和调查的重要依据；是加工贸易进出口货物核销，以及出口退税和外汇管理的重要凭证；是海关处理走私、违规案件，及税务、外汇管理部门查处骗税和套汇犯罪活动的重要证书。

按货物的流转状态、贸易性质和海关监管方式的不同，进出口货物报关单可以分为以下几种类型：

1）按进出口状态，进出口货物报关单分为进口货物报关单、出口货物报关单。

2）按表现形式，进出口货物报关单分为纸质报关单、电子数据报关单。

3）按使用性质，进出口货物报关单分为进料加工进出口货物报关单、来料加工及补偿贸易进出口货物报关单、一般贸易及其他贸易进出口货物报关单。

4）按用途，进出口货物报关单分为报关单录入凭单、预录入报关单、电子数据报关单、报关单证明联。

（2）进出口货物报关单填制规范。中华人民共和国海关进出口货物报关单按进口和出口分为“中华人民共和国海关进口货物报关单”和“中华人民共和国海关出口货物报关单”两种，详见本章附录一和附录二。每种报关单均有47个栏目，其中大部分由报关单位（人）填写。为便于报关单位（人）准确填报和便于海关接受申报时审核有关数据，海关对外发布了《中华人民共和国海关进出口货物报关单填制规范》，统一制定了报关单各栏目的填写要求。接下来，我们将海关对进出口货物报关单的各栏目填制内容和规定介绍如下。

1）预录入编号。申报单位或预录入单位预录入报关单的编号，用于申报单位与海关之间引用其申报时尚未接受申报的报关单。预录入编号由接受申报的海关决定编号规则。

2）海关编号。海关接受申报时给予报关单的编号，由各直属海关在接受申报时确定，并标志在报关单的每一联上。

3）进口口岸/出口口岸。货物实际进（出）口我国关境口岸海关的名称。

4）备案号。进出口企业在海关办理加工贸易合同或征、减、免税审批备案等手续时，海关给予的各种登记手册或者其他备案审批文件的编号。一份报关单只允许填报一个备案号。备案号长度为12位，其中第1位为标记代码，第2~5位为关区代码，第6位为年份，第7~12位为序列号。

5）进口日期/出口日期。进口日期是指运载所申报货物运输工具申报进境的日期，出口日期是指运载所申报货物运输工具办结出境手续的日期。本栏目供海关打印报送单证明联用，预录入报关单及EDI报关单均免予填报。注意，顺序为年4位，月份和日期各2位，如2008.08.08。

6）申报日期。海关接受进（出）口货物收、发货人或其代理人申请办理货物进（出）口手续的日期。以EDI报关单方式申报的，申报日期为海关计算机系统接受申报数据时记录的日期；以纸质报关单方式申报的，申报日期为海关接受纸质报关单并对报关单进行登记处理的日期。

7）经营单位。对外签订并执行进出口贸易合同的中国境内企业或单位。本栏目应填报经营单位名称及经营单位编码。经营单位编码为10位数字，是指进出口企业在所在地主管海关办理注册登记手续时，海关给企业设置的注册登记编码。

8）运输方式。载运货物进出关境所使用的运输工具的分类。本栏目应根据实际运输方式按海关规定的"运输方式代码表"选择填报相应的运输方式。

9）运输工具名称。载运货物进出境的运输工具的名称或运输工具编号。本栏目填制内容应与运输部门向海关申报的载货清单所列相应内容一致。一份报关单只允许填报一个运输工具名称。

10）提运单号。进出口货物提单或运单的编号。本栏目填报的内容应与运输部门向海关申报的载货清单所列相应内容一致。一份报关单只允许填报一个提运单号，一票货物对应多个提运单时，应分单填报。

11）收货单位/发货单位。收货单位是指已知的进口货物在境内的最终消费、使用单位，包括自行从境外进口货物的单位、委托有外贸进出口经营权的企业进口货物的单位。发货单位是指出口货物在境内的生产或销售单位，包括自行出口货物的单位、委托有外贸进出口经营权的企业出口货物的单位。

12）贸易方式。买卖双方将商品所有权转让所采取的方式，常见的有"一般贸易"、"来料加工"、"进料加工"、"进料非对口"等方式。我国海关结合监管方式，把贸易方式分为92种。本栏目的填写应根据实际情况，并按海关规定的"贸易方式代码表"选择填报相应的贸易方式简称或代码。一份报关单只允许填报一种贸易方式。

13）征免性质。海关对进出口货物实施征、减、免税管理的性质类别。本栏目应按照海关核发的“征免税证明”中批注的征免性质填报，或者根据实际情况按海关规定的“征免性质代码表”选择填报相应的征免性质简称或代码。加工贸易报关单本栏目应按照海关核发的“登记手册”中批注的征免性质填报相应的征免性质简称或代码。

14）征税比例/结汇方式。征税比例仅用于“非对口合同进料加工”贸易方式下（代码“0715”）进口料、件的进口报关单，填报海关规定的实际应征税比例，例如5%填报5，15%填报15。出口报关单应填报结汇方式，即出口货物的发货人或其代理人收结外汇的方式。本栏目应按海关规定的“结汇方式代码表”选择填报相应的结汇方式名称或代码。

15）许可证号。应申领进（出）口许可证的货物，必须在此栏目填报外经贸部及其授权发证机关签发的进（出）口货物许可证的编号，不得为空。一份报关单只允许填报一个许可证号。

16）起运国（地区）/运抵国（地区）。起运国（地区）是指进口货物起始发出的国家（地区）。运抵国（地区）是指出口货物直接运抵的国家（地区）。本栏目应按海关规定的“国别（地区）代码表”选择填报相应的起运国（地区）或运抵国（地区）中文名称或代码。

17）装货港/指运港。装货港是指进口货物在运抵我国关境前的最后一个境外装运港。指运港是指出口货物运往境外的最终目的港；最终目的港不可预知的，可按尽可能预知的目的港填报。本栏目应根据实际情况按海关规定的“港口航线代码表”选择填报相应的港口中文名称或代码。

18）境内目的地/境内货源地。境内目的地是指已知的进口货物在国内的消费、使用地或最终运抵地。境内货源地是指出口货物在国内的产地或原始发货地。本栏目应根据进口货物的收货单位、出口货物生产厂家或发货单位所属国内地区，并按海关规定的“国内地区代码表”选择填报相应的国内地区名称或代码。

19）批准文号。进口报关单中本栏目免予填报；出口报关单填报“出口收汇核销单”编号。

20）成交方式。本栏目应根据实际成交价格条款按海关规定的“成交方式代码表”选择填报相应的成交方式代码。无实际进出境的，进口填报CIF价，出口填报FOB价。

21）运费。本栏目用于成交价格中不包含运费的进口货物或成交价格中含有运费的出口货物，应填报该份报关单所含全部货物的国际运输费用。可按运费单价、总价或运费率三种方式之一填报，同时注明运费标记，并按海关规定的“货币代码表”选择填报相应的币种代码。

22）保费。本栏目用于成交价格中不包含保险费的进口货物或成交价格中含有保险费的出口货物，应填报该份报关单所含全部货物国际运输的保险费用。可按保险费总价或保险费率两种方式之一填报，同时注明保险费标记，并按海关规定的“货币代码表”选择填报相应的币种代码。

23）杂费。成交价格以外的、应计入完税价格或应从完税价格中扣除的费用，如手续费、佣金、回扣等。可按杂费总价或杂费率两种方式之一填报，同时注明杂费标记，并按海关规定的“货币代码表”选择填报相应的币种代码。

24）合同协议号。本栏目应填报进（出）口货物合同（协议）的全部字头和号码。

25）件数。有外包装的进（出）口货物的实际件数。本栏目不能填报为零，裸装和散装货物填报为“1”。

26）包装种类。本栏目应根据进（出）口货物的实际外包装种类，按海关规定的“包装种类代码表”选择填报相应的包装种类代码。

27）毛重（千克）。货物及其包装材料的重量之和。本栏目填报进（出）口货物的实际毛重，计量单位为千克，不足一千克的填报为“1”。

28）净重（千克）。货物的毛重减去外包装材料后的重量，即商品本身的实际重量。本栏目填报进（出）口货物的实际净重，计量单位为千克，不足一千克的填报为“1”。

29）集装箱号。集装箱号是在每个集装箱箱体两侧标示的全球唯一的编号。本栏目用于填报和打印集装箱编号及数量。本栏目的填报格式：“集装箱号”+“/”+“规格”+“/”+“自重”；非集装箱货物填报为“0”；集装箱多于一个时，将其余集装箱编号依次填写在“标记唛码及备注”栏内。

30）随附单据。随进（出）口货物报关单一并向海关递交的单证或文件。合同、发票、装箱单、许可证等的必备的随附单证不在本栏目填报。本栏目应按海关规定的“监管证件名称代码表”选择填报相应证件的代码。

31）用途/生产厂家。用途是指进口货物的实际适用方面或范围。进口货物填报用途，应根据进口货物的实际用途按海关规定的“用途代码表”选择填报相应的用途代码，如“以产顶进”填报“13”。生产厂家是指出口货物的境内生产企业。

32）标记唛码及备注。标记唛码，又称运输标志，是为了方便运输和识别货物，刷写在运输包装上的标记；本栏目下部供填报随附单据栏中监管证件的编号，具体填报要求为监管证件代码+“:”+监管证件号码。一份报关单多个监管证件的，连续填写。

33）项号。报关单中的商品排列序号。本栏目分两行填报及打印。第一行打印报关单中的商品排列序号。第二行专用于加工贸易等已备案的货物，填报和打印该项货物在“登记手册”中的项号。

34）商品编号。按海关规定的商品分类编码规则确定的进（出）口货物的商品编号。本栏目分为商品编号和附加编号两栏。其中商品编号栏应由《中华人民共和国海关进出口税则》确定的进出口货物 8 位税则号列，附加编号栏应填报商品编号附加的第 9、第 10 位附加编号，其中第 9 位主要用于确定不同的增值税及消费税的税率，第 10 位主要用于确定不同的监管证件规定。

35）商品名称、规格型号。本栏目分两行填报及打印。第一行打印进（出）口货物规范的中文商品名称，第二行打印规格型号，必要时可加注原文。

36）数量及单位。进（出）口商品的实际数量及计量单位。具体填报要求：一是进出口货物必须按海关法定计量单位填报。法定第一计量单位及数量，打印在本栏目第一行。二是凡海关列明第二计量单位的，必须报明该商品第二计量单位及数量，打印在本栏目第二行。无第二计量单位的，本栏目第二行为空。三是成交计量单位与海关法定计量单位不一致时，还需填报成交计量单位及数量，打印在商品名称、规格型号栏下方（第三行）。成交计量单位与海关法定计量单位一致时，本栏目第三行为空。

37）原产国（地区）/最终目的国（地区）。原产国（地区）是指进口货物的生产、开采或加工制造国家（地区）。最终目的国（地区）是指已知的出口货物的最终实际消费、使用或进一步加工制造国家（地区）。本栏目应按海关规定的“国别（地区）代码表”选择填报相应的国家（地区）名称或代码。

38）单价。本栏目应填报同一项号下进（出）口货物实际成交的商品单位价格。无实际成交价格的，本栏目填报货值。

39）总价。本栏目应填报同一项号下进（出）口货物实际成交的商品总价。无实际成交价格的，本栏目填报货值。

40）币制。进（出）口货物实际成交价格的币种。本栏目应根据实际成交情况按海关规定的“货币代码表”选择填报相应的货币名称或代码，如“货币代码表”中无实际成交币种，需转换后填报。

41）征免。海关对进（出）口货物进行征税、减税、免税或特案处理的实际操作方式。本栏目应按照海关核发的“征免税证明”或有关政策规定，对报关单所列每项商品选择填报海关规定的“征减免税方式代码表”中相应的征减免税方式。

42）税费征收情况。本栏目供海关批注进（出）口货物税费征收及减免情况。

43）录入员。本栏目用于预录入和 EDI 报关单，打印录入人员的姓名。

44）录入单位。本栏目用于预录入和 EDI 报关单，打印录入单位名称。

45）申报单位。本栏目是指报关单左下方用于填报申报单位有关情况的总栏目。申报单位是指对申报内容的真实性直接向海关负责的企业或单位。自理报关的，应填报进（出）口货物的经营单位名称及代码；委托代理报关的，应填报经海关批准的专业或代理报关企业名称及代码。本栏目还包括报关单位地址、邮编和电话等分项目，由申报单位的报关员填报。

46）填报日期。报关单的填制日期。预录入和 EDI 报关单由计算机自动打印。

47）海关审单批注栏。供海关内部作业时签注的总栏目，由海关关员手工填写在预录入报关单上。其中“放行”栏填写海关对接受申报的进出口货物做出放行决定的日期。

单证是国际贸易和国际物流流程中的业务凭证，具有法律效力，一旦发生纠纷或货物发生损失，单证就成为解决纠纷和弥补损失的法律依据，因此，必须认真填写、审查，并妥善保管。

本章小结

国际物流是随着国际贸易的发展而产生和发展起来的，并已经成为影响和制约国际贸易进一步发展的重要因素，两者之间具有相互制约、互为因果的紧密关系。本章从国际贸易概念入手，分析了国际物流与国际贸易的相互影响关系，并详细介绍了与国际物流运作密切相关的国际贸易术语种类及内涵、国际贸易单证的功能种类及填制的主要内容。

国际贸易是指不同国家或地区间的商品和劳务（或货物、知识和服务）的交换活动。按照不同的分类方式，可以划分为不同的种类。按商品移动的方向，可分为进口贸易、出口贸易和过境贸易；按商品的形态，可分为有形贸易和无形贸易；按生产国和消费国在贸易中的关系，可分为直接贸易和间接贸易；按贸易参加国的数量，可分为双边贸易和多边贸易；按国境和关境，可以分为总贸易和专门贸易等。

贸易术语是指用一个简短的概念或英文缩写字母来表示商品的价格构成，买卖双方在货物交接过程中的手续、风险、费用和应承担的责任以及所有权转移界限等问题的专门术语。目前，国际上关于价格术语方面的惯例主要有三个：《1932 年华沙–牛津规则》、《1941 年美国对外贸易定义修正本》和《国际贸易术语解释通则》。根据《2010 年国际贸易术语解释通则》，分两大类（适用于任何运输方式术语 7 个和只适用于海运或内河运输的术语 4 个）从交货地点、价格构成和有关风险、责任和费用的划分三个方面介绍了 11 种贸易术语的内涵。

国际贸易单证是指国际贸易中使用的各种商务单据（如商业发票、装箱单、货运单等）和公务证书（如登记证书、许可证书等），买卖双方凭借这些单证来处理国际贸易货物的交付、运输、保险、商检和结汇等。本章主要介绍了三种国际物流运作中常用的贸易单证——提单、货运单和进出口货物报关单，在介绍各贸易单证功能和分类基础上，详细介绍了提单和进出口货物报关单的填制内容。

案 例

2004年1月，中国某服装进出口公司与墨西哥某外贸公司签订了一项运动衫的货物买卖合同。双方在合同中约定，由中国某服装进出口公司作为卖方向墨西哥某外贸公司出售一批运动衫，数量50 000件，合同采用的贸易术语为FOB。双方还约定，这批货物应当在当年的3月15日前交付给墨西哥某外贸公司指定的承运人进行运输。

2004年3月9日，中国某服装进出口公司将生产好的50 000件运动衫分别装在1 000个纸箱中，交付墨西哥某外贸公司指定的承运人——香港某远洋运输公司的“惠兴”轮进行运输。“惠兴”轮的船长在对这批货物进行初步的检查以后，向中国某服装进出口公司签发了清洁提单，也就是说，承运人并没有对这批货物从表面上看是否异常进行批注。中国某服装进出口公司收到清洁提单后到银行议付了货款。

但是当这批运动衫运抵墨西哥后，墨西哥某外贸公司在对这批货物进行检查后发现，这批货物并没有达到合同约定的数量50 000件。在1 000个纸箱中有大约100余纸箱出现了运动衫数量短少的情况，短少的数量从几件到几十件不等。墨西哥某外贸公司随后又立即请一家商品检验机构对这批货物进行了检验，并由这家商品检验机构出具了有关这批货物数量短少的证明。

鉴于此时中国某服装进出口公司已经从银行议付了货款，墨西哥某外贸公司根据双方在买卖合同中签订的仲裁条款，向中国某国际经济贸易仲裁机构提交了仲裁申请。中国某服装进出口公司在收到仲裁通知以后，立即进行了答辩。中国某服装进出口公司认为：首先，这批货物的承运人向该公司签发了清洁提单，说明这批货物在交付承运人的时候是完好的，不存在破损或数量短少的情况，因此不能证明这批运动衫数量短缺的责任在中国某服装进出口公司一方；其次，买卖双方在签订合同时约定的贸易术语是FOB，根据该术语，货物由卖方交付承运人后，当货物跨过承运人的船舷时，货物灭失的风险就转移给了买方，作为卖方的中国某服装进出口公司就不应为此承担任何责任，而作为买方的墨西哥某外贸公司应当追究承运人——香港某远洋运输公司或有关的保险公司的责任；再次，墨西哥某外贸公司是在货物到达墨西哥的港口后才对这批货物进行了检验，中国某服装进出口公司认为在该公司并未知晓的情况下墨西哥某外贸公司就单方面对这批货物进行了检验，这对中国某服装进出口公司来说是不公平的，检验的结果也是不能被接受的。

在中国某服装进出口公司提出抗辩理由后，墨西哥某外贸公司认为对方的抗辩有一定的理由，就转而向这批货物的承运人——香港某远洋运输公司发去了一封电报，要求该公司承担这批运动衫在运输途中灭失给该公司造成的损失。香港某远洋运输公司在收到电报后立即进行了答复。该公司一方面声称自己在运输货物的过程中不存在任何过失，另一方面向墨西哥某外贸公司出示了一张“保函”。原来在中国某服装进出口公司准备交付货物的时候，交货的最终期限已经临近，中国某服装进出口公司为了及时交货，特别是为了让承运人立即签发提单以便该公司能够马上到银行议付货款，因此中国某服装进出口公司就在承运人并未对全部货物进行检查的情况下，要求香港某远洋运输公司出具清洁提单，并且保证如果因货物残损短缺而导致一切损失，都由中国某服装进出口公司、而非香港某远洋运输公司承担。墨西哥某外贸公司为此再次向中国某服装进出口公司提出要求该公司承担货物灭失的全部责任。

复习思考题

1. 什么是国际贸易？国际贸易有哪些常用的分类方式？
2. 简述国际贸易和国际物流的关系。
3. 目前国际上关于价格贸易术语惯例主要有哪几个？
4. 《2010年国际贸易术语解释通则》中包括哪几类、共多少种贸易术语？
5. 简述提单在国际贸易中承担的功能。
6. 货运单有哪些种类？
7. 根据签发人的不同，航空货运单分为哪两类？
8. 简述进出口货物报关单的含义及其分类。
9. 根据案例，说明提单和“保函”的具体作用。

附录一　中华人民共和国海关进口货物报关单

预录入编号：　　　　　　　　　　　海关编号：

进口口岸	备案号	进口日期	申报日期
经营单位	运输方式	运输工具名称	提运单号
收货单位	贸易方式	征免性质	征税比例
许可证号	起运国（地区）	装货港	境内目的地

批准文号	成交方式	运费	保费	杂费
合同协议号	件数	包装种类	毛重（千克）	净重（千克）

集装箱号	随附单据	用途

标记唛码及备注

项号	商品编号	商品名称、规格型号	数量及单位	原产国（地区）	单价	总价	币制	征免

税费征收情况

录入员　录入单位 兹声明以上申报无讹并承担法律责任	海关审单批注及放行日期（签章） 审单　　审价
报关员	征税　　统计
单位地址　　申报单位（签章）	
邮编　电话　　填制日期	查验　　放行

附录二　中华人民共和国海关出口货物报关单

预录入编号：　　　　　　　　　　　　　　海关编号：

出口口岸	备案号	出口日期	申报日期
经营单位	运输方式	运输工具名称	提运单号
发货单位	贸易方式	征免性质	结汇方式
许可证号	抵运国（地区）	指运港	境内货源地

批准文号	成交方式	运费	保费	杂费
合同协议号	件数	包装种类	毛重（千克）	净重（千克）

集装箱号	随附单据	生产厂家

标记唛码和备注

项号	商品编号	商品名称、规格型号	数量及单位	原产国（地区）	单价	总价	币制	征免
1.								

税费征收情况		
录入员　　录入单位	兹声明以上申报无讹并承担法律责任	海关审单批注及放行日期（签章）
报关员		
		征税　　审价
单位地址	申报单位（签章）	查验　　放行
邮编　　电话	填制日期	

第 3 章

国际物流中心

本章学习目标

- ◇ 理解国际物流中心的含义及特点；
- ◇ 了解国际物流中心的类型；
- ◇ 理解保税仓库、保税区的概念，保税区和保税物流中心的形式；
- ◇ 了解自由经济区的概念、分类及其政策；
- ◇ 了解港口的功能、组成、分类、发展演变及其我国港口的现状。

3.1 概述

国际物流中心是国际物流系统中货物集聚、储存、分拨的重要物流节点，它除了具有传统仓库的货物运输和储存功能之外，还具有贸易、金融、保险等扩展功能，在国际贸易、地区经济及国际物流中发挥着越来越重要的作用。

3.1.1 国际物流中心的内涵

物流中心是指组织、衔接、调节和管理物流活动的节点。凡是从事大规模、多功能物流活动的场所均可称为物流中心。《中华人民共和国物流术语标准》对物流中心的定义是：从事物流活动的场所或组织，它符合下列要求：① 主要面向社会服务；② 物流功能健全；③ 具有完善的信息网络；④ 辐射范围大；⑤ 少品种、大批量；⑥ 存储、吞吐能力强；⑦ 物流业务统一经营、管理。

物流中心是仓库功能和形态发生变化的产物。传统意义的仓库、货栈都是“储存和保管物品的场所”，因此，仓库最原始、最基本的功能是储藏功能，即为生产和其他使用部门储存、保管必要的原材料、半成品或成品，其管理主要是对物品进行维护、保管，属于静态管理。随着市场经济的发展，市场竞争越来越激烈，产品周期越来越短，产品周转速度越来越快，仓库的功能有了扩展。特别是现代物流的发展，要求仓库实现动态管理，力求物品在仓库中不停留或少停留。仓库作为物流系统中的节点，在此对货物进行分货、配货后即行出库，从而使仓库具有了货物“流转”功能，成为现代意义上的物流中心。

在实际的物流管理活动中，广义的物流中心包括港口、货运站、运输仓库、公共流通商品集散中心、企业自身拥有的物流设施等。而狭义物流中心则专指为了有效地保证商品流通而建立的物流综合管理、控制、调配的机构。物流中心有不同的名称，如物流基地、货物集散中心、转运中心、储运中心、配送中心等。

相对于一般的物流中心，国际物流中心的概念更为广泛，它是指国际物流活动中大规模集结、吞吐货物的场所，是国际物流网络中的主要节点，包括港口、外贸仓库、保税仓库、保税区、城市物流中心、物流园区、出口加工区、自由贸易区、自由经济区及外贸服务的城市物流中心等。它们通常由政府部门和物流服务企业共同筹建，具有现代化仓库、先进的分拨管理系统和计算机信息处理系统的外向型物流集散地。本章讲述的有关内容主要围绕狭义的国际物流中心展开。

3.1.2 国际物流中心的特点

1．强大的综合性功能

它除了具备一般物流中心的功能（如运输、储存、保管、分拣、装卸、搬运、配载、包装、加工、信息传递、结算等）之外，还具有服务于对外贸易的功能，如单证处理、物品展示、货运代理、报关检验、保税及对外产品加工等功能。有些国际物流中心还拥有与物流业服务相配套的金融、保险、信息等诸多产业，完备的物流信用体系和国际化的物流服务体系。

2．服务于国际贸易

国际物流中心都是围绕本国贸易或转口贸易提供物流服务的，它们承担着大规模的外贸物流，拥有完善的物流服务体系，并聚集了大量的国际知名物流企业，能够提供国际化、专业化、多样化的综合物流服务。

3．物流服务辐射范围广

一般来说，国际物流中心都汇集了大量的货物、资金、信息。它除了为本地区或本国企业提供物流服务之外，还为其他国家或地区的企业提供物流服务，其物流服务网络从国内延伸到国外。

4．为客户提供高效的物流服务

国际物流中心一般都有现代化的仓储设施、便利的交通、集疏运设备、公共物流信息平台等硬件和软件条件，具有现代化的物流基础设施和高效率的物流技术，能够为客户提供全方位的综合物流服务。

3.1.3 国际物流中心的类型

国际物流中心可以有不同的划分标准。

1．按物流中心的建设者划分

根据物流中心建设者的不同，物流中心可以分为生产企业物流中心、商业企业物流中心、仓储运输企业物流中心和社会公众物流中心。

（1）生产企业物流中心。这类物流中心一般由规模较大的跨国公司出资兴建，其目的是为本公司生产的产品进行实体分配。在发达国家，这类物流中心数量比较多。例如，德国林德公司所建的物流中心主要从事林德产品的维修和零部件供应服务。日本的日产、松下、丰田、资生堂、菱食、东芝、三菱、王子等知名公司都拥有自己的物流中心和运输工具，有的还拥有专用码头。随着越来越多的实施全球化经营战略跨国公司的发展，其零部件、产成品的运输、仓储等业务量必将不断扩大，因此，尽管第三方物流日益被人们接受，但服务于本企业生产的跨国公司自办物流中心仍然是国际物流的重要组成部分。

（2）商业企业物流中心。这种物流中心可以分为批发商的物流中心和零售商的物流中心。这类物流中心有的从事原材料、燃料、辅助材料的流转，有的从事大型超市、连锁店的产品配送。例如，沃尔玛、麦德龙、家乐福、易初莲花等大型零售企业都自办了配送中心，该配送中心的辐射半径一般都是150～200千米。

（3）仓储运输企业物流中心。仓储企业较容易转变为物流中心，因为它拥有土地、库房、站点和装卸设备，其功能很容易扩展。运输企业设立物流中心，可以通过增加整理、配载、换载货物等业务，达到扩大功能、节约物流成本的目的。美国的APA运输公司在纽约就拥有这样的一个物流中心，它以运输业务为主，辅之以保管、分拣业务。该物流中心占地约5万平方米，建有一个2万平方米的流转库，大量进出纽约市的集装箱货物每天在这里分拣。

（4）社会公众物流中心。这种物流中心或由政府出资或由众多企业集资建成，主要为中小工商企业服务或为物流公司服务。它拥有公共使用的装卸货平台、设备、设施，有可以分割产权或分割成单元的库房。例如，西班牙马德里内陆港物流中心，拥有几十幢独立仓库，由众多物流企业经营，经营的品种有原料、工业品、生活用品、邮件、包裹、报纸等。德国不来梅物流中心有 52 家物流企业进驻。东京平和岛物流中心由多家物流企业、生产企业、商业企业共同使用。

2. 按照物流中心的经营主体划分

根据物流中心的经营主体的不同，国际物流中心可以分为自营物流中心和公共物流中心。

（1）自营物流中心。自营物流中心是由企业根据自己物流的需求而构建的物流中心。原材料供应商、制造商、分销商、零售商、专业物流业者等都可以自己建设物流中心。由于在供应链中所处的位置不同，它们所需要的物流中心的功能不完全相同，自己可以建设适应自己需要的特殊物流中心。例如，原材料供应商主要的业务是将原材料和零部件等配送给工厂，其物流中心的客户主要是工厂。物流中心的建设一般强调原材料的配套储存、分拣、及时配送、加工和预处理等方面。

制造商的物流中心有两种：一种是为生产制造活动提供支持的物流中心，它的功能与原材料供应商的物流中心相同；另一种是为制造商的产品分销提供支持。目前，国内外制造商自己直接建立分销网络的情况越来越普遍。这类物流中心的市场覆盖面广，分销能力强，能够及时收集和传递市场信息，需求预测及订单处理功能比较完善，具有在短时间内向区域市场运输和配送商品的能力。分销商属于中间商，需要与上游、下游进行频繁的信息交换。它一般从事专业批发业务，物流作业具有大进大出、快进快出的特点，因此，物流中心的建设强调具有良好信息接口的高效信息网络，能够进行批量采购、大量储存、大量运输。零售商作为供应链的末端机构，往往需要配送中心，尤其是采用连锁组织形式的零售商，需要有配送中心为其提供订单处理、采购、分拣、拣选、配送、包装、加工、退货等全方位的服务，功能要求比较复杂。

第三方物流企业提供的是高度专业化的物流服务，它建设的物流中心可以是具有某一方面功能（如仓储、运输、配送）的专业物流组织，也可以是具有综合功能的物流中心，还可以是具备集商流、物流、信息流及其他延伸的增值服务于一体的物流组织。

（2）公共物流中心。公共物流中心面对的客户非常广泛，供应链中的任何成员均可能成为其客户。不同供应链成员要求的物流服务内容不同，而且无论是物流服务供求双方都是用专业水准来衡量物流中心提供的物流服务，这就对公共型物流中心的建设提出了更高的要求。

公共物流中心需要的物流设施一般应有一定规模，从功能设计上可以只提供一种或少数几种具有明显竞争优势的主要物流服务项目，也可以提供综合性的配套物流服务。大型物流中心的功能必须具有综合性和配套性的特点。我国对公共物流中心需求迫切，因为它不仅可以提高物流服务的专业化水平，而且有利于提高物流行业的资源利用效率。

3. 按照物流中心的功能划分

根据物流中心功能的不同，物流中心可以分为集货中心、分货中心、转运中心、加工中心、配送中心和物资交易中心。

（1）集货中心。它是将分散生产的零件、生产品、物品集中成大批量货物的物流节点，广泛适用于外贸、内贸收购部门，供销、粮食系统以及商业部门。经过这类物流中心的货物多是包装程度低甚至完全不包装的小批量货物，一般进货距离短、运输方式简单、进货成本低。货物经中心加工，将零星货物变成大包装或集装箱、托盘形式的包装，形成大批量、高效率、低成本的运输，有利于运输后的配送和销售。

（2）分货中心。它是指专门或主要从事分货业务的物流中心，多分布在产品使用地、消费地或车站、码头、机场所在地。其功能主要是将大批量货物换装成小批量货物并送到用户手中。随着竞争的加剧，客户多品种、小批量、个性化的商品需求日益明显，单个企业加工、送货成本增加。送货中心不仅可以集中送货，还可以通过集中加工实现规模效应，降低物流成本。

（3）转运中心。物流转运中心承担货物中转运输，是不同运输方式或同种运输方式联合运输的物流节点，又称多式联运站、集装箱中转站、货运中转站等。转运中心多分布在综合运输网的节点处、枢纽站等地域。转运中心有利于缩短物流运作时间，降低货物的损坏率。其主要功能是：货物中转，不同运输设备间货物中转；货物集散与配载，集零为整，化整为零，针对不同目的地进行配载作业；货物仓储及其他服务等。

（4）加工中心。物流加工中心是指以流通加工为主要功能的物流中心，目的在于衔接产需，合理利用资源。它侧重于对原料、材料、产品等的流通加工，配有专用的设备和生产设施。这类物流中心有两种主要形式：靠近生产区以实现物流为主要目的的加工中心，如肉类、鱼类等食物冷冻加工中心、木材制浆加工中心等，经过这类中心加工的货物，可以顺利地、低成本地进入运输、储存等物流环节；靠近消费区以促进销售、强化服务为主要目的的加工中心，如平板玻璃开片套裁加工中心、钢板剪板及下料加工中心等。

（5）配送中心。配送中心是指专门从事配送业务的物流中心，是物流中心中数量较多的一种。它是将取货、集货、包装、仓库、装卸、分货、配货、加工、信息服务、送货等多种服务功能融为一体的物流节点。配送中心是物流功能较为完善的一类物流中心，多分布在城市边缘、交通方便的地带。

（6）物资交易中心。它是依托于各类物资、商品交易市场，进行集货、储存、包装、装卸、配货、送货、信息咨询、货运代理等服务的物资商品集散场所。

4. 按照物流中心的布局划分

根据物流中心的布局，物流中心可以分为辐射型物流中心、吸收型物流中心、聚集型物流中心。

（1）辐射型物流中心。辐射型物流中心是指居于用户中心位置的物流中心，货物由物流中心至用户的运送线路呈辐射型。如果用户较为固定，则这种物流中心应位于至用户距离之和最小值的位置。物流中心是用户一般相对集中的区域，是运输主干线上的转运中心，通过主干线运送至中心的货物，经中心输送或配送，将货物分送至各个用户。

（2）吸收型物流中心。它是指设置在许多发货人中心地带的物流中心，货物从各个生产点运送到物流中心，从而形成一个集中货物的中心。同辐射型物流中心的布局一样，这类中心也应位于至用户距离之和最小值的位置。这种布局形式适用于小型企业群，可以帮助客户解决产品外运的困难，也适合设在农村和集镇中，将农民分散生产的农副产品集中起来组织运输。

（3）聚集型物流中心。聚集型物流中心是指集中分布在生产企业密集的经济区四周，呈聚集型布局的物流中心。由于经济区域中生产企业十分密集，不可能设置单个物流中心，或者由于交通条件所限，无法在生产企业密集区内设置物流中心。较大的经济区，一般设有存在明确分工的多个物流中心组成的聚集型物流中心。

此外，从物流中心的主要业务内容上看，国际物流中心可分为两种类型：以储存为主的物流中心和以发运为主的物流中心。

国际物流中心是集物流多种功能的中心，它必须能够实现物流、商流、信息流的有机统一。因此，创建国际物流中心必须从以下几个方面考虑：第一，物流中心不仅是物资交易的场所，而且具有良好的物流条件，物流中心的建设必须选择水陆空运输的交通枢纽地区，能够实现各种运输方式的有效衔接；第二，应搞好仓储、运输、通信服务、信息系统等配套设施的同步建设，为客户提供方便的汇兑、通信条件，开展代发、代运、代储业务，能够统一利用运输工具和仓储设备，选择最佳的运输路线和运输方式，促进整个流通过程的商、物流的合理分流，实现大流量和迅速、安全、高效的吞吐商品。

3.2 外贸仓库与保税仓库、保税区、保税物流中心

在对外贸易活动中，进出口货物存在着或长或短的相对停滞阶段，这就是外贸仓库的储存保管阶段。一些国家和地区为方便和促进国际贸易，在港口等特殊区域设立了保税仓库和保税区，并对进出口货物实施特殊的政策。

3.2.1 外贸仓库

外贸仓库工作同外贸运输一样，是国际物流的重要节点。在国际间的生产、分配、交

换、消费过程中，外贸仓库不仅担负着进出口商品保管存储的任务，而且担负着出口的加工、挑选、整理、包装、刷唛、备货、组装和发运等一系列任务。外贸仓库管理水平的高低，不仅关系到仓储企业的经营管理水平和效益，也影响着一个国家或地区的对外贸易的发展。因此，应充分利用外贸仓库的各种功能，加强管理，对发展一国对外贸易具有重要的意义。按照不同的标准，外贸仓库有不同的分类。

1．按照仓库在商品流通中的主要职能划分

（1）设在出口商品集中发运港口城市的口岸仓库。主要职能是储存口岸和内地对外贸易业务部门收购的代运出口商品和进口待分拨的商品，因此又叫周转仓库。

（2）中转仓库。一般设在商品生产集中的地区和出运港口之间，主要职能是按照商品的合理流向，集中转运本省和外地经过口岸出口的商品。

（3）加工仓库（工厂）。其特点是将商品加工业务和仓储业务结合在一起，主要职能是对出口商品进行挑选、整理、分装、改装和其他适应流通需要的加工，以方便存储运输和国际市场需要。

（4）存储仓库。主要职能是储存代销的出口商品，援外储备物资，进口待分拨和出口业务需要的物资等。

2．按照存储商品的性能及技术设备划分

（1）通用仓库。储存没有特殊要求的一般工业品或农用品，在各类对外贸易仓库中占比重最大。

（2）专用仓库。专门用于储存某一类商品的仓库，一般拥有密封、防虫、防霉、防火及监测等保养商品的设施，以确保特殊商品的质量安全。

（3）特种仓库。如冷藏库、保温库、危险品仓库等，一般用于存储具有特殊性质和特别保管要求的商品，如化学危险品、易腐蚀品、石油及部分医药商品等。

3．按照仓库管理的主体划分

（1）自用仓库。由各进出口专业公司经营管理。

（2）公用仓库。由外贸运输公司经营管理，为各进出口专业公司的商品流通服务。

（3）保税仓库。根据有关法律和进出口贸易的规定，专门保管国外进口而暂未缴纳进口税的商品的仓库，由海关统一进行监督和管理。

3.2.2 保税仓库

随着国际贸易的不断发展，贸易方式日益多样化，如来料加工、补偿贸易、转口贸易、期货贸易等。一笔贸易涉及多次进口和出口，如果每次都办理税收业务，就显得手续过于烦琐，必然会加大贸易成本，不利于发展对外贸易。为便利国际贸易，许多国家建立了保税制度。保税制度是一个国家或地区为促进对外加工贸易和转口贸易，对于入境后的特定进口商品，在尚未确定内销或外销之前，暂缓缴纳进口税，并由海关监管的一种制度，具体通过建立保税仓库来实施。

保税仓库必须经海关批准。它专门用于存放保税商品的仓库，具备专门储存、堆放商品的安全设施和健全的仓库管理制度和详细的仓库账册，配备经海关培训认可的专职管理人员。在保税仓库中，外国货物的保税期一般最长为两年。此期间，经营者一旦在本地找到适当的销售时机，并实现销售，就办理关税等通关手续。如果两年之内未能销售完毕，则可将货物运往其他国家，保税仓库所在国不收取关税。

建立保税仓库可大大降低进口货物的风险，有利于进口，是鼓励外国企业在本国或本地区投资的重要措施。

1. 保税仓库存放货物的范围

不同国家和地区的保税制度不同，保税仓库存放货物的范围也大不相同。在我国海关监管制度中，保税仓库允许存放的货物包括：

（1）缓办纳税手续的进口货物。主要包括由于特殊原因进口国工程、生产等需要的预进口货物，在保税仓库内，可以随需随提，并办理通关手续，剩余的货物可以免税退运；暂时无法决定去向的货物或无法做出最后处理的进口货物。

（2）需做进口技术处置的货物。有些货物到库后，由于不适合在进口国销售，需要更换包装装潢、改包装尺寸或做其他加工处理，则可入保税仓库进行技术处置后再内销完税，不符合内销要求的则免税退返。

（3）来料加工后再出口的货物。为鼓励“两头在外”的国际贸易战略的实施，在保税区或保税仓库完成的来料加工商品再出口的，则可存放于保税仓库。

（4）过境转口的外销货物。保税仓库在国际物流中，不仅适合进口货物，也可适合出口货物。内销无望而转口，或在该区域存放有利于转口，或无法向第三国直接进口而需转口的货物，可存放于保税仓库中。

2. 保税仓库的类型

从经营方式上看，保税仓库主要有以下三种。

（1）专业性保税仓库。它是由有外贸经营权的企业自营的经海关批准而建立的自管自用的保税仓库，一般只储存本企业经营的保税货物。例如，纺织品进出口公司自营的保税仓库，储存进口的纺织品原料和加工复出口的成品。

（2）公共保税仓库。经海关批准建立的综合性保税仓库。这类保税仓库专营仓储业务，一般不经营进出口商品，只为国内外保税货物持有者服务。外运公司经营的保税仓库属于该类型。

（3）海关监管仓库。主要用于存放已进境而所有人未来提取的货物或行李物品，或者无证到货、单证不齐、手续不完备以及违反海关规程，海关不予放行，需要暂存海关监管仓库等候海关处理的货物。这种仓库可以由海关自行管理，也可以交由专营的仓储企业经营管理。海关监管仓库的另一种类型是出口监管仓库，专门存储已对外成交，并已结汇，海关批准但暂不出境的货物。

3.2.3 保税区

1．保税区的概念与形式

保税区，又称保税仓库区，是海关设置的或经海关批准注册的受海关监管的特定地区和仓库。国外商品存入保税区内，可以暂时不缴纳进口税；若再出口，也无须缴纳出口税；若要进入保税区所在国的国内市场，则要办理报关手续，缴纳进口税。进入保税区的国外商品，可以在保税区内进行储存、分装、混装、加工、展览等。有的保税区允许在区内经营保险、金融、旅游、展销等业务。

保税区的形式包括指定保税区、保税货栈、保税仓库、保税工厂、保税展厅等。

（1）指定保税区。为了在海港或国际机场简便、迅速地办理报关手续，为外国商品提供装卸搬运和临时储存的场所。商品在该区内储存的期限较短，限制较严。

（2）保税货栈。经海关批准用于装卸、搬运或暂时储存进口商品的场所。

（3）保税工厂。经海关批准，可以对外国商品进行进料加工、制造、分类以及检修等业务活动的工厂或专用车间。

（4）保税展厅。经海关批准，在一定期限内用于陈列外国货物进行展览的保税场所。保税展厅通常设置在本国政府或外国政府、本国企业或外国企业等直接举办或资助举办的博览会、展览会上，它除了具有保税的功能外，还可以展览商品，加强广告宣传，促进贸易的发展。

目前，各国为了提高其经济开放程度，更好地融入国际间的经济交流，纷纷实行各种经济特区政策。除了保税区政策之外，与国际贸易和国际物流相关的经济特区政策还包括自由贸易港政策、自由经济区政策和出口加工区政策等。

2．中国保税区的发展

1990年，经国务院批准，中国借鉴国际通行做法，按照自由贸易区模式建立了中国第一个自由经济区——上海外高桥保税区，随后在短短几年里，又先后建立了深圳沙头角、深圳福田、烟台、青岛、天津港、大连大瑶湾、张家港、宁波、厦门、福州、广州和海口等保税区，总启动面积达17.6平方千米。截至2013年1月，我国政府已经批复了31个综合保税区。由海关参照有关规定对综合保税区进行管理，执行保税港区的税收和外汇政策集保税区、出口加工区、保税物流区、港口的功能于一身，可以发展国际中转、配送、采购、转口贸易和出口加工等业务。

目前的保税区中，有依托港口的，如天津港、沙头角、上海外高桥、广州、青岛、宁波、汕头的保税区；有依托开发区的，如大连、厦门、福州的保税区；还有既不在开发区，又不临港口的福田保税区，依托内河港口的张家港保税区。为吸引外资，各保税区都投入了大量的资金用于保税区的基础设施建设，并参照国外自由贸易区的有关经验，结合我国具体情况，制定了一系列政策法规，以确保保税区按国际惯例办事，为投资者提供可靠的保障。

保税区是中国目前开放度最大的地区，其设立目的在于改善投资环境和吸引外资。它是 20 世纪 90 年代实行全方位开放战略、发展外向型经济和对外开放纵深发展的新产物，是对我国 20 世纪 80 年代建立的“经济特区”、“经济技术开发区”等开放形式的补充和发展。保税区在大力发展对外贸易的同时，积极开展出口加工、仓储、金融、保险等业务，在招商引资、出口加工、国际贸易、转口贸易和仓储等方面发挥了重要的作用，有力地带动了区域经济的发展，推动了所在地区和全国经济的发展。

20 世纪 80 年代以来，国际上自由经济区发展的一个重要特点是突破传统的自由港、自由贸易区、出口加工区的模式，由原来的单一功能向着多功能综合型方向发展，它们不仅重视对外贸易，也重视出口加工，并把金融、保险、旅游等第三产业引入自由经济区。我国综合保税区从其性质、功能以及运作方式上看，基本上类同于国外的自由贸易区或自由经济区形式。

保税区和保税仓库的出现，为国际物流的海关仓储提供了既经济又便利的条件。在国际贸易中，有时会出现对商品无法处理的情况，买主（或卖主）就可以将商品暂时存在保税仓库。若商品最终复出口，则无须缴纳关税或其他税费；若商品内销，可将纳税时间推迟到实际内销时为止。这就可以减少货物的运输时间，加速商品和资金周转，实现国际物流的高效率运转。

3.2.4 保税物流中心

保税物流中心是指封闭的海关监管区域，并且具备口岸功能。我国保税物流中心的设立一般靠近海港、空港、陆路交通枢纽及内陆国际物流需求量较大、交通便利、设有海关机构且便于海关集中监管的地方，设置符合海关监管要求的安全隔离设施、视频监控系统等监管、办公设施；计算机管理系统应能提供海关查阅数据的终端设备，并按照海关规定的认证方式和数据标准，通过“电子口岸”平台与海关联网，以便海关在统一平台上与国税、外汇管理等部门实现数据交换及信息共享；并需经省级人民政府确认，符合地方经济发展总体布局，满足加工贸易发展对保税物流的需求。仓储面积一般东部地区不低于10万平方米，中西部地区不低于5万平方米。

我国保税物流中心分A型和B型两种。

1. A型保税物流中心

保税物流中心（A型）是指经海关批准，由中国境内企业法人经营、专门从事保税仓储物流业务的海关监管场所。保税物流中心（A型）按照服务范围分为公用物流中心和自用物流中心。公用物流中心是指由专门从事仓储物流业务的中国境内企业法人经营，向社会提供保税仓储物流综合服务的海关监管场所。自用物流中心是指中国境内企业法人经营，仅向本企业或者本企业集团内部成员提供保税仓储物流服务的海关监管场所。

2. B型保税物流中心

保税物流中心（B型）是指经海关批准，由中国境内一家企业法人经营、多家企业进入并从事保税仓储物流业务的海关集中监管场所。设立B型物流中心的申请由直属海关受理，报海关总署审批。企业自海关总署出具批准其筹建物流中心文件之日起一年内向海关总署申请验收，由海关总署会同国家税务总局、国家外汇管理局等部门或者委托被授权的机构进行审核验收。

物流中心验收合格后，由海关总署向物流中心经营企业核发“保税物流中心（B型）验收合格证书”和“保税物流中心（B型）注册登记证书”，颁发标牌。物流中心在验收合格后方可开展有关业务。获准设立物流中心的企业确有正当理由未按时申请验收的，经直属海关同意可以延期验收，但延期不得超过6个月。如果有特殊情况需要二次延期的，报海关总署批准。获准设立物流中心的企业无正当理由逾期未申请验收或者验收不合格的，视同其撤回设立物流中心的申请。

（1）可存入B型保税物流中心的货物主要包括：

① 国内出口货物；

② 转口货物和国际中转货物；

③ 外商暂存货物；

④ 加工贸易进出口货物；

⑤ 供应国际航行船舶和航空器的物料、维修用零部件；

⑥ 供维修外国产品所进口寄售的零配件；

⑦ 未办结海关手续的一般贸易进口货物；

⑧ 经海关批准的其他未办结海关手续的货物。

（2）物流中心经营企业可以开展以下业务：

① 保税存储进出口货物及其他未办结海关手续货物；

② 对所存货物开展流通性简单加工和增值服务；

③ 全球采购和国际分拨、配送；

④ 转口贸易和国际中转业务；

⑤ 经海关批准的其他国际物流业务。

3.3 自由经济区

自由经济区是一个国家和地区对外开放程度较高的区域，是指一个国家或地区在关境以外港口或其他特殊地区设立的区域。在这个区域内对进出口商品全部或大部分免征关税，并且准许开展商品自由储存、展览、拆散、改装、重新包装、整理、加工和制造等业务，以便促进本地区的经济和对外贸易发展，增加财政收入和外汇收入。由于它具有相对宽松的关税政策和良好的投资环境，所以不仅对所在国家和地区的对外贸易、经济发展起到极大的促进作用，同时对该地区及其辐射的区域的物流发展起到极大的带动作用。

3.3.1 自由经济区的分类

自由经济区的分类可以按照地理位置划分，也可以按照自由经济区的功能划分。

1. 按地理位置分类

（1）港口自由贸易区。在港口内划出一个封闭式的隔离区辟为自由经济区。它或直接与专用码头连为一体，或通过专用通道与码头相连。这种类型的自由经济区数量最多，世界上许多成功的自由经济区都紧靠国际运输港。例如，德国的汉堡港和不来梅港自由贸易区、美国的纽约布鲁克林对外贸易区、韩国的马山出口加工区等都属于该类型的自由经济区。

（2）机场自由经济区。有些自由经济区以国际机场为依托，属于这种类型较著名的有爱尔兰香农自由贸易区、美国肯尼迪国际机场对外贸易区等。

（3）内陆边缘口岸自由贸易区。这类自由经济区利用其地处两国（或多国）边境的特殊地理位置发展边境贸易、转口贸易和出口加工。例如，墨西哥在美墨边境上的下加利福尼亚、金塔纳罗尔自由边境区就是典型的例子。

2. 按功能分类

（1）自由港。它是世界上最早出现的自由经济区，是划在本国边境以外的，不属于任何一国海关管辖的港口或海港地区。在这里外国商品可以免税进口，可以在此装卸、储存、加工、包装、再出口，也能供自由港内的居民消费。这种自由港凭借自身所具有的良好的码头港口条件、有利的地理位置、先进的运输装卸设施及豁免进出口货物关税，免受海关监督等优惠条件，发挥国际商品集散地和转运中心的作用。自由港是资本主义自由竞争的产物。随着资本主义生产关系的确立，资产阶级要求自由贸易，反封建割据和闭关自守，反对国家干预经济，为开辟广阔的国内市场和世界市场，主张国家商品自由进入，减免关税，从而催生了自由港。

按照开放地区的范围，自由港可分为两类：一是将港口及其所在城市完全划为自由港；二是限定在港口或毗邻港口的一小块区域。按照海关监管范围和贸易管制程度，自由港可以分为完全自由港和有限自由港。完全自由港很少，不属于海关管制范围，一切外国商品可免税进出口，在自由港内进行的储存、整理、加工、分级、包装或其他作业不受海关监督，只有当外国商品从自由港进入所在国海关管制区时才需要纳税。有限自由港只对少数指定进出口商品征收关税或实施不同程度的贸易管制，其他商品则可享受免税待遇，如中国香港、新加坡、马来西亚的槟榔屿等，均属于有限自由港。

（2）自由贸易区。又称免税贸易区、自由关税区、保税区。这种类型的自由经济区已有近300年的历史，数量多，分布广。它的主要功能是国际贸易。外国商品可以免税进入，在该区内自由储存、分类、包装和简单再加工，然后免税出口。目前，自由贸易区也准许经营出口加工，开设工厂企业，乃至经营房地产、金融、商务、信息咨询等各项业务。有些自由贸易区是由自由港扩展而成的，有些则与自由港无直接联系。自由贸易区可以不设在港口或港口地区，但必须靠近国际航空线、航海线、铁路干线，并且与区外的现代化的交通、通信设施相连。自由贸易区还必须拥有先进的、完善的基础设施，能够提供优质、高效的服务。只有这样，才能吸引本国或国外的投资者前来投资、开展贸易等。

（3）出口加工区。又称工业自由贸易区。它是指一个国家或地区划出某一区域，准许外国厂商在区内办企业，享受关税优惠待遇。外资企业可以免税进口原材料、机械设备及其他零部件，制成品出口也享受免税待遇。它以开拓国外市场为目标。出口加工区一般分为两类，即综合性出口加工区和专业性出口加工区。综合性出口加工区是指区内可以生产经营多种出口加工产品，目前世界上绝大多数出口加工区是这种类型。而专业性出口加工区是指区内只准生产经营某种特定的出口加工产品。

出口加工区是第二次世界大战以后出现的自由经济区形式。其主要目的是利用外资和外国技术进行产品加工出口，促进本国（或地区）工业和经济的发展。1958年，爱尔兰在香农创办了世界上第一个出口加工区。20世纪60至70年代，亚、非、拉部分发展较快的国家和地区为改变其出口贸易中不合理的结构，扩大出口，提高本国生产技术水平和经营管理水平，也相继建立了这种形式的自由经济区。其实质是利用优惠政策和廉价劳动力，吸引外资，引进国外先进技术来发展本国的出口加工工业和对外贸易，因此出口加工区实际上是一种自由贸易区与工业区的结合体，同时是世界自由贸易区升级换代的新形式。近年来，适应世界经济一体化和多元化发展的要求，自由贸易区和出口加工区开始互相渗透，出现了向工贸结合的综合型经济自由区发展的趋势。

（4）科技工业园区。第二次世界大战后，随着资本主义生产国际化和新科技革命的发展，各国经济和产业结构不断调整与升级，一些发达国家与发展中国家为促进各自高新技术产品的研制、生产与贸易，其所拥有的自由经济区开始逐步向多元化、高层次方向发展。科学工业园区就是将科研、教育、生产与贸易相结合的新型自由经济区，是自由经济区的一种特殊形式。一般设在科研机构和名牌科技大学比较集中、居住环境和教育环境比较优越的大城市或城市近郊，能够提供比出口加工区更大的租税优惠，通过吸引外国资金和高技术人才，研究和开发尖端技术产品，将智力、资金高度积聚在一起，从事高科技研究，并对其成果进行测试、生产，有力地促进了科技和经济的发展。世界上较著名的科学工业园区有美国的“硅谷”、日本的“筑波科学城”及我国台湾的“新竹科学工业园区”等。这种科学工业园区采用一般自由经济区的开发管理手段，对原料、零部件及仪器设备的进口和高技术产品的出口给予关税优惠，并通过其他优惠措施吸引了大量的外资、高技术和专门人才，主要进行高技术产品的研究、开发和生产。

3.3.2 自由经济区的政策规定

概括起来，各国对自由经济区的政策规定一般涉及以下内容。

1. 自由港或自由贸易区的规定

（1）关税方面的规定。对于允许自由进出港口或自由贸易区的外国商品，不必办理报关手续，免征关税。少数已征收进口税的商品（如烟、酒等）的再出口，可退还进口税。但这些商品如果进入所在国国内市场销售，则必须办理报关手续，缴纳进口税。有些国家对在港内或区内进行加工的外国商品往往有特定的征税规定。如美国规定，用美国的零配件和外国的原材料装配或加工的产品进入美国市场时只对该产品所包含的外国原材料的数量或金额征收关税。

（2）业务活动的规定。对于允许进入自由港或自由贸易区的外国商品，可以储存、展览、拆散、分类、分级、修理、改装、重新包装、重新贴标签揭洗、整理、加工和制造、销毁、与外国或所在国原材料混合、再出口或向所在国国内市场出售。

2. 出口加工区的一般规定

为了发挥出口加工区的作用，吸引外国企业前来投资设厂，各国、各地区都制定了许多具体的政策措施，主要包括：

（1）关税的优惠。对在区内投资设厂的外国企业，从国外进口的生产设备、原材料、燃料、零部件及半成品等，免征进口税。生产的产品出口时，免征出口税。许多国家和地区的出口加工区还为区内企业提供减免所得税、营业税、贷款利息税等优惠待遇。

（2）放宽外汇管制。在出口加工区的外国企业，允许其资本、利润、股息全部汇出。

（3）投资保证。许多国家或地区不仅保证各项有关出口加工区的规定长期稳定不变，而且保证对外国投资不没收或征用。例如，因国家利益或国防需要而征用时，政府保证给予合理的经济赔偿。

（4）其他相关政策。对于报关手续，土地、仓库、厂房的租金，贷款利息，外籍员工及其家属的居留权等都给予优惠待遇。

3.3.3 自由经济区对国际物流及国际贸易的作用

1. 促进本地区物流及国际物流的发展

自由经济区是国际物流中多功能的综合物流节点。由于各国的自由经济区普遍的豁免关税和减免其他税收，还在土地使用、仓库、厂房租金、水电供应、劳动工资等方面采取低收费的优惠政策，在自由经济区内，企业可以提供仓储、再加工、展示及各种服务，未售出的各种商品可以暂时储存在这里，可以针对市场需要在区内对商品进行分类、分级、改装和商品展销，以便选择有利时机，就地销售或改运临近市场销售。因其具有优越的地理位置和各种方便及优惠条件，许多自由贸易区都直接经营转口贸易，大量货物流经自由经济区后投放世界市场。

2、以强大的功能促进国际贸易的发展

自由经济区以减免税收，提供方便商品进出、储存及整理等服务等独特的优势，能够大幅度地降低产品成本，从而增加产品的市场竞争能力，吸引了广大的投资者，极大地促进了国际贸易的发展。据统计，全世界各类自由经济区的贸易额占全世界贸易总额的比重不断提高。中国—东盟自贸区建立后，双方对超过90%的产品实行零关税。中国对东盟平均关税从9.8%降到0.1%，东盟六个老成员国对中国的平均关税从12.8%降到0.6%。关税水平大幅降低有力推动了双边贸易快速增长。2010年其贸易额达4.5万亿美元；2011年1至10月，双边贸易额已达2 959亿美元，同比增长25.7%。

3.3.4 自由经济区的分布

自由港、自由贸易区多分布在西欧、北美等发达的资本主义国家；出口加工区多分布在亚洲和非洲的发展中国家；以我国台湾新竹高科技工业园为代表的发展中国家或地区的出口加工区的升级转型产物——科学工业园区，在科技革命的推动下正蔓延到越来越多的

发展中国家和地区。据统计，全世界目前有各种形式、各种名称的自由经济区 700 多个，遍及五大洲 100 多个国家和地区。其中 1/3 是由发达国家设立的，其余 2/3 是由发展中国家和地区设立的。

1. 欧洲的自由经济区

欧洲已有 20 多个国家和地区设立了 100 多个自由经济区。其中以南欧、中欧、西欧最为集中，东北欧密度较低。南欧的西班牙、意大利、希腊、直布罗陀四个国家和地区共设立了 32 个自由经济区，其中西班牙最多，为 18 个；中欧的瑞士有 28 个自由经济区；西欧的英国、法国、德国、爱尔兰和荷兰共设有 24 个自由经济区。

2. 美洲的自由经济区

北美洲以美国设区最多，到 1990 年已超过 200 个，遍及全美各个地区。拉丁美洲的自由经济区基本上呈从南到北的线状分布，已发展到 26 个国家共 100 多个自由经济区。其中较为成功的主要有巴西玛瑙斯自由贸易区、墨西哥的下加利福尼亚自由边境区、巴拿马的科隆自由贸易区和海地太子港自由区等。墨西哥是拉美国家中设立的自由经济区最多的国家。

3. 亚洲的自由经济区

世界上的一般出口加工区集中在亚太地区，其中东盟地区（菲律宾、马来西亚、新加坡、印度尼西亚和泰国）的出口加工区密度很高，在世界自由经济区中占有重要地位。近年来，整个亚太地区的发展中国家和地区的出口加工区中，技术密集型的电子工业发展迅速，正逐步取代劳动密集型的纺织、成衣业而成为最大的出口产业。

2010 年 1 月 1 日中国 – 东盟自由贸易区正式建成。这是中国对外商谈的第一个自贸区，也是全球第三、发展中国家间最大的自由贸易区。目前，中国正与五大洲的 29 个国家和地区建设 16 个自贸区。其中，已经签署并实施 10 个自贸协定，即中国与东盟、新加坡、巴基斯坦、新西兰、智利、秘鲁、哥斯达黎加自贸协定，中国大陆与香港、澳门的更紧密经贸关系安排，以及与台湾的海峡两岸经济合作框架协议。正在商建的自贸区有 6 个：中国与海湾合作委员会、澳大利亚、挪威、瑞士、冰岛、韩国自贸区。同时，中国已经完成了与印度的区域贸易安排联合研究、日韩自贸区官产学联合研究。

4. 非洲的自由经济区

自 20 世纪 70 年代起，非洲共有 20 个国家设立 130 多个自由经济区，主要集中在毛里求斯、突尼斯和埃及 3 个国家。

5. 大洋洲的自由经济区

1986 年 6 月澳大利亚政府在达尔文市创办了大洋洲第一个自由经济区。1988 年，斐济宣布设立自由贸易区。

我国自由经济区起步较晚，改革开放以来相继建立经济特区、经济技术开发区等，但这些区域在运作和形式上与国际上通行的自由经济区还有很大差别。1990年在上海创办了中国第一保税区——上海外高桥保税区。截至2013年1月，我国已经建立了31个综合保税区，其中华东地区12家，分别是上海浦东机场综合保税区、江苏苏州工业园综合保税区、江苏苏州高新区综合保税区、江苏无锡高新区综合保税区、江苏昆山综合保税区、江苏淮安综合保税区、江苏南京综合保税区、江苏盐城综合保税区、江苏南通综合保税区、浙江舟山港综合保税区、山东潍坊综合保税区、山东济南综合保税区；华北地区4家，分别是北京天竺综合保税区、天津滨海新区综合保税区、山西太原武宿综合保税区、河北唐山曹妃甸综合保税区；华南地区3家，分别是广东广州白云机场综合保税区、广西凭祥综合保税区、海南海口综合保税区；东北地区3家，分别是黑龙江绥芬河综合保税区、辽宁沈阳综合保税区、吉林长春兴隆综合保税区；西南地区2家，分别是重庆西永综合保税区、四川成都高新区综合保税区；西北地区4家，分别是陕西西安综合保税区、西安高新综合保税区、宁夏银川综合保税区、新疆阿拉山口综合保税区；中部地区3家，分别是湖北武汉东湖综合保税区、河南郑州新郑综合保税区、湖南衡阳综合保税区。按照国家的部署，2013年，上海浦东启动建设第一个国内自由贸易园区。

3.4 港口

港，中文释义为水边之巷，是大陆从江、河、海等进出的通道，其英文“Port”一词源于古拉丁文“Porta”，本意为海岸的门户，有安全屏障和水陆接运之意。现代港口是指具有船舶停靠、上下旅客、装卸、储存和驳运货物等服务设施，并按照一定程序划定的具有明确界限的水域和陆域所构成的场所，一般由一个或若干个港区组成。

随着经济的全球化发展程度越来越高，港口在国际贸易和国际物流中发挥的作用日益重要，港口已经成为国家经济中不可或缺的一部分，港口一方面是国家的门户，另一方面是国际贸易和友好往来的门户。它作为水路运输和陆路运输的连接点，是水路运输的始发地、中转地和目的地，是货物装卸或者集散的中心，货物在港口集散、暂存、加工再处理。港口的主要任务就是为船舶提供安全停泊的设施设备，及时完成旅客和货物的转运，并为船舶提供补给、修理等技术服务和生活服务，是一国国民经济命脉的枢纽。

3.4.1 港口的功能和组成

现代港口是交通运输大动脉的枢纽，是货物转换和集散中心，是水上运输和陆上运输的连接点，旅客在这里上下船，货物在这里集散、暂存、换装并改变运输方式。

1．港口的功能

现代化港口已成为一个重要功能区，被赋予了更多全新的功能。

（1）装卸和仓储功能。装卸和仓储是港口最基本的功能，主要包括对各种货物的装卸、搬运、储存保管、分拨、配送等。

（2）运输组织和管理功能。港口作为综合运输体系中的重要枢纽，要以满足客户要求为目标，通过有效的运输组织管理，把各种运输方式有机地联系起来。

（3）贸易功能。在全世界国际贸易中，约有 90%的贸易运输是由海运完成的。现代港口正成为经济活动的物流中心、贸易中心和资源配置中心。

（4）信息功能。现代港口不仅为客户提供市场决策的信息及其咨询，而且可通过电子数据交换（EDI）系统的增值服务网络，为客户提供订单管理、供应链控制等物流服务。

（5）服务功能。港口要提供优质的口岸服务及生产生活服务，包括一关三检，海事、维修、物资供应、居住餐饮、金融、代理、中介、咨询等。

（6）生产加工功能。

（7）辐射功能。港口对其腹地的城市有重要作用。港口面向国内和国外两个扇面腹地，作为城市的窗口和门户，是聚集国外资本、设备、技术等的重要渠道。

（8）现代物流功能。以港口运输和中转为主要载体，提供货物多式联运、仓储、配送、加工改装、包装、通关、商检、保险和信息交换等商品全过程供应链服务。

2．港口的组成

从范围上讲，港口主要包括水域和陆域两部分。港口水域是指与船舶进出港、停靠及港口作业相关的水上区域，主要设施包括航道、港池、锚地、防护建筑物及导助航设施等。港口陆域是指从事与港口功能相关服务的陆上区域，主要包括码头、库场、铁路、公路、装卸运输机械、生产辅助设施及信息系统，以及为生产提供直接服务的场所（如现场办公楼、机械库、维修车间、燃料供应站、港内工作船基地、港口设施维修基地等）及有关的生活设施、服务设施、文化与教育设施以及为满足现代物流服务的相关设施等。

3.4.2　港口的分类

1．根据自然条件分类

根据自然条件，港口可以分为天然港和人工港。天然港是具有天然的船舶停靠能力和避风条件，有足够的水域面积和天然水深条件，底质适合锚泊的港湾，如中国的大连港、宁波港（北仑港区）、香港港及美国的旧金山港、日本的东京港等。人工港是经人工开挖航道和港池并建有防波堤的港口，如法国的勒阿弗尔港和中国的天津港等。

2．根据地理位置分类

根据地理位置，港口可以分为海港、河口港、河港。海港是位于海滨的港口。海港利用海湾、岬角等天然掩护，可避开或减少风浪、潮汐、沿岸输沙的影响。当天然掩护不能满足要求时可修建防波堤，如中国的大连港、青岛港及日本的神户港、横滨港等。河口港是位于江河入海口处的港口。河口港一般建在河口区内，有通海的航道，可满足河、海船舶停泊的需要，如中国的上海港、荷兰的鹿特丹港等。河港是位于江、河、湖沿岸的港口。河道上游河港的特点是易受洪汛影响，不同季节水位落差很大，给船舶停靠和装卸带来困难，河道中下游的河港受潮差和洪汛的双重影响，容易产生泥沙淤积问题，如中国的重庆港、德国的汉堡港等。

3．根据用途分类

根据用途，港口可以分为商港、工业港、军用港、渔港和避风港。商港是供客货运输用的港口，又称贸易港。作为商港不但要有优良的自然条件，还必须工商业比较集中，经济比较发达，交通便利，如上海港、天津港、香港、鹿特丹港、汉堡港、纽约港等。工业港是为工矿企业输入原材料和输出产品的专业港，如上海宝钢码头和武汉工业港。军用港是为军用舰艇驻泊、给养、训练和作战用的专业港口，如美国的珍珠港和中国的旅顺港。渔港是供船舶停泊、修理、给养和渔货装卸、储运的港口，如中国的舟山港、大连渔港。避风港是专为船舶遇到突发性风暴时避风用的港口。

4．根据层次分类

根据层次，港口可以分为航运中心港、主枢纽港、地区性枢纽港、地区性重要港口和其他中小港口。航运中心港是港口高度集约化的产物。这类港口所在城市的经济、金融与贸易十分发达，有广阔的经济腹地，有众多的固定航线通往国内和世界各主要港口。航运中心港一般都是集装箱枢纽港。主枢纽港是地理位置优越、辐射面广、货源充足、有较多的固定航线、设施与设备先进、功能齐全的重要港口。地区性枢纽港服务范围主要是某个地区，其航线数量、服务功能及服务设施与设备等方面都不如主枢纽港，但它具有优越的地理位置、先进的服务设施与设备以及较齐全的服务功能，是地区客、货集散中枢和综合运输的枢纽。地区性重要港口是在地区经济发展及对外开放中发挥重要作用的港口，其依托所在地区的重要城市，具有良好的陆路运输条件，对周边地区有一定的辐射作用。其他中小港口是指除上述以外的大量沿海中小港口，作为沿海地区交通基础设施的一部分，对所在地区经济发展起到了经济促进作用，也是完善沿海港口布局的重要补充。

5．根据集装箱份额分类

根据集装箱份额，港口可以分为国际集装箱枢纽港、区域性枢纽港和支线港。国际集装箱枢纽港是国际集装箱运输主干航线的起始港、终点港或主要挂靠港，是所在地区集装箱及货物集散地枢纽。区域性枢纽港是国际集装箱运输主干航线挂靠港或区域性国际航线的起始港、终点港，本地区及附近地区集装箱货源较充足，并有一定数量的支线港。支线港是区域性集装箱国际航线或分支航线的挂靠港，或者少数区域性国际航线及国内集装箱航线的起始港、终点港。

3.4.3 港口的发展演变历程

港口随着社会经济的发展而发展。从世界港口发展历程来看，港口主要伴随着工业化的进展而发展，世界工业化主要经历了工业化前期、工业化时期和工业化后期三个发展阶段。与之相应，港口发展也经历了三代发展阶段，目前，许多专家认为，港口正在向第四代发展。也有一些专家学者提出了第五代、第六代港口的概念，即国际航运中心港口、生态型港口。不同发展阶段的港口特征如表 3-1 所示。

表 3-1　不同发展阶段的港口特征

发展阶段	时间段	功能特点	生产特点	与用户关系	决定因素
第一代	20 世纪 50 年代中期以前	运输枢纽、货物装卸与存储	保守形式，货物移动，港内交接，分项服务，低增值	松散、不定期等货	劳动力和资本
第二代	20 世纪 50 年代中期至 80 年代	运输枢纽、货物中转、工业与商贸中心、增值工业与商业服务	货物流动与中转，联合服务，提高增值	与用户关系密切，港城关系不密切，揽货	资本与技术
第三代	20 世纪 80 年代至 21 世纪初	多式联运与物流中心，货物、信息流动与分配，物流活动	高增值物流服务	生产、贸易、运输一体化，港口与用户关系密切，港城一体化发展	技术、信息和服务
第四代	21 世纪初叶	全球资源配置枢纽	组织自治化、生产自动化、经营集约化、管理现代化、信息产业化、环境生态化。全程、全方位、多层面个性化服务	经贸港航运输实行“国民待遇”，港口群体、城市社会分运网带和综合流通网链一体化，形成区域经济、技术、文化、利益共同体	人才与环境

资料来源：于汝民. 港口规划与建设.北京：人民交通出版社，2003.

1．第一代港口

约在20世纪50年代中期以前。社会经济主要处在自给自足、较为封闭的阶段，港口主要满足基本功能，即进行货物的装卸和储存并完成货物在海上运输与公路、铁路、航空、管道或江河运输方式之间的换装。港口作业和活动的范围局限于码头及相关水域范围内，与用户之间只是非正式、临时的服务与被服务的关系。港口生产的特点主要是货物流动、简单的个别服务和很少的增值服务。第一代港口发展的关键因素是劳动力和资本。

2．第二代港口

约在20世纪50年代中期至80年代的工业化时期。经济的对外扩张，大批依赖水运的工业向港口城区集聚，港口的功能得到提升。货物运输方式出现了两大变化：一是集装箱的出现使件杂货运输发生了革命；二是固体散货和液体散货从件杂货中分离出来，形成一种独立的散货装运方式，大型散货船替代了传统的件杂货船。港口经营上采取逐步扩张的发展态势。港口业务范围既包括货物装卸、储存与船舶靠泊服务，也有货物加工、换装及与船舶有关的工商业服务。港口活动已不再仅限于码头本身，而扩展到了周边地区。港口与用户之间有了较密切的关系，港内各种活动逐渐走向统一和协调，但港口与所在城市之间只有非正式关系。港口的生产特点主要是货物流动、货物加工换装、提供联合服务、增值服务范围进一步扩大。第二代港口发展的关键因素是资本与技术。

3．第三代港口

约在20世纪80年代至21世纪初的工业化后期。经济全球化趋势更加迅猛发展，全球性的产业结构调整和信息技术的广泛运用，使得港口功能得到进一步发展。成组货和集装箱运输已成为件杂货的主要运输方式，集装箱、干散货和液体散货运输船舶向大型化发展，泊位向深水化、专业化发展。港口采取完全商业化的发展态势，逐渐发展成为国际贸易的运输中心与物流平台，主要业务范围从货物装卸、仓储和船舶靠泊服务，到货物的加工、换装与船舶有关的工商业服务，扩大到货物从码头到港口后方陆域的配送一体化服务。港口逐步成为统一的集运输与贸易一体化的经济共同体。港口活动的范围已大大超出了传统的港口界限。港口与所在城市关系也更加密切，在组织功能上日益扩大。第三代港口的特点是货物流与信息流、资金流、人才流一体化，通过货物与信息的综合配送，可提供一揽子综合服务；港口发展的关键因素是技术、信息和服务。

4．第四代港口

进入21世纪后的后工业化时期。工业向柔性和个性化方面发展，虚拟企业开始出现，港口开始成为全球生产、销售等整个供应链中重要的节点，又加上高新技术在港口领域得到全面应用，港口功能进一步完善，成为全球资源配置的枢纽。港口生产经营从追求规模化转向追求规模化与满足个性化，提供全程、全方位和多层面服务，提出建设生态港目标，强调可持续发展。港口与所在城市的发展更为密切。第四代港口发展的关键因素是人才和环境。

3.4.4 中国港口的现状

1. 中国港口的发展历史

（1）20 世纪 50 年代至 70 年代初，我国受经济封锁，海运事业发展缓慢。港口发展以技术改造、恢复利用为主。

（2）20 世纪 70 年代，由于对外关系好转，外贸海运量猛增，周总理提出“三年改变港口面貌”，开始第一次建港高潮。

（3）20 世纪 70 年代至 80 年代，改革开放之初，“六五”计划将港口列入国民经济建设的战略重点。“六五”、“七五”期间，港口进入第二次建设高潮。

（4）20 世纪 80 年代末至 90 年代，注重泊位深水化、专业化建设，重点是处于中国海上主通道的枢纽港及煤炭、集装箱和客货滚装等三大运输系统的码头。

（5）20 世纪 90 年代末至 21 世纪初，贸易自由化和国际运输一体化、现代信息技术及网络技术的发展，港口成为国际物流链上的重要环节，港口建设在大型深水化和专业化基础上，全面提升港口等级，拓展港口功能。

经过上述五次大规模的港口建设，中国港口在规模和专业程度和管理水平上都迈上了新台阶。

2. 中国港口现状（吞吐量、集装箱量排名）

2011 年全球十大港口排名中中国港口依旧表现强势，在前十大港口中占据 7 席。其中，上海港稳居货物吞吐量首位，年吞吐量实现 7.2 亿吨，同比增长达到 10.26%；天津港凭借积极投资建设和多方合作，吞吐量不断增长，排名上升一位；唐山港是中国能源和原材料等大宗货物运输大港，以快速、稳健发展态势挤入前十之列，如表 3-2 所示。

表 3-2 2010 年和 2011 年全球十大港口货物吞吐量排名 单位：万吨

2011 排名	2010 排名	港口名称	2010	2011	增长率（%）
1	1	上海	65 197.1	72 032.9	10.48
2	2	宁波舟山	62 052.1	67 838.2	9.32
3	3	新加坡	57 893.1	61 571.62	6.35
4	4	广州	41 100	45 100	9.73
5	6	天津	41 000	44 800	9.27
6	5	鹿特丹	43 015.9	43 342.4	0.76

续表

2011 排名	2010 排名	港口名称	2010	2011	增长率（%）
18	19	厦门	582	645.41	10.90
19	21	大连	526	639.57	21.60
20	18	长滩	630	610.7	–3.10
21	23	不来梅	488	592	21.30
22	24	丹戎不碌	471.4	580	23.04
23	22	林查班	506.8	*550	10.00
24	20	纽约	529.2	510	–3.63
25	25	连云港	387	482.2	24.60

（2）深水航道、大型深水泊位和专业化泊位建设成效显著。截至 2008 年年底，我国港口共拥有生产性泊位 31 050 个，其中万吨级深水泊位 1 403 个，具备靠泊装卸 30 万吨级散货船、35 万吨级油轮、1 万吨标准箱集装箱船的能力，综合通过能力达到 40 亿吨，全国高等级航道达到 8 900 多公里。

（3）按现代物流的理念和标准规划港口建设。

（4）功能多元化。功能包括航运、物流、商贸、加工、保税。

（5）港口之间联运成发展趋势。

（6）港城格局一体化趋势明显。港口与所在城市统一规划、协调发展。

（7）港口管理信息化进展迅速。

（8）投资主体多元化成效显著。投资主体有国有交通部门、国有工矿和商贸企业、中外合资企业、民营企业和股份制上市公司。沿海大多数港口都有外资参与建设和经营集装箱码头。

随着中国经济的发展，中国港口作为世界物流枢纽，在国际贸易中发挥着越来越重要的作用。上述情况表明，中国港口近几年来的发展迅速，很多港口已经在国际港口排序中居于前列。但是，也应该看到，中国港口的管理水平与世界先进管理水平还存在一定差距，中国港口还有很长的路要走。

本章小结

国际物流中心是具有国际贸易、物流、金融、保险等基本功能，能够为大规模的进出口货物提供综合物流服务的具有强大集聚与辐射能力的国际物流枢纽，它在国际物流活动中大规模集结、吞吐货物，是在国际物流网络中的重要节点。与一般物流中心相比，国际物流中心具有更强大的功能，除了具备一般物流中心的功能，还具有服务于对外贸易的功能，如单证处理、物品展示、货运代理、报关检验、保税以及对外产品加工等，有些国际物流中心还拥有与物流业服务相配套的金融、保险、信息等诸多产业和完备的物流信用体系以及国际化的物流服务体系；国际物流中心辐射的范围更广，承担着大规模的外贸物流，拥有完善的物流服务体系，并聚集了大量的国际知名物流企业，其物流服务网络从国内延伸到了国外；同时，国际物流中心提供高效的物流服务，有现代化的物流基础设施和高效的物流技术，能够为客户提供全方位的综合物流服务。

保税仓库、保税区、保税物流中心、物流园区、出口加工区、自由贸易区、自由经济区、港口以及外贸服务的城市物流中心等都可以成为国际物流中心。

保税仓库是经海关批准专门用于存放保税商品的仓库，主要存放缓办纳税手续的进口货物、需做进口技术处置的货物、来料加工后复出的货物、不内销而过境转口的货物。按照不同标准，保税仓库可以分为不同的类型。保税仓库在管理上受到海关的监管，在业务上与一般的仓储管理有所不同。

保税区是海关设置的或经海关批准注册的，受海关监管的特定地区和仓库，它包括指定保税区、保税货栈、保税仓库、保税工厂、保税展厅、保税物流中心（A类和B类）等几种形式。而自由贸易区则是指一个国家或地区在关境以外港口或其他特殊地区设立的免于实施惯常的海关监管制度的区域，它在关税、管理等方面享有多种优惠政策，在国际物流和贸易中发挥了巨大的作用。

现代港口是指具有船舶停靠、上下旅客、装卸、储存和驳运货物等服务设施，并按照一定程序划定的具有明确界限的水域和陆域所构成的场所，一般由一个或若干个港区组成。随着经济的全球化发展程度越来越高，港口在国际贸易和国际物流中发挥的作用日益重要，港口已经成为国家经济中不可或缺的一部分，港口一方面是国家的门户，另一方面是国际贸易和友好往来的门户。它作为水路运输和陆路运输的连接点，是水路运输的始发地、中转地和目的地，是货物装卸或者集散的中心，货物在港口集散、暂存、加工再处理。港口的主要任务就是为船舶提供安全停泊的设施设备，及时完成旅客和货物的转运，并为船舶提供补给、修理等技术服务和生活服务，是一国国民经济命脉的枢纽。

案 例

世界四大港口向国际物流中心转变

世界港口的发展大体经历了三代，第一代港口功能定位为纯粹的“运输中心”，主要提供船舶停靠、海运货物的装卸、转运和仓储等；第二代港口功能定位为“运输中心+

服务中心”，除了提供货物的装卸仓储等，还增加了工业和商业活动，使港口具有了货物的增值功能；第三代港口功能定位为“国际物流中心”，除了作为海运的必经通道在国际贸易中继续保持有形商品的强大集散功能并进一步提高有形商品的集散效率之外，还具有集有形商品、技术、资本、信息的集散于一体的物流功能。第三代港口是国际海陆间物流通道的重要枢纽和节点，是区域性乃至国际性的商务中心，是区域性的信息中心。目前，世界主要港口中第二代港口仍是发展的主流，但随着经济全球化、市场国际化和信息网络化，一些大型港口已经开始向第三代港口转型。

1．鹿特丹港

鹿特丹港是西欧水陆交通的要塞，是荷兰和欧盟的货物集散中心，运入西欧各国的原油、石油制品、谷物、煤炭、矿石等都经过这里，有“欧洲门户”之称。目前，该港年吞吐量有超过 5 亿吨的纪录，当之无愧地占据着世界第一大港的地位。鹿特丹港口物流的发展经验与模式分析如下。

（1）多样化的集装箱运输形式。鹿特丹港是欧洲最大的集装箱码头，它的装卸过程完全用电脑控制，集装箱装卸量已超过 30 万箱。鹿特丹的集装箱运输形式主要有公路集装箱运输、铁路集装箱运输和驳船集装箱运输。

（2）港城一体化的国际城市。鹿特丹作为重要的国际贸易中心和工业基地，在港区内实行“比自由港还自由”的政策，是一个典型的港城一体化的国际城市，拥有大约 3 500 家国际贸易公司，拥有一条包括炼油、石油化工、船舶修造、港口机械、食品等部门的临海沿河工业带。

（3）现代化的港口建设。鹿特丹港以新航道为主轴，港池多采用挖入式，雁列于主航道两侧，按功能分设干散货、集装箱、滚装船、液态及原油等专用和多用码头，实行“保税仓库区”制度，构成由港口铁路、公路、内河、管道和城市交通系统及机场连接的集疏运系统。

（4）功能齐全的配送园区。鹿特丹港在离货物码头和联运设施附近大力规划建设物流园区，其主要功能有拆装箱、仓储、再包装、组装、贴标、分拣、测试、报关、集装箱堆存修理以及向欧洲各收货点配送等，发挥港口物流功能，提供一体化服务。

（5）不断创新的管理机制。鹿特丹港务管理局不断在进行功能调整，由先前的港务管理功能向物流链管理功能转变，继续扩大港口区域，尝试使用近海运输、驳船和铁路等方式，来促进对物流专家的教育和培训，建设信息港，发展增值物流。

2．安特卫普港

安特卫普港是欧洲第二大港、世界第四大港，港口接近欧洲主要生产和消费中心，吞吐量的一半为转口贸易，是欧洲汽车、纸张、新鲜水果等产品的分拨中心，港口运输量几乎100%是国际运输，是强有力的国际物流中心。其港口物流发展的经验与模式分析如下。

（1）完善的交通网络。安特卫普港与世界上100多个国家和地区建立了贸易关系，拥有300多条班轮航线与世界上800多个港口相连，水运与密集的高速公路、铁路为核心的陆运相衔接，形成完善的交通运输网络，保证商品运输的畅通。

（2）良好的硬件设施。安特卫普港拥有汽车、钢材、煤炭、水果、粮食、木材、化肥、纸张、集装箱等专业码头，备有各式仓库和专用设备，建有炼油、化工、石化、汽车装备和船舶修理等工业开发区。

（3）现代化的信息服务。安特卫普港拥有现代化的EDI信息控制和电子数据交换系统，使用“安特卫普信息控制系统（APICS）”。私营行业还建立了“安特卫普电子数据交换信息系统（SEAGHA）”，并与海关使用的“SADMEL系统”以及比利时铁路公司使用的“中央电脑系统”等其他电子数据交换网相连。

3．香港港

香港连续7年保持世界第一繁忙货柜港的美誉，是世界最大的港口物流中心。其港口物流发展的经验与模式分析如下：

（1）发挥自身特点，利用独特的地理优势。香港以中国内地特别是经济发达的珠江三角洲为腹地发挥自身特点，依托中国大陆，连接欧美，面向东南亚，重点做好占其港口吞吐量83%以上的转口贸易中的中转货运物流，把香港建设成为虚拟供应链控制中心，使香港物流业的覆盖面遍及整个内地。

（2）建设基础设施，提供良好的发展条件。香港是世界最大的集装箱港口，其港口物流的基础设施建设投入大、起点高，先进的港口设备堪称世界一流，其物流运作的速度和效率也是首屈一指。

（3）政府扶持，创造优越的发展软环境。中国香港政府一直重视物流业的发展，提出要把香港建成国际及地区首选的运输及物流枢纽中心，香港成立了物流发展督导委员会和香港物流发展局，强化与港口物流相匹配的服务功能，健全法律制度，提供金融与保险等一系列物流援助或服务、快捷高效的海关通关服务等。

（4）重视人才，提高物流管理水平。香港与大学和教育机构合作，培养一流的港口物流操作管理人才，同时通过建立全球公认的公务员廉洁制度，提高港口物流从业人员全员素质，从而提供优质的物流服务。

4．新加坡港

新加坡不仅有优良的深水港，还兴建了4个集装箱码头，每年可装卸超过1 500万个集装箱，是世界上第二大集装箱枢纽港。新加坡的远景目标是把该国发展成为集海、陆、空、仓储为一体的全方位综合物流枢纽中心。新加坡港口采取了一系列新举措实现这一目标：一方面，调整港口管理策略并制定新措施，准备开放港口允许船舶公司以合资方式拥有自营码头，并欢迎国际上的港口经营集团到新加坡投资发展码头。另一方面，注重技术改造，通过挖掘内部潜力来提高生产力。2002 年 3 月，新加坡海事及港务管理局进行了一项试验性计划，在新加坡海港采用自动识别系统，避免船舶相撞并提高港口航行的安全。其港口物流发展的经验与模式分析如下。

（1）政府支持“一条龙”发展物流。1997 年 7 月，新加坡物流倡导委员会制定发展纲领，同年新加坡贸易发展局联合 13 个政府机构，展开“1997 年物流业提升及应用计划”，先后推出了“1999 年物流业提升及应用计划”以及“2001 年物流业提升及应用计划”，成功地将运输、仓储、配送等物流环节整合成“一条龙”服务。

（2）物流与高科技的结合。新加坡物流公司基本实现了整个运作过程的自动化，新加坡政府启动“贸易网络”系统，实现企业与政府部门之间的在线信息交换，物流企业都先后斥资建成了电脑技术平台。

（3）专业性强，服务周全。新加坡境内的物流公司专业化、社会化程度高，可以为某一行业的企业提供全方位的物流服务，也可以为各行业的客户提供某一环节的物流服务，物流企业以满足客户需要为出发点和最终归宿点，由物流公司和客户共同研究选择出一种或几种最理想的服务方式，最终找出能最大限度地为客户提供低成本的解决方案。

从以上四大港口发展的状况和措施可以看出，向国际化、规模化、系统化发展形成高度整合的“大物流”，进一步拓展服务功能的“增值物流”，打造技术密集型的“智能港”，以及发展“虚拟物流链控制中心”是当前港口物流发展的主要特点和趋势。在港口物流发展过程中，港口物流发展轨迹是一个由成本理念到利润理念再到综合物流服务理念的过程。成本理念追求的是降低物流的总成本，利润理念追求的是获取最大利润，而综合物流服务理念则除追求商品自然流通的效率和费用外，还要强化客户服务意识，切实转换经营和管理方式，按现代物流的要求进行整合，以客户为中心进行管理和控制，提供完善的物流服务。

（资料来源：庄倩玮，王健. 物流技术）

复习思考题

1. 物流中心有什么功能？增值功能给物流中心带来了哪些优势？
2. 国际物流中心有什么特点？
3. 国际物流中心分为几种类型？各自有哪些功能？

4. 请分别叙述外贸仓库、保税仓库和保税区的运作模式，以及它们之间的区别。
5. 自由贸易区与保税区有什么区别？它在政策上有什么规定？
6. 自由贸易区在国际物流中发挥了什么作用？
7. 根据案例，请思考把港口建设成国际物流中心有什么优势？
8. 国际四大港口的国际物流中心建设各自有什么特点？

第 4 章

国际物流的包装和仓储

本章学习目标

- ◇ 掌握包装的含义及功能；
- ◇ 掌握包装的种类和包装标志；
- ◇ 了解国际物流合同中的包装条款；
- ◇ 熟悉国际物流中的仓储业务流程及其管理；
- ◇ 了解特殊商品的仓储管理；
- ◇ 了解保税仓库管理及其货物进出业务流程。

4.1 国际物流包装概述

在国际物流运作过程中，货物要经过运输、仓储、报关和检验等众多环节，需要进行多次搬运装卸，为了保证货物质量安全，必须对货物进行必要的包装，因此，包装成为国际物流领域关注的重点。

4.1.1 国际物流包装的含义和功能

1. 包装的含义

各个国家或组织对包装含义的表述和理解不完全一致，但基本以包装功能和作用为核心内容。例如，《中华人民共和国国家标准物流术语》（GB/T 4122.1—1996）中对包装的定义是："为在流通过程中保护产品、方便储运、促进销售，按一定技术方法所采用的容器、材料及辅助物等的总体名称；也指为达到上述目的而采用容器、材料和辅助物的过程中施加一定技术方法等的操作活动。”

在国际贸易中，包装是货物说明的重要组成部分，包装条件是交货的重要条件之一。《联合国国际货物销售合同公约》第 35 条（1）款明确规定：“卖方按照合同规定的方式装箱或包装。”此外，按照一些国家的法律规定，如果卖方交付的货物未按约定的条件包装，或者货物的包装与行业习惯不符，买方有权拒收货物。所以买卖双方必须就商品包装认真洽谈，达成一致意见，并在合同中做出明确具体的条款规定。

2. 包装的功能

在国际物流中，包装的功能主要集中在四个方面。

（1）合理的包装能够保护货物免受损伤。在国际运输过程中，由于路途遥远，在途时间长，货物受损的可能性很大，这些损伤主要包括破裂、压碎、裂纹、压痕崩边等机械损伤，或海水、雨水、洪水及集装箱湿气造成的水渍损害，或盗窃损失等。合理的包装可以在运输途中有效地保护货物，避免货物受损。

（2）合理的包装便于物流运作过程中的搬运。国际物流中涉及多次的装卸作业，好的包装能够让码头、船舶公司和物流企业的相关作业人员操作便利，避免因不恰当的包装而影响正常搬运作业，造成货物损坏。

（3）优美的包装能够促进销售。包装是产品宣传的重要手段，销售商可以利用包装的形体及其外部印刷的文字、图案、色彩等结构造型和装潢设计来美化产品，宣传产品的性能，介绍产品的使用方法，从而形成流动的广告，扩大产品的认知度。

（4）合理的包装可以准确地反映一个企业的内在价值和整体形象。合理的包装既不失优雅和美感，能够反映产品的内在品质，又在讲究成本、效益的同时，为客户着想，使包装不过于华丽烦琐，大方简洁，客户拆包便利安全，从而透射出企业的务实、精细和细心周全。这个目标比保护货物在物流运作过程中免受损伤更难实现。一个被广泛认可且结构合理的包装能够反映出企业制造优质产品的能力；同时，随着节能环保意识的增强，越来越多的客户也倾向于选择能够循环使用的包装。

4.1.2 国际物流包装的种类

按照不同的划分标准，可以将国际物流包装分为多种类型。

1. 按照包装在流通中的作用划分

（1）运输包装。运输包装，又称大包装或外包装，是以运输和保管为目的的包装，也就是从物流需要出发进行的包装，故又称工业包装。《中华人民共和国国家标准物流术语》对运输包装的定义是：“以运输储存为主要目的的包装。它具有保障产品的安全，方便储运装卸，加速交接、点验等作用。”从定义中可看出，运输包装不仅起到保护商品的作用，还有方便运输、储存、装卸，提高物流效率的作用。按包装大小的不同，运输包装可以划分为单件运输包装和集合运输包装。

1）单件运输包装。在运输过程中作为一个计件单位的包装。常见的有：箱，如纸箱、木箱、金属箱，箱内衬防潮纸或塑料薄膜甚至锌箔或锡箔；桶，如木桶、铁桶、塑料桶等；袋，如纸袋、麻袋、布袋、塑料袋等；瓶，如塑料瓶、玻璃瓶、水晶瓶等；包，如棉布包、麻布包、帆布包等，包外另加铁皮或塑料袋扎紧；此外，还有篓、筐、罐、坛等。

2）集合运输包装。又称组合运输包装，将一定数量的单件运输包装的商品组合成一件大包装或装入一个大的包装容器内。集合包装除有效保护商品安全外，还可以减轻装卸搬运劳动强度、提高装卸效率、降低运输费用和节省运杂费用，并促进包装的标准化。在国际物流中，常见的集合运输包装有集装箱、集装包/袋和托盘等。

集装箱，又称货柜，是指具有一定强度、刚度和规模专供周转使用的大型装货容器，可装载 5～40 吨货物。国际贸易中所用的集装箱有 10 多种不同标准规格，其中各国大部分集装箱运输都采用 20 英尺和 40 英尺长的两种集装箱，一般把 20 英尺集装箱作为一个计算单位，以方便统一计算集装箱的营运量。

集装包/袋，一般是用合成纤维或塑料叠丝纺织成的圆形大袋或者方形大包，可分为一次性使用和可回收周转使用两种。集装包/袋的容量随着使用的材料和生产工艺的不同而有所差异，通常使用的是 1～4 吨的，最高可达 13 吨。其中，集装袋多用于盛装粉状、粒状的化工产品、矿产品、农产品及水泥等散装商品；集装包则适用于盛装已经包装好的桶、袋、箱等单件包装的商品。

托盘，是指“用于集装、堆放、搬运和运输的放置作为单元负荷的货物和制品的水平平台装置”。作为与集装箱类似的一种集装设备，托盘通过与叉车配套使用，现已广泛应用于生产、运输、仓储和流通等领域，可以实现物品包装的单元化、规范化和标准化，保护物品，方便物流和商流。按材质的不同，托盘可分为：木质类，用木质或竹质材料制成，一般用于盛装工艺品或作装饰使用；金属类，一般质地为不锈钢，多用于摆放物品，不经常移动；塑料类，由于质地较轻，使用方便，具有防滑功能，多应用于服务行业；塑木类，用塑木复合材料制成，用途广泛，节能减污染。

（2）销售包装。销售包装，又称小包装或内包装，是以促进销售为主要目的而进行的包装。销售包装直接接触商品，是在商品制造出来以后用适当的材料或容器进行的包装，后随着商品进入零售市场，并直接与消费者见面。销售包装除具有保护商品的作用外，还具有外形美观、促进销量、便于携带、使用方便等特点，以达到美化和宣传商品的效果。特别在市场竞争加剧和超级市场飞速发展的情况下，出口商品的销售包装显得日益重要，起到了“无声推销员”的作用。

销售包装的标示和说明：

1）包装的装潢画面。一般都美观大方，富有艺术上的吸引力，并能突出商品的特点。

2）文字说明。在销售包装上一般都有必要的文字说明，如商标、品牌、品名、产地、数量、规格、成分、用途和使用方法等。

3）条形码。计算机能够自动识别的信息，借此可以确定产品的品名、品种、数量、生产日期、制造厂商、产地等，并据此在数据库中查询其单价，进行贷款结算，打印购货清单，有效地提高结算的效率。

2. 按照包装的针对性划分

（1）专用包装。根据被包装产品的特点进行专门设计、专门制造，只适用于某种专门产品的包装，如水泥袋、蛋糕盒、可口可乐瓶等。

（2）通用包装。不经过专门设计制造，而根据标准系列尺寸制造的包装，用以包装各种无特殊要求的或标准尺寸的产品。

3. 按包装形态划分

（1）逐个包装。交到使用者手里的最小包装，把物品全部或一部分装进袋子，或其他容器里并予以密封的状态或技术。

（2）内部包装。将逐个包装的物品归并为一个或两个以上的较大单位放进中间容器里的状态和技术，其中包括为保护里面的物品，在容器里放入其他材料的状态和技术。

（3）外部包装。从运输作业的角度考虑，为了加以保护并为搬运方便，将物品放入箱子、袋子等容器里的状态和技术。

4. 其他划分方法

（1）按包装的使用次数，分为一次性使用包装和重复使用包装。一次性使用包装在拆装后，包装容器受到破坏不能按原包装再次使用，只能回收处理或另作他用；重复使用包装在建立一定回头渠道后，可反复使用。

（2）按包装容器的结构形式，分为固定式包装和可拆卸折叠式包装。固定式包装尺寸外形固定不变；可拆卸折叠式包装可通过折叠拆卸在不需包装时缩减容积以利于管理及返运。

（3）按包装容器的抗变形能力，分为硬包装和软包装。硬包装，又称刚性包装，包装体有固定形状和一定强度；软包装，又称柔性包装，包装体可有一定程度变形，且有弹性。

（4）按包装的保护技术，分为防潮包装、防锈包装、防虫包装、防腐包装、防震包装、危险品包装等。

4.1.3 国际货物包装标志

包装标志是指在运输、仓储、装卸过程中，为了方便相关操作人员的识别，而在货物外包装上刷制的一系列标志。包装标志主要包括运输标志、指示性标志和警告性标志三种。

1. 运输标志

又称“唛头”，通常由一个简单的几何图形和一些字母、数字及简单的文字组成，其作用在于防止货物的错发和错运。运输标志主要包括：收货人代号；发货人代号；目的港（地）名称；件数、批号等。此外，有的运输标志还包括货物原产地、合同号、许可证号、体积和重量等内容。

示例如下：

SMCO	收货人代号
LONDON	目的地
95S/C NO.345678	合同号
NOS.1—99	批件号

2. 指示性标志

为了保证货物质量完好，保障装卸人员的操作安全，在那些易碎、易受潮变质等货物的外包装上刷卡醒目的图形和文字，故又称“注意标志”。常见的指示性标志如图 4-1 所示。

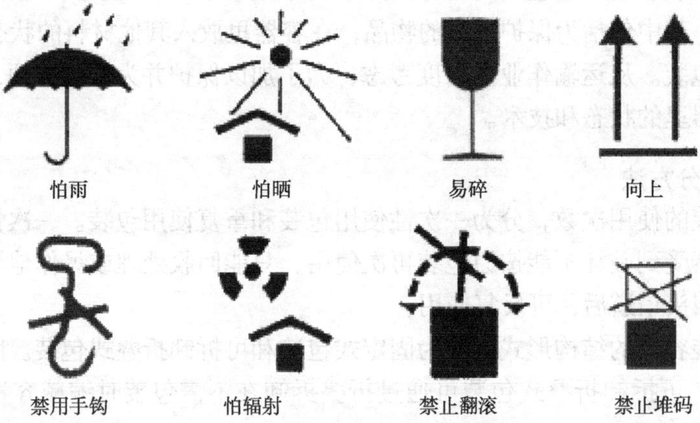

图 4-1 常见指示性标志

3. 警告性标志

又称危险性标志，对易燃、易爆、剧毒、有辐射性等具有潜在危险性货物进行运输时，必须在运输包装上印制由文字和特定图形组成的表明危险性的标志，以使有关人员加强防护措施，保护货物及人身安全。常见的警告性标志如图 3-2 所示。

剧毒品标志
（符号：黑色；底色：白色）

有毒品标志
（符号：黑色；底色：白色）

有害品标志
（符号：黑色；底色：白色）

易燃液体标志
（符号：黑色或白色；底色：正红色）

易燃固体标志
（符号：黑色；底色：白色红条）

自燃物品标志
（符号：黑色；底色：上白下红）

图 4-2　常见警示性标志

4.1.4　国际物流合同中的包装条款

国际物流合同中的包装条款主要包括包装材料、包装方式、包装费用和运输标志四项内容，其中前两项是包装条款中的首要内容。

包装材料，即包装所用的材料，如木箱、纸箱、铁桶、麻袋等。包装方式，一般指包装用料、尺寸、数量/重量、填充物和加固条件等。包装方式的选择要考虑货物的特点和不同运输方式的要求。比如，有的货物容易腐烂，有的货物容易变潮，有的货物易碎，需要根据不同产品的特点来选择合理的包装方式；海上运输容易受潮，就要求包装材料具有防潮功能。

在确定完包装材料和包装方式后，要明确标示在合同中，不能含混不清，以免引发争端。例如，“In wooden cases of 50 kilos net each”表示“木箱装，每箱 50 千克净重”；“In cartons containing 100 tins of 500 tab each”表示“纸箱装，每箱 100 听，每听 500 片”。

包装费用一般已包含在商品货价之内，不另计价；但如果买方要求特殊包装，则应该在合同中做出明确的规定——超出的包装费用由何方承担。如果由买方负担，还应该规定这部分包装费用的支付时间和方式。

运输标志一般由卖方设计确定，所以在合同中一般无须列明；如果买方指定唛头，则合同中应该规定买方需在装运前若干天提出具体标志，以便卖方能及时刷唛头，否则卖方可自行决定。

4.2 国际物流仓储

国际物流仓储业务承担着进出口货物保管储存的任务，是国际物流流程中的重要环节，其管理水平的高低直接影响着国际物流业务运作的效率。

4.2.1 国际物流仓储的作用

在国际物流过程中，仓储是唯一的静态环节，对于整个国际物流体系来说，它既有缓冲与调节的作用，也有创值与增效的功能。归纳起来，在国际物流活动中，仓储有以下几种作用。

1. 保证进入国际市场商品的质量

在国际物流流程中，通过货物仓储环节，可以防止假冒伪劣产品进入国际市场，进而保证进入国际市场的商品质量。仓储对商品质量的保证主要体现在两个关键环节：一是商品入库保管时的质量检验；二是商品出库时的检验检查。前者严禁不合格商品混入仓库，后者使出库商品符合国家出口标准和国际贸易合同中出口质量的约定。

2. 延伸生产的加工业务

在国际物流仓储作业过程中，除对货物进行保管外，还承担着具有生产特性的加工业务，如出口加工、挑选、整理、包装、刷唛、备货、组装和发运等活动。这些操作使得出口货物增值，并大大缩短了货物进入市场后续环节的作业过程和时间，加速了商品的销售和国际贸易的进展。

3. 减少国际物流中的货损、货差

在国际物流过程中，港口和机场的库场在接收、承运及保管货物时，都要对货物进行检查，并根据货物的性质、包装进行配载、成组装盘（板），甚至重新灌色、捆绑。这些都能有效减少国际物流过程中的货损、货差。

4.2.2 国际物流的仓储业务流程及管理

与一般仓储业务流程类似，国际物流的仓储业务主要包括入库验收、在库保管和出库复核三个阶段。在国际物流过程中，对仓储业务的管理，就是对三个阶段的流程操作、作业要求、注意细节和其他管理要求进行明确的指导和规范。

1. 仓单及其管理和使用

仓单是保管人在接受仓储货物后签发的、表明一定数量的货物已经交付仓储保管的法

律文书。它是确定保管人和仓单持有人、提货人责任和义务的依据，是仓储保管人凭以返还保管物的凭证。仓单由保管人提供，签发仓单是仓储保管人的法律义务，这表明保管人已接受仓单上所记载的仓储物。在保管期满或者经保管人同意的提货时间，仓单持有人向保管人提交仓单，经保管人核对无误后，保管人给予办理提货手续。

在国际物流过程中，货运代理出口代运仓单管理和使用相对复杂，一般由持有者即储存货物货主配载后将仓单交由货代保管，作为出运时的提货凭证。仓单的编号以到货入库的时间顺序排列；根据委托单位和货类分别分类和登记，仓单由专人保管，并随库存变化随时更改。发货时应在仓单上注明发货出库日期便于账货清查、注销。提货时，若货物一次提清，仓单由仓库销账。若货物没有一次提清，仓库保管员应在仓单上注明提出库的件数，仓单持有人审核无误后收回下次再用。

2. 货物的入库业务

货物入库业务即收货过程，包括货物的接运、卸货、搬运、清点数量、货物验收、整理、堆码、办理入库手续等。按货物入库业务程序可以将其分为收货准备、货物接运、货物验收、货物入库等几个环节。

（1）收货准备。根据入库货物情况提前安排货位，组织人力、机力，做好文件单证准备。

（2）核对凭证，点收货物。货物点收入库的依据是货物运单和交接清单。货物运抵仓库后，首先要检验货物入库凭证，然后按入库凭证对货物各项标志进行核对。发现错误应拒收退回，或进行清点，做好记录并另行存放。点收货物的方法一般采用逐件点数计总和集中堆码点数两种方法。

（3）填制入库单证。内贸出口货物，库场可以在入库联、运单上签收；外贸出口货物，可以在附页上签收。进口货物则大多填制理货交接计数单。

（4）分类搬运。验收合格的入库商品，按入库单开制的数量和品种集中，分批送到预定的货位。进口货按入库顺序，出口货按到港顺序及配舱顺序堆码。

（5）办理交接手续，货物入库。货物经仓储管理人员验收无误后，则与货物托运保管人，或货物运送人办理交接手续。发现差错、破损等，必须在送货单上详细注明或出具差错、异状记录，批注时要经双方签证。货物入库手续通常包括登账、立卡和建档三部分。

（6）凭证签发和入库记录统计。凭证签发是货物入库办妥收货业务的签证手续，包括货物到库接收的凭证签发，货物入库后的凭证签发，仓单的签发。对入库货物应按照要求进行详细记录和统计。

3. 货物接运

货物接运分为四种方式，即专用线接运，车站、码头提货，自提入库，库内接货。

续表

2011 排名	2010 排名	港口名称	2010	2011	增长率（%）
7	7	青岛	35 000	37 500	7.14
8	10	大连	31 135.7	33 800	8.56
9	11	唐山	25 062	30 800	22.90
10	8	釜山	26 000	29 357.07	12.91

3．中国港口的发展特点

（1）集装箱码头建设快速发展。据法国 Alphaliner 公司统计，2010 年，受中国各大港口吞吐量猛增刺激，全球集装箱海运量创历史新高，达到 5.6 亿标准箱，同比增长了 14.5%。2010 年，包括香港在内的中国港口吞吐量增长了 17.9%，达 1.69 亿标准箱，使其在全球市场中的份额由 2009 年的 29.3%扩大到 30.1%。2011 年在世界排名前 25 位的集装箱港口中，中国占据 9 席，其中大多数港口的吞吐量增速快于其他地区的港口，如表 3-3 所示。

表 3-3　2010 年和 2011 年全球前二十五大港口集装箱吞吐量　　单位：万吨

2011 排名	2010 排名	港口名称	2010	2011	增长率（%）
1	1	上海	2 905	3 173.9	9.30
2	2	新加坡	2 842.5	2 993.7	5.30
3	3	香港	2 343.2	2 422.4	3.40
4	4	深圳	2 250.97	2 249.9	0.00
5	5	釜山	1 419.4	1 617.5	14.00
6	6	宁波	1 315.12	1 463.93	11.30
7	7	广州	1 252	1 430.8	14.30
8	8	青岛	1 201.17	1 302.04	8.40
9	9	迪拜	1 160	1 200	3.40
10	10	鹿特丹	1 110	1 190	7.20
11	11	天津	1 008	1 149.41	14.90
12	12	高雄	918.12	945.7	3.00
13	13	巴生	887	890	0.30
14	14	安特卫普	848.3	866.4	2.10
15	15	汉堡	790	860	8.90
16	16	洛杉矶	782.5	794.1	1.50
17	17	丹戎帕拉帕斯	648	750	15.70

（1）专用线接运。专用线接运是铁路部门将转运的货物直接运送到仓库内部专用线的一种接运方式。

（2）车站、码头提货。向车站出示“领货凭证”。码头提货，提货人要事先在提货单上签名并加盖公章或附单位提货证明，到港口货运处取回货物运单，即可到指定的库房提取货物。

（3）自提入库。到货主单位提取货物，这是仓库受托运方的委托，直接到货主单位提货的一种形式。

（4）库内接货。这是直接送达仓库的一种供货方式，当货物到达后，保管员或验收员直接与送货人办理接收工作，当面验收并办理交接手续。

4. 货物验收

（1）验收准备。提前确定存放地点、垛形和保管方法；准备堆码苫垫所需材料和装卸搬运机械、设备及人力；准备相应的检验工具；收集和熟悉验收凭证及有关资料。

（2）核对证件。必须认真审核各种相关单证。证件包括存货单位提供的入库通知单、订货合同等；供货方面提供的质量证明书或合格证、装箱单、磅码单、说明书、发货明细表、图纸、化验单，以及由货物托运人填写的运单。

（3）验收。包括数量检验，品种验收与实物核对，包装验收，商品的内在质量和包装的数量验收等。在验收过程中，如果发现品种、规格不符，件数或重量溢短，包装破损、潮霉、污染和其他问题时，要在运单上批注。验收后，填写“货物验收记录”。

5. 货物保管

货物保管通常包括以下方法：

（1）地面平放式。将保管物品直平堆放在地面上。

（2）托盘平放式。将保管物品直接放在托盘上，再将托盘平放于地面。

（3）直接堆放式。将货物在地面上直接码放堆积。

（4）托盘堆码式。将货物直接堆码在托盘上，再将托盘堆码放在地面上。

（5）货架存放式。将货物直接码放在货架上。

6. 货物出库

仓储货物出库业务流程包括审核仓单，核对登账，配、备货，集中搬倒，出库复核并发货，填单销账，现场和档案的清理九个环节，以复核、点交和发货为核心。

（1）审核仓单。仓库接到存货人或仓单持有人出库通知后，必须对仓单进行核对。发放商品必须有正式的出库凭证，保管员接到出库凭证后，应仔细核对。

（2）核对登账。审核仓单的合法性和真实性以后，仓库货物会计要核对货物储存情况，自提货物需结清仓储费用。如果核对无误后，可根据凭证所列各项内容，登入货物保管账，核销储存量，并在出库凭证上批注，收回仓单，签发仓库货物出库单，交仓库保管员查对配货。

（3）配、备货。保管员对仓库会计转来的货物出库凭证复核无误后，按其所列项目内容和凭证上的批注，到货位对货，核实后进行配货。备货是根据规定，按时、按质、按量地准备好应交的货物。

（4）集中搬倒。要把一个货主一次出库货物尽量集中一起，特别是零头货，避免抓药式捡货装车造成错装、漏装。

（5）出库复核并发货。为了保证出库货物不出差错，备货后应立即进行复核。出库的复核形式主要有专职复核、交叉复核和环环复核三种。复核完成后，仓储管理人员按提货单上所记载的有关货物的品种、数量，点交给提货人。

（6）填单销账。货物交点以后，保管员应在出库单上填写实发数、发货日期等项内容，并签名。将出库单及有关证件资料，及时交送货主，以便货主办理费用结算。

（7）现场和档案的清理。现场清理包括库存商品、库房、场地、设备和工具等。档案清理是指一批货物发完后，应根据出入库情况，对收发、保管、溢缺数量和垛位安排等资料整理好，存入商品保管档案，妥善保存，以备日后查用。

4.2.3 特殊商品的仓储管理

对存储有特殊要求的特殊商品，如鲜活农产品、易挥发的油品、易燃易爆危险品等，需要在保管过程中使用专门的设备和采取特殊的措施。本节将分别就冷库、油品及危险品的仓储管理进行讨论。

1. 冷库仓储管理

冷库是以机械制冷的方式，使库内保持一定的温湿度，以储存食品、工业原料、生物制品和药品等对温湿度有特殊要求的商品的仓库。冷库根据控制温度的不同，分为冷藏和冷冻两种方式。冷藏是将温度控制在0～5摄氏度进行保存，在该温度下水分不致冻结，不破坏食品的组织，具有保鲜的作用，但是微生物仍然还有一定的繁殖能力，因而保藏时间较短。冷冻则是将温度控制在0摄氏度以下，使水分充分冻结，微生物停止繁殖，新陈代谢基本停止，从而实现防腐。

（1）冷库的入库管理。货物入库时，要对货物的温度进行测定，查验货物内部状态，进行详细记录，对于霉变货物不接受入库；入库前要对货物预冷，未经预冷冻结货物不得直接进入冷冻库，以免高温货物大量吸冷使得库内温度升高，影响其他货品的存储。

（2）冷库货物的保管。在货物的保管过程中要特别关注库内货物的质量，对含水货物应减少干耗，对于食用品应加强卫生检疫；冷库应设专职的卫生检疫人员，对出入库货物进行检查；在库内做到无污染、无霉菌、无异味、无鼠害、无冰霜。

将货物从冻结间转入冻结货物冷藏间时，货物温度不应高于冷藏间温度 3 摄氏度。要严格控制库内温湿度的变化，如冻结货物冷藏间一昼夜温差不得大于 1 摄氏度，冷却货物冷藏间的温差不超过 5 摄氏度。

对于腐烂的货物、受污染的货物以及其他不符合卫生要求包装的食品，在入库前需经过挑选、除污、整理和包装后再储存。

冷库管理人员还要关注库内工作人员的身体状况及个人卫生状况，定期对员工进行身体检查，对患传染病者应及时调离与冷藏货物发生直接接触的岗位。

（3）冷库的出库管理。货物出库应认真核对，防止错发、错取。对于出库时需要升温处理的货物，应按照作业规程加热升温，不得采用自然升温。

2. 油品仓储管理

油品仓库是专用于接收、存储、发放液体性的原油或成品油的仓库。由于油品具有易燃、易爆、易蒸发、易产生静电等特性，其入库、保管和出库的整个仓储管理过程中，有以下特殊要求。

（1）油品的入库管理。入库时要对油品进行化验和计量，以证明其质量合格、数量相符；油品接卸时要派专人巡视，检查管线，防止跑、漏、溢等情况出现；桶装油卸车时严禁将桶从车上摔下，若需沿滑板滚下时，应避免前后两桶油的相撞；在油品从油桶向油罐倒装时，应防止桶罐间的撞击。

（2）油品的保管。在油品保管期间，对油品接卸、转动时，应按其性质不同分组进行，实行按组专泵专管；在输油完毕后，应使用真空泵（或压缩空气）进行管道清洁。油品储存时，根据牌号和规格分开存放。对储油罐应尽可能保持较高的装满率，以减少氧化和蒸发；在夏季还需采取降温措施。桶装油卧放时，应桶底相对、桶口向上，双行并列，一般堆放两层；立放时，桶口朝上。堆场地面应高出周围地面 0.2 米，便于排水。油品库存应按照“先进先出”原则进行，对于性质不稳定的油品应尽可能缩短储存期。在油品保存期内，要定期对油品进行化验，整装油品半年一次，散装油品三个月一次。

（3）油品的出库管理。油品出库时要严格执行“四不发”原则：油品变质不发，无合格证不发，对经调配加工过的油品无技术证明和使用说明的不发，车罐、船舱或其他容器内不洁净的不发。

3. 危险品仓储管理

由于本身具有的燃烧、爆炸、腐蚀、毒害及放射线等性能，或因摩擦、振动、撞击、曝晒或温湿度等外界因素的影响，危险品在流通中，较易发生燃烧、爆炸或人畜中毒、表皮灼伤，以至危及生命，造成财产损失。由于危险品在性能上的这些特点，使其在仓储管理上有特殊的要求。

（1）危险品的入库管理。必须防止不合格和不符合安全储存的商品混运进库。商品入库要检查其包装、衬垫、封口等，符合安全储存要求，才准运入库。

（2）危险品的保管。为保证危险品的仓储安全，在保管中应做到如下几点：

1）分区存放。易爆、易燃、助燃、毒害、腐蚀、放射等类商品性质各异，互相影响或抵触的，必须分区隔离储存。即使同类商品，虽其性质互不抵触，但也应视其危险性的大小和剧缓程度进行分类存储。

2）合理堆垛。堆垛不易过高，堆垛间应留有一定的间距，货堆与库壁间距要大于 0.7 米。对怕热、怕潮、怕冻的物品应按气候变化及时采取密封、通风、降温或吸潮等措施。

3）定期检查。危险品仓库应该实行定期检查制度，检查间隔不宜超过 5 天，特别是要加强对温湿度的检查和控制。

4）日常管理维护。仓库保管员需保持仓储区域的整洁，特别是对残余化学物品要及时清扫。对于残损、质次、储存过久的货物应及时向有关部门上报处理。

（3）危险品的出库管理。提货车辆和提货人员一般不得进入存货区，由仓库搬运人员将应发商品送到货区外的发货场。柴油车及无安全装置的车辆不得进库区，提货车辆装运抵触性商品的，不得进入库区拼车装运。此外，要保证商品出库时包装完整，重量正确，并标有符合商品品名和危险性质的明显标记。

4.3 保税仓库与保税仓储业务管理

随着国际贸易的不断发展，贸易方式日趋多样化，如来料加工贸易、补偿贸易、转口贸易、期货贸易等，一笔贸易涉及多次进口和出口，若每次都办理税收业务，必然因手续过于烦琐而导致贸易成本加大。为此，多国政府建立了保税制度，在港口等特殊区域设立了保税仓库，对进出口货物实行特殊的海关政策，以促进国际贸易便利化。本节将着重对保税仓库及其保税仓储业务流程进行介绍。

4.3.1 保税仓库的管理

保税仓库与一般仓库最大的不同点是，保税仓库及所存储货物均受海关的监督管理。接下来首先介绍海关对保税仓库作业的限制和要求，在此基础上，介绍保税仓库的管理业务项目。

1. 海关对保税仓库货物监管的主要内容

（1）货物的存放。海关要求保税仓库必须独立设置，专库专用，保税货物不得与非保税货物混放。保税仓库对所存货物应有专人负责管理。海关认为必要时，可会同仓库双方共同加锁。海关可随时派员进入保税仓库检查货物储存情况，查阅有关仓库账册，必要时可派员驻库监管。

（2）货物的加工。规定在保税仓库中不得对所存货物进行加工。如需对货物进行改变包装、加刷唛码等整理工作，应向海关申请核准并在海关监管下进行。

（3）货物的使用。保税仓库所存货物，属于海关监管的保税货物，未经海关核准并按规定办理有关手续任何人不得出售、提取、交付、调换、抵押、转让或移作他用。

（4）货物的提取。公共保税仓库的保税货物，一般不得跨关区提取和转库存取，只能供应本关区内的加工生产企业按规定提取使用。必须跨关区提取的，加工贸易企业应事先向海关办理加工贸易合同登记备案，领取《加工贸易登记手册》，并在该登记手册限定的原材料进口期限内，向主管海关办理分批从保税仓库提取货物的手续。

2. 保税仓库的管理业务项目

（1）货物的存储、装卸、中转、分发、包装、贴标签。

（2）办理货物的各种海关手续。

（3）货物收发和集疏运输手续。

（4）为进口客商选择进口货物的场所和新的交易渠道。例如，货物预存在中国寄售，可随时保证供货；改期货为现货贸易，节省流动资金。

（5）为出口客商提供产品在国际市场展示窗口和新的贸易途径。为待售货物提供安全的存储，提供有效的质量检验证书，及时安排进出货物的发运，代办交接和各种运输。

（6）提供经营管理服务。监督船运状态，提供船运和各种商业信息；准备各种运输文件；定期提供货物跟踪报告，集装箱的存储、拆装、快速发运、清洗、维修及提供各种信息。

（7）进行机械零部件组装、货物修复、整型、分改包装。

4.3.2 保税仓库货物进出业务流程

保税仓库作业过程中，未经海关批准，货物不得入库和出库，因为保税仓库的经营者既要向货主负责，又要向海关负责。本节对保税仓库货物进出业务流程的介绍，主要侧重于保税仓库与一般仓库作业的不同点。

1. 货物入库

（1）申报。进口货物在保税仓库所在地进境时，由货物所有人或其代理人向入境所在地海关申报，填写“进口货物报关单”，在报关单上加盖“保税仓库货物”戳记并注明“存入某某保税仓库”，经入境地海关审查验放后，货物所有人或其代理人应将有关货物存入保税仓库。

（2）保税货物入库。货主或其代理人持有经海关查验批准的进口货物报关单（加盖“保税货物放行”印章）一式三份，作为入库凭证。保税仓库经理人对入库货物验收后，要在报关单上签收，一份送原批准海关存查，一份仓库留存作为入库凭证，一份货主留存作为存货凭证。

（3）异地进货。进口货物在保税仓库所在地以外其他口岸入境时，货物所有人或其代理人按《海关进口货物转关运输管理规定》办理转关运输手续。进口货物监管运至保税仓库所在地，货物所有人或其代理人应按“本地进货”手续向主管海关办理申报及入库手续。

2. 入库验收

（1）认真审核报关单所列项目是否齐全，有无涂改，印鉴是否正确。随车、船运单、磅码单，发票所列品名、规格、数量、包装等，与报关单是否一致。

（2）根据报关单所列品名、规格、数量、包装等，与入库货物核对，做到数量验收、品种验收、包装验收。

（3）对性能不稳定、容易发生问题或容易霉变的货物，雨、雪天气入库的货物，汽车长途运来的货物，从别库转来的货物和退关货物，要严格验收。

（4）保税货物入库卸车或在专用码头卸船时，收货人员要到现场监卸。品种多、规格杂的货物，要分品种、分规格分别堆放，以便点数验收。

（5）保税货物入库时，货到而报关单未到的，不能验收入库存放。保税货物验收入库后，要及时安排货位存放，同时填写储存凭证，记账、登卡。

3. 在库保管

（1）按照海关的要求对保税仓库所存的货物设置专人负责保管和养护。未经海关监管人员同意，任何人不得进入库内看货取样。不得擅自在保税仓库内对货物进行加工。

（2）入库货物验收以后，仓库要根据货物的性能、特点和保管要求分类堆码，做好保管养护工作，确保保税货物的安全储存。

（3）仓间存货面积合理规划，干道、支道要划线，设立明显的垛位标志，并按顺序编号。货物码垛要科学、标准，符合安全第一、进出方便、节约仓容的原则。

（4）定期检查和盘点。一般季节每月检查一两次，梅雨季节经常检查，容易霉变、虫蛀、锈蚀的货物要定期检查。定期盘点库存货物，核对账、货、卡并按照海关的规定，于每月的前五天内将上月库存货物的收、付、存等情况列表报送海关核查。

4. 货物出库

进口货物存入保税仓库后，其出库的流向较为复杂，一般可分为储存后原物复出口、加工贸易提取使用、国内销售使用三种情况。

（1）原物复出口。存入保税仓库的货物在一定期限内复运出境时，货物所有人或其代理人应向保税仓库所在地主管海关申报，填写出口货物报关单，并提交货物进口时的经海关签章确认的进口报关单。复出境手续办理后，海关在一份出口报关单上加盖印章退还货物所有人或其代理人，作为保税仓库货物核销依据。

（2）加工贸易提取使用。从保税仓库提取货物用于进料加工、来料加工项目加工生产成品复出口时，经营加工贸易的单位按进料加工或来料加工的程序办理。

（3）国内销售使用。存入保税仓库的货物需转为进入国内市场销售时，货物所有人或其代理人应事先报主管海关核准并办理正式进口手续。海关在进口货物报关单上加盖放行章。其中一份用以向保税仓库提取货物，另一份由保税仓库留存，作为保税仓库货物的核销依据。

应该注意的是，公共保税仓库储存的保税货物，一般不得跨关区提取和转库存取，只能供应本关区加工生产企业按规定提取使用。

5. 出库复核

（1）保税货物出库。货主或其代理人必须持有经海关正式签盖放行印章的出库单证和核销报关单，仓库才能办理出库手续。

（2）货主或其代理人提取来料加工、进料加工、来件组装的备料、备件。必须持有经海关签盖放行印章的“保税仓库领料核准单”，仓库才能办理提货手续。

（3）保税货物复运出口的，货主或其代理人必须持有经海关签章放行印章的“出口货物报关单”，仓库才能办理发运手续。报关单由货主或其代理人填写，一式四份，一份海关留存，一份送到仓库作为发货凭证，一份随货带交出境地海关凭以放行货物出境，一份货主留存。保税货物进入国内市场销售的，货主或其代理人要申请进口货物许可证件，并向海关报关纳税。仓库根据海关签印放行的报关单办理发货手续。

（4）保税货物出库。要认真搞好备货和复核工作防止差错事故，并填制出库凭证，严禁口头提货、电话提货和白条提货。

（5）保税货物出库以后，仓库应在当天根据出库凭证销卡、销账，并将结余数量与账、卡数量核对，做到账、货、卡三相符。

6. 保税仓库货物的核销

保税仓库货物应按月报送主管海关办理核销。经营单位于每月的前五天将上月所发生的保税仓库的入库、出库、结存等情况列表报送主管海关。

7．事故处理

（1）保税仓库储存货物发生损毁或灭失的，保税仓库经理人要及时向货主和海关报告。除由于不可抗力的原因造成的以外，其损毁或灭失的部分应当由保税仓库负责向货主赔偿、向海关交纳税款，并承担相应的法律责任。赔偿货物的损失按《仓储保管合同实施细则》的规定办理。

（2）凡是由于仓库不认真贯彻执行规章制度、违反海关规定、工作不负责任、擅离职守而造成的差错事故，仓库要承担责任，由海关按有关规定处理。

本章小结

在国际物流运作过程中，货物要经过运输、仓储、报关和检验等众多环节，需要进行多次搬运装卸，为了保证货物质量安全，必须对货物进行必要的包装。因而，在国际贸易中，包装是货物说明的重要组成部分，包装条件是交货的重要条件之一。在国际物流中，合理的包装具有四项功能，一是保护货物免受损伤；二是便于物流运作过程中的搬运；三是优美的包装能够促进销售；四是准确地反映一个企业的内在价值和整体形象。

包装标志是指在运输、仓储、装卸过程中，为了方便相关操作人员识别，而在货物外包装上刷制的一系列标志。包装标志主要包括运输标志、指示性标志和警告性标志三种。国际物流合同中的包装条款主要包括包装材料、包装方式、包装费用和运输标志四项内容，其中前两项是包装条款中的首要内容。

国际货物仓储业务承担着进出口货物保管储存的任务，是国际物流流程中的重要环节，其管理水平的高低直接影响着国际物流业务运作的效率。一般而言，仓储具有以下几种作用：一是保证进入国际市场商品的质量；二是延伸生产的加工业务；三是减少国际物流中的货损、货差。国际物流中的仓储业务主要包括入库验收、在库保管和出库复核三个阶段。在国际物流过程中，对仓储业务的管理，就是对三个阶段的流程操作、作业要求、注意细节和其他管理要求进行明确的指导和规范。

保税仓库是经海关批准专门用于存放保税货物及其他未办结海关手续货物的仓库。主要存放的货物种类包括缓办纳税手续的进口货物、需做进口技术处置的货物、来料加工后得出的货物、不内销而过境转口的货物等。按照经营方式的不同，保税仓库可以分为专用保税仓库、公共保税仓库和海关监管仓库三种。保税仓库与一般仓库最大的不同点是，保税仓库及所存储货物均受海关的监督管理。

案 例

保税仓储业典型案例

1．定位于国际物流的保税仓储——上海外高桥保税物流园区

上海外高桥保税物流园区经国务院批准，于2004年4月15日由国家海关总署等八部委联合验收，正式封关运作，成为全国首家“区港联动”项目的保税物流园区。区始终坚持以港口经济为导向、国际贸易为主体、现代物流为基础，充分发挥上海经济中心城市的龙头优势、国际港航的产业优势和保税物流的功能优势。2009年园区实现进出区货值510亿美元，海关税收65.49亿元人民币，工商税收1亿元，在全国各保税物流园区中继续名列首位。

园区保税仓储主要开展国际物流平台的建设，为企业营建跨国采购、分销和分拨中心，培育全球国际物流的枢纽中心。经过几年的建设，园区已初步形成了国际采购配送中心的雏形，引进了日本最大的全球百元连锁超市大创产业（DIASO）、酒业巨头三得利（SUNTORY）配送中心、美国工业零件ACE配送中心、日本汽车巨头尼桑（NISSON）零部件分拨中心等一批20余家国际物流企业。这些产业的集聚为物流园区国际物流的发展、监管体系的完善创造了条件。

园区也致力于发展期货型保税仓储，加快与制造业联动和有色金属产业的融合发展。目前园区LME项目的引进可以发挥海关特殊监管区域政策功能的优势，开展期货保税交割业务，带动仓单流通、银行结算、质押保险、保证金业务等金融服务的产品开发和升级，引进一大批国际金融中介机构、保险机构、结算机构、专业银行，在上海金融中心建设中起到先行先试的示范作用。

2．定位于港航物流的保税仓储——天津东疆保税港

天津东疆保税港于2006年8月31日经国务院批准设立，港区面积10平方公里，包括东疆港区规划的物流加工区和码头作业区的一部分。其中，保税港区一期已于2007年12月11日正式封关运作；2012年10月27日，天津东疆保税港区举行保税港区（二期）开关仪式，组织对天津东疆保税港区10平方公里实施封闭监管、开关运作，这标志着天津东疆正式成为我国开关运作面积最大的保税港区。2009年，东疆保税港区全年实现营业收入17亿元，海关税收收入达到1.46亿元，进出区货值15.28亿美元，集装箱吞吐量达到120.30万标准箱，累计注册企业238家，其中外资企业28家，合同外资金额2.83亿美元。

作为比较成熟的东北大港，天津自成立滨海新区到东疆保税港封关运作以来，着力推进聚集航运、物流要素资源，建设便捷、高效的口岸监管模式，竭力打造便捷高效的

口岸服务体系和通关环境。目前，海关、检验检疫、海事、边防、外汇、税务等部门已派驻机构，天津港、船代、货代、银行等企业也已入驻服务大厅，“一窗式”口岸通关服务正在规划推进中。该港保税仓储的实际运用主要在于形成以口岸物流为主导、加工贸易为辅助的国际物流服务节点，利用临港优势，进行现代化的进出口货物加工、配送、采购、换装、分拨等业务。

3．定位于城市物流的保税仓储——苏州工业园综合保税区

苏州工业园区综合保税区于2006年12月17日经国务院批准设立，是全国首家综合保税区，规划面积达5.28平方公里。2007年8月28日，该综合保税区通过了海关总署、国家发改委等国家九部委联合验收。2009年，累计进出口货值513亿美元，进出货运量207万吨，海关征收税27亿元。区内注册企业已达166家，累计外资投资总额达27.5亿美元。

苏州工业园综合保税区的保税仓储发展定位为：以虚拟口岸为依托，建立保税物流、加工、国际贸易等功能，配套服务完善的综合保税区，最终形成具有国际先进水平的商贸物流运营中心示范区。依托综合保税区的政策优势和海关便捷优质的通关服务，韩国三星、英国捷豹-路虎、美国快捷半导体等多家知名跨国公司，先后在其保税仓储内设立亚太地区的物流分拨配送中心，主要是推动对应长江上下游产业链的原材料和产品配送时间。其成立的“苏州工业园区物流配送交易中心”，解决了生产企业、商贸企业与物流企业信息不对称问题。

复习思考题

1. 包装有哪些功能？
2. 包装的标志有哪些？
3. 国际物流中仓储有哪些作业流程？
4. 简述外贸仓库的分类方法。
5. 保税仓库有哪些特点？

第 5 章

国际物流的检验、检疫与通关

本章学习目标

- ◇ 掌握进出口检验检疫的含义和作用；
- ◇ 了解我国与国外进出口检验检疫的机构；
- ◇ 掌握我国进出口商品检验检疫的内容；
- ◇ 掌握进出口商品和货物检验检疫的一般流程；
- ◇ 掌握通关及其时间和空间范围；
- ◇ 掌握一般进出口货物和特殊进出口货物通关的基本流程；
- ◇ 了解无纸化通关和电子口岸。

5.1 国际物流的检验与检疫

商品的检验检疫是国际物流中重要的一个环节。国际物流是跨越国家的交易，一般周期长、风险高。为避免不必要的争议，一般在货物出境前，需要由权威机构对卖方交付的货物进行检验和检疫，并出具检验检疫证书。

进出口商品检验检疫是指在国际贸易活动中对买卖双方成交的商品由商品检验检疫机构对商品的质量、数量、重量、包装、安全、卫生以及装运条件等进行检验并对涉及人、动物、植物的传染病、病虫害、疫情等进行检疫的工作。

进出口商品检验检疫不仅是国际贸易中的重要环节，也是一个国家为保障国家安全、维护国民健康、保护动植物和环境而采取的技术法规和行政措施。除双方另有约定外，对商品进行检验是买方的一项基本权利。尽管如此，为明确起见，双方仍需在合同中做出具体的规定，但是，买方对货物检验并不是接受货物的前提条件，如果买方没有利用合理的机会对货物进行检验，就是放弃了检验权，因此也就丧失了拒收货物的权利。

5.1.1 进出口商品检验检疫的作用

出入境商品检验检疫后，相关机构要出具证书和证明，一般称为商检证书或检验证书。检验检疫工作的作用具体表现在检验检疫证书上，主要有以下几个方面：

（1）作为报关验放的有效证件。许多国家的政府为了维护本国的政治经济利益，对某些进出口商品的品质、数量、包装、卫生、安全、检疫制定了严格的法律法规，在有关货物进出口时，必须由当事人提交检验机构符合规定的检验证书和有关证明手续，海关当局才准予进出口。

（2）交易结算依据。检验部门出具的品质证书、重量或数量证书是买卖双方最终结算货款的重要依据，交易双方凭检验证书中确定的货物等级、规格、重量、数量计算货款。托运人和承运人也按检验所确定的货物重量或体积（尺码吨）计算运输、仓储等费用，港口仓储运输部门也依此计算栈租、装卸、理货等费用。

（3）索赔依据。检验后签发的有关品质、数量、重量、残损的证书是收货人向各有关责任人提出索赔的重要依据。

（4）计算关税的依据。检验检疫机构出具的重量、数量证书是海关核查征收进出口货物关税时的重要依据之一。例如，凭残损证书向海关申请退税。

（5）仲裁、诉讼举证的有效文件。检验检疫机构应申请人申请委托，检验鉴定并出具的各种证明，表明货物在装运和流通过程中的某些环节的状态，作为事实证明，明确有关方面的责任。当发生争议和纠纷而又无法协商解决时，须交仲裁或进行司法诉讼，商检证书则是向仲裁庭或法院举证的有效文件。

5.1.2 我国进出口商品检验检疫的主要内容

按规定，凡列入“商检机构实施检验的进出口商品种类表”的进出口商品和其他法律、法规规定须经检验的进出口商品，必须经过出入境检验检疫部门或其指定的检验机构检验。法律法规规定须经检验检疫机构检验的进口商品的收货人，必须向卸货口岸或到达站的检验检疫机构办理进口商品登记；法律法规规定须经检验检疫机构检验的出口商品的发货人，应在规定地点和期限向检验检验机构报验。规定进口商品应检验未检验的，不准销售、使用；出口商品未经检验合格的，不准出口。进出口商品检验包括品质检验、安全卫生、数量鉴定、重量鉴定等。

1．进口商品安全质量许可

我国对涉及安全、卫生和环保要求的重要进口商品实施进口商品安全质量许可制度并公布“实施进口商品安全质量许可制度目录”。列入目录的商品须获得国家出入境检验检疫局签发的进口商品安全质量许可证书并被批准在商品上使用“安全标志”后，方能进入中国。检验检疫部门现已实施安全质量许可制度的进口商品共47类191种。

2．进口废物原料装运前检验

对国家允许作为原料进口的废物，实施装运前检验制度，防止境外有害废物向我国转运。收货人与发货人签订的废物原料进口贸易合同中，必须订明所进口的废物原料须符合中国环境保护控制标准的要求，并约定由出入境检验检疫机构或国家局认可的检验机构实施装运前检验，检验合格后方可装运。列入此制度目录内的商品有废纸、废金属、废塑料、废木制品、废纺织品五类。

3．出口商品质量许可

国家对重要出口商品实行质量许可制度。出入境检验检疫部门单独或会同有关主管部门共同负责发放出口商品质量许可证的工作，未获得质量许可证书的商品不准出口。检验检疫部门已对机械、电子、轻工、机电、玩具、医疗器械、煤炭等76类商品实施出口产品质量许可制度。国内生产企业或其代理人均可向当地出入境检验检疫机构申请质量许可证书。

4．动植物检疫

检验检疫部门依法实施动植物检疫的有：进境、出境、过境的动植物、动植物产品和其他检疫物；装载动植物、动植物产品和其他检疫物的容器、包装物、铺垫材料；来自疫区的运输工具；进境拆解的废旧船舶；有关法律、行政法规、国际条约规定或者贸易合同约定应当实施检疫的其他货物、物品。

5．食品卫生监督检验

进口食品（包括饮料、酒类、糖类）、食品添加剂、食品容器、包装材料、食品用工具及设备必须符合我国有关法律法规规定。申请人须向检验检疫机构申报并接受卫生监督检验。检验检疫机构对进口食品按食品危险性等级分类进行管理。依照国家卫生标准进行监督检验，检验合格的方准进口。

一切出口食品（包括各种供人食用、饮用的成品和原料以及按照传统习惯加入药物的食品）必须经过检验，未经检验或检验不合格的不准出口。凡在中国境内从事出口食品加工、禽畜屠宰及储存的企业都必须首先取得所在地卫生行政部门颁发的卫生许可证，然后向检验检疫机构申请注册、登记。经检验检疫机构审查合格的，分别核发注册证书或登记证。未取得注册证书或登记证的，一律不得加工、生产或储存出口食品；对需要向国外申请注册、认可的，须取得有关进口国批准或认可的，也不得向该国出口食品。

6．出口商品运输包装检验

对列入“商检机构实施检验的进出口商品种类表”和其他法律法规规定必须经检验检疫机构检验的出口商品的运输包装，必须申请检验检疫机构或检验检疫机构指定的检验机构进行性能检验。未经检验或检验不合格的，不准用于盛装出口商品。对出口危险货物包装容器，生产单位须向检验检疫机构登记，申请办理出口质量许可证。危险货物包装容器须经检验检疫机构进行性能鉴定和使用鉴定后，方能生产和使用。

7．卫生检疫与处理

出入境检验检疫部门统一负责对出入境的人员、交通工具、集装箱、行李、货物、邮包等实施医学检查和卫生检查。入境的交通工具和人员，须在最先到达的国境口岸接受检疫；出境的，须在最后离开的国境口岸接受检疫。检验检疫机构对未染有检疫传染病或者已实施卫生处理的交通工具，签发入境或出境检疫证。

检验检疫机构负责对国境口岸和停留在国境口岸的出入境交通工具的卫生状况实施卫生监督。

8．其他项目

此外，国家检验检疫机构还可进行以下活动：外商投资财产鉴定；货物装载和残损鉴定；实验室认可；一般原产地证与普惠制产地证签证管理；质量体系认证认可；与外国和国际组织开展合作；涉外检验检疫、鉴定、认证机构审核认可和监督。

5.1.3 进出口商品检验检疫的主要机构

1．我国进出口商品检验检疫机构

我国进出口商品检验检疫机构主要有国家出入境检验检疫局、国家技术监督局、药品检验机构、船舶检验局和香港特别行政区的商品检验机构。

（1）国家出入境检验检疫局。它是我国主管出入境卫生检验、出入境动植物检疫和进出口商品检验的行政执法机构，由海关总署领导。其主要职责是：拟定有关出入境卫生检疫、动植物检疫及进出口商品检验的法律、法规和政策规定，督促检查出入境检验检疫机构贯彻执行；组织实施出入境检验检疫、鉴定和监督管理；组织实施出入境卫生检疫、传染病监测和卫生监督；组织实施出入境动植物的检疫和进出口食品卫生、质量的检验、监督和管理工作；组织实施进出口商品法定检验；组织对进出口食品及其生产单位的卫生注册登记和对外注册管理；管理出入境检验检疫标志、进口安全质量许可、出口质量许可并负责监督检查；管理和组织实施与进出口有关的质量认证认可工作；负责涉外检验检疫和鉴定机构（含中外合资、合作的检验、鉴定机构）的审核认可并依法进行监督负责商品普惠制原产地证和一般原产地证的签证管理；负责管理出入境检验检疫业务的统计工作和国外疫情的收集、分析、整理，提供信息指导和咨询服务；拟定出入境检验检疫科技发展规划；组织有关科研和技术引进工作；收集和提供检验检疫技术情报；垂直管理出入境检验检疫机构等。

（2）国家技术监督局的计量器具检定部门负责进出口计量器具的量值检定；药品检验机构由卫生部归口管理。按照国家《药政管理条例》和卫生部发布的《进口药品管理办法》的规定，凡进出口药品（包括原料药、制剂和药材），一律列为法定检验，由各地药检机构实施检验。船舶检验局是国家船舶技术监督机构，成立于1956年，总部设在北京，负责对船舶执行法定的监督检验，同时办理船级业务。其主要任务是制定船舶检验的规章制度和船舶规范；在全国主要港口执行监督检验；对船舶、海上设施及其材料、机械设备实施监督检验和试验，保障海上船舶、设施和人身的安全以及海洋环境不受污染；根据我国参加的有关国际公约，代表政府签发公约要求的船舶证书；办理船舶入级业务；担任公证检验。

（3）香港特别行政区的商品检验机构。香港特别行政区政府指定的检验机构是标准及检定中心。该中心按政府颁布的商品目录，对进口商品实施强制性检验。目录所列商品，未经检验及检定中心检验合格的，一律不得销售和使用。另外，香港是自由港，对出口商品不实施强制性检验。对商品检验管理的方式，主要有强制性检验、自愿申请标志检验、国际认证检验、委托检验和消费选择指导性检验等。除指定的检验机构外，香港还有私人公证行（如天祥公证行）和外国检验机构（如SGS）。

2．国外独立检验检疫机构

除了政府设立的官方商品检验机构外，许多国家还有由商会、协会、同业公众或私人设立的半官方或民间商品检验机构。由于民间商品检验检疫机构承担的民事责任有别于官方商品检验机构承担的行政责任，所以在国际贸易中更容易被买卖双方接受。民间商品检验机构根据委托人的要求，以自己的技术、信誉及对国际贸易业务的熟悉，为买卖双方当事人提供灵活、公正的检验检疫鉴定服务，受到买卖双方当事人的共同信任。比较著名的独立检验检疫机构包括：进行各种物理、化学和冶金分析的瑞士通用公证行（SGS）；总部设在伦敦的国际性的商品检验组织英之杰检验集团（ITS）；总部设在东京为社会公共利益服务的日本海事检定协会（NKKK），为财团的经济利益服务的新日本检定协会（SK），从事工业品、化肥、化学品、医药品、矿产品和农作物土特产品检验的日本海外货物检查株式会社（OMSIC）；世界上最大的电器产品检验测试和鉴定机构美国安全试验所（UL）；总部设在费城的美国材料与试验学会（ASTM）；加拿大标准协会（CSA）；总部设在伦敦的国际羊毛局（IWS）等。

5.2 进出口商品检验检疫流程

5.2.1 入境报检

1. 入境报检的分类

（1）入境一般报检。入境一般报检是指法定检验检疫入境货物的货主或者其代理人持有关单证向报关地检验检疫机构申请对入境货物进行检验检疫以获得入境通关放行凭证，并取得入境货物销售、使用合法凭证的报检。对入境一般报检业务而言，对货物实施检验检疫和签发“入境货物通关单”后，凭以向报关地海关报关。

（2）入境流向报检。入境流向报检，又称口岸清关转异地进行检验检疫的报检，是指法定入境检验检疫货物的收货人或其代理人持有关单证在卸货口岸向口岸检验检疫机构报检，获取“入境货物通关单”并通关后，由入境口岸检验检疫机构进行必要的检疫处理，货物调往目的地后再由目的地检验检疫机构进行检验检疫监管。申请入境流向报检货物的通关地与目的地属于不同辖区。

（3）异地施检报检。异地施检报检是指已在口岸完成入境流向报检，货物到达目的地后，该批进境货物的货主或其代理在规定的时间内（海关放行 20 日内）向目的地检验检疫机构申请进行检验检疫的报检。

异地施检报检是入境流向报检货物到达目的地后，入境货物的货主或者代理人对同一批货物向目的地检验检疫机构的二次申报，主要目的是申请检验检疫，以获得合法的销售使用凭证。因为入境流向报检只在口岸对装运货物的运输工具和外包装进行了必要的检疫处理，并未对整批货物进行检验检疫，只有当地检验检疫机构对货物实施了具体的检验检疫，确认其符合有关检验检疫要求及合同、信用凭证的规定，货主才能获得相应的准许进口货物销售、使用的合法凭证，完成入境货物的检验检疫工作。

异地施检报检时应提供口岸检验检疫机构签发的“入境货物调离通知单”，即“入境货物通关单”（4 联）中的第三联流向联。2006 年，“口岸内地联合执法系统”开通以后流向管理主要以该系统为主，以纸质流向单为辅。

2. 入境报检的时限和地点

（1）报检时限。输入微生物、人体组织、生物制品、血液以及制品或种畜、禽及其精液、胚胎、受精卵的，应当在入境前 30 天报检；输入其他动物的，应在入境前 15 天报检；输入植物、种子、种苗及其他繁殖材料的，应在入境前 7 天报检；入境货物需对外索赔出证的，应在索赔有效期前不少于20天内向到货口岸或货物到达地的检验检疫机构报检；除上述列明的入境货物报检时限外，法律、行政法规及其部门规章另有特例规定的从其规定。

（2）报检地点。审批、许可证等有关政府文件中已经规定检验检疫地点的，在规定的地点报检，大宗散装商品，易腐烂变质的商品，可用做原料的固体废物，卸货时已发现残损、数量短缺的商品必须在卸货口岸检验检疫机构报检；需结合安装调试进行检验的成套设备、机电仪产品以及在口岸拆开包装后难以恢复包装的货物应在收货人所在地的检验检疫机构报检并检验；输入动植物、动植物产品和其他检疫物的，应向入境口岸检验检疫机构报检，并由口岸检验检疫机构实施检验检疫。

入境后需办理转关手续的检疫物，除活动物和来自动植物疫情流行国家或地区的检疫物须在入境口岸报检和实施检疫外，其他的均应到指运地检验检疫机构报检，并实施检疫。过境的动植物、动植物产品和其他检疫物在入境口岸报检，出境口岸不再报检；其他入境货物应在入境前或入境时向报关地检验检疫机构办理报检手续。

3. 入境货物报检应提供的单据

（1）入境货物报检单及随附单据。入境报检时，应填写“入境货物报检单”，并提供外贸合同、发票、提（运）单、装箱单等有关单证。

（2）其他相关特殊凭证。

1）凡实施安全质量许可、卫生注册或其他需审批审核的货物，应提供有关证明。

2）申请品质检验的，还应提供国外品质证书或质量保证书、产品使用说明书及有关标准和技术资料。

3）凭样成交的，须附成交样品。

4）以品级或公量计价结算的，应同时申请重量鉴定。

5）入境废物还应提供国家环保部门签发的“进口废物批准证书”和经认可的检验检疫机构签发的装运前检验合格证书等。

6）申请残损鉴定的，还应提供理货残损单、铁路商务记录、空运事故记录或海事报告等证明货损情况的有关单证。

7）申请数（重）量鉴定的，还应提供数（重）量明细单、磅码单、理货清单等。

8）货物经收、用货部门验收或者其他单位检验的，应随附验收报告或检验结果以及数（重）量明细单等。

9）入境动植物及其产品还必须提供出产地证、输出国家或地区官方的检疫证书。

10）需办理入境检疫审批的，还应提供入境动植物检疫许可证。

11）过境动植物及其产品应提供货运单和输出国家或地区官方出具的检疫证书。

12）运输动物过境的，还应提交国家质检总局签发的动植物过境许可证。

13）入境旅客、交通员工携带伴侣动物的，应提供入境动物检疫证书及预防接种证明。

14）因科研等特殊需要输入禁止入境物的，需提供国家质检总局签发的特许审批证明。

15）入境特殊物品的，应提供有关的批件或者规定文件。

16）开展检验检疫工作要求提供的其他特殊单证。

5.2.2 出境报检

1. 出境报检的分类

（1）出境一般报检。出境一般报检是指已具备出口条件的法定检验检疫出境货物的货主或其代理人，持有关单证向产地检验检疫机构申请检验检疫以取得出境放行证明及其他单证的报检。对于出境一般报检的货物，检验检疫合格后，在当地海关报关的，由产地检验检疫机构签发“出境货物通关单”，货主或其代理人凭此向海关报关。在异地海关报关的，由产地检验检疫机构签发“出境货物换证凭单”或“换证凭条”，货主或其代理人凭此向报关地检验检疫机构申请换发“出境货物通关单”。

对经检验检疫合格的符合出口直通放行条件的货物，产地检验检疫机构直接签发“出境货物通关单”，货主或其代理人凭此向报关地海关办理通关手续，无须再凭产地检验检疫机构签发的“出境货物换证凭单”或“换证凭条”到报关地检验检疫机构换发“出境货物通关单”。

（2）出境换证报检。出境换证报检是指经产地检验检疫机构检验检疫合格的法定检验检疫出境货物的货主或其代理人，持产地检验检疫机构签发的“出境货物换证凭单”向报关地检验检疫机构申请换发“出境货物通关单”的报检。报关地检验检疫机构按照国家质检总局规定的抽查比例进行查验。

（3）出境预检报检。出境预检报检是指货主或其代理人持有关单证向产地检验检疫机构申请对暂时还不能出口的货物预先实施检验检疫的报检。预检报检的货物经检验检疫合格的，检验检疫机构签发标明“预检”字样的“出境货物换证凭单”，正式出口时，货主或其代理人可在检验检疫有效期内持此单向检验检疫机构申请办理换证放行手续。申请预检报检的货物须是经常出口的、非易腐烂变质、非易燃易爆的商品。

2. 出境报检的时限和地点

（1）报检时限。出境货物最迟应在出口报关或装运前 7 天报检，对于个别检验检疫周期较长的货物，应留出相应的检验检疫时间；需隔离检验的出境动物应在出境前 60 天预报，隔离前 7 天报检；出境观赏动物应在动物出境前 30 天到出境口岸检验检疫机构报检；除上述列明的出境货物报检时限外，法律、行政法规及部门法规另有特别规定的从其规定。

（2）报检地点。法定检验检疫货物，除活动物需由口岸检验检疫机构检验检疫外，原则上应实施产地检验检疫，在产地检验检疫机构报检；法律法规允许在市场采购的货物向采购地的检验检疫机构办理报检手续；异地报关的货物在报关地检验检疫机构办理换证报检，实施出口直接放行制度的货物除外。

3．出境货物报检应提供的单据

（1）出境货物报检单及随附单证。出境货物报检时，应填写“出境货物报检单”，并提供外贸合同（销售确认书或函电）、信用证、发票、装箱单等有关单证。

（2）其他相关特殊凭证。

1）凡实施安全质量许可、卫生注册或需经审批审核的货物应提供有关证明。

2）生产者或经营者检验的结果单和数（重）量明细单或磅码单。

3）凭样成交的，应提供经买卖双方确认的样品。

4）出境危险货物必须提供“出境货物运输包装性能检验结果单”和“出境货物运输包装使用鉴定结果单”。

5）有运输包装、与食品直接接触的食品包装，还应提供检验检疫机构签发的“出入境货物运输包装性能检验结果单”。

6）出境特殊品的，根据法律法规规定应提供有关的审批文件。

7）预检报检的，应提供生产企业与出口企业签订的贸易合同，尚无合同的，需在报检单上注明检验检疫的项目和要求。

8）预检报检货物换证放行时，应提供检验检疫机构签发的标明“预检”字样的“出境货物换证凭单”。

9）一般报检出境货物在报关地检验检疫机构办理换证报检时，应提供出产地检验检疫机构签发的标明“一般报检”的“出境货物换证凭单”或“换证凭条”。

10）开展检验检疫工作要求提供的其他特殊单证。

5.3 进出口货物通关

5.3.1 海关监管

海关监管是指海关运用国家赋予的权力，通过一系列管理制度与管理程式，依法对进出境运输工具、货物、物品的进出境活动所实施的一种行政管理。海关监管是一项国家职能，其目的在于保证一切进出境活动符合国家政策和法律的规范，维护国家主权和利益。海关监管不是海关监督管理的简称，而海关监督管理则是海关全部行政执法活动的统称。

根据监管物件的不同，海关监管分为运输工具监管、货物监管和物品监管三大体系，每个体系都有一整套规范的管理程式与方法。监管是海关最基本的任务，海关的其他任务都是在监管工作的基础上进行的。除了通过备案、审单、查验、放行、后续管理等方式对进出境运输工具、货物、物品的进出境活动实施监管外，海关监管还要执行或监督执行国家其他对外贸易管理制度的实施，如进出口许可制度、外汇管理制度、进出口商品检验检疫制度、文物管理制度等，从而在政治、经济、文化道德、公众健康等方面维护国家利益。

5.3.2 通关的定义和主体

1．通关的定义

海关通关制度是主权国家维护本国政治、经济、文化利益对进出口货物和物品在进出口岸进行监督管理的基本制度。所谓通关，就是指出入境运输工具的负责人、收货人、发货人、代理人及货物的所有人向海关申请办理进出口货物的进出口手续，海关对其呈交的单证和申请进口的货物依法进行审核、查验、征税、批准进口或者出口的全过程。

2．通关的主体

在通关中参与申报的报关企业和报关人必须是经海关审核批准注册的专业报关企业、代理报关和自理报关企业及其报关人员。海关在接受申报时，首先要审核报关单位及其报关资格是否合法有效。报关单位及其报关员的报关资格应符合以下几个方面的要求：

（1）进出口货物的收发货人是有权经营进出口业务的企业。

（2）有权经营进出口业务的收发货人（自理报关企业）已经向海关办理了相关的注册登记手续。

（3）专门或代理从事办理报关手续的专业报关企业、代理报关企业已向海关办理了报关注册登记手续。委托人还应是有权经营进出口业务的企事业单位。

（4）报关员是经报关单位指定的、经海关培训考核认可的有关人员。

5.3.3 通关的时间和地点范围

1．申报的时间与期限

报关期限是指货物运到口岸后，法律规定收发货人或其代理人向海关报关的时间限制。

（1）进口货物的申报时间与期限。根据《海关法》规定，进口货物的报关期限为自运输工具申报进境之日起 14 日内。进口货物的收货人或其代理人超过 14 天期限未向海关申报的，由海关征收滞报金。滞报金的日征收金额为进口货物到岸价格的 0.5‰。进口货物滞报金期限的起算日期为运输工具申报进境之日起第 15 日；邮运的滞报金起收日期为收件人接到邮局通知之日起第 15 日。转关运输滞报金起收日期有两个：一是运输工具申报进境之日起第 15 日，二是货物运抵指运地之日起第 15 日。两个条件只要达到一个，即征收滞报金。如果两个条件均达到则要征收两次滞报金。

规定进口货物的报关期限和征收滞报金是为了运用行政手段和经济手段，促使进口货物人或其代理人及时报关，从而加速口岸货运，减少积压，使货物早日投入生产和使用。进口货物的收货人，为能尽快收到货物，并且在海关规定期限内办理报关手续，应该要求国外厂商及时把货运单据寄来，在货物及有关单证上正确标明货物的全部标记唛码。

（2）出口货物的申报时间与期限。根据《海关法》规定，出口货物的发货人除海关特准外，应当在装货的 24 小时以前向海关申报。规定出口货物的报关期限主要是为了留给海关一定的时间，办理正常的查验和征税等手续，以维护口岸的正常货运秩序。除了需紧急发运的鲜活、维修和赶船期货物等特殊情况之外，在装货的 24 小时以内申报的货物一般暂缓受理。

2．申报的地点

根据规定，进口货物应当由收货人在货物的进境地海关办理海关手续；出口货物在出境时，一般在出口货物运到码头、车站、机场、邮局等仓库、场地后，在海关规定的 24 小时以前向海关申报。根据规定，出口货物应由发货人在货物的出境地海关申报。

根据现行海关法规的规定，进出口货物的报关地点，应遵循以下三个原则：

（1）进出境地原则。在一般正常情况下，进口货物应当由收货人或其代理人在货物的进境地向海关申报，并办理有关进口海关手续；出口货物应当由发货人或其代理人在货物的出境地向海关申报，并办理有关出口海关手续。

（2）转关运输原则。由于进出口货物的批量、性质、内在包装或其他一些原因，经收发货人或其代理人申请，海关同意，进口货物也可以在设有海关的指运地，出口货物地可以在设有海关的启运地向海关申报，并办理有关进出口海关手续。这些货物的转关运输，应当符合海关监管要求，必要时，海关可以派员押运。

（3）指定地点原则。经电缆、管道或其他特殊方式输送进出境的货物，经营单位应当按海关的要求定期向指定的海关申报并办理有关进出口海关手续。这些以特殊方式输送进出境的货物，输送路线长，往往需要跨越几个海关甚至几个省份；输送方式特殊，一般不会流失；有固定的计量工具，如电表、油表等。因此，上一级海关的综合管理部门协商指定其中一个海关管理，经营单位或其代理人可直接与这一海关联系报关即可。

5.3.4 无纸化通关与电子口岸

无纸化通关是利用电子口岸及海关业务信息化管理系统，改变海关验放凭进出口企业递交书面报关单及随附单证办理通关手续的做法，直接对企业联网申报的进出口货物报关电子数据进行无纸审核、验放处理的通关方式。实行无纸通关，能实现海关与企业、场站、监管仓库等相关单位联网，企业可不再向海关递交纸面单证而进行网上申报。

无纸通关实现了海关管理的科学高效。海关通过前期的企业信誉管理、通关过程中的电子数据审核实现海关的有效监管。通过简化通关作业手续，保证企业合法进出的物流顺畅通关。

目前，我国口岸物流信息化水平近年来迅速提高。2002 年开始我国启动的电子大通关，正在向税务、工商、商检、海事、银行等方面拓展，将逐步形成真正意义上的"无纸化大通关"。我国口岸物流总体规模将持续增长，口岸特别是沿海大型港口作为进出口贸易枢纽，对区域经济的带动作用越来越明显。

我国于 1998 年根据国务院领导指示开始筹建电子口岸，通过"电子底账+联网核查"，实现相关部委之间执法和管理的相互联系、相互支持、互为印证、互为条件的管理模式，以提高政府部门的管理和服务水平。目前，中国电子口岸已开发应用项目达 30 余个，公安部、铁道部、商务部、海关总署、税务总局、工商总局、质检总局、外汇局 8 个部门实现了联网应用，香港工贸署、澳门经济局以及 13 家商业银行、19 万家企业已经加入。

我国通过建设电子口岸，基本实现了进出口数据跨部门交换、联网核查和企业网上办理进出口手续，从源头上防范和打击了走私、骗汇、骗税等违法犯罪活动，在整顿和规范经济秩序、促进对外贸易发展、促进国家电子政务建设方面取得良好的社会效益和经济效益。

5.4 进出口货物通关的流程

海关对不同贸易方式进出境货物的通关，在办理手续和管理办法上有不同的要求。进出口货物的通关，一般来说可分为五个基本环节，即申报、查验、征税、放行、结关。对于保税货物、特定减免税货物、暂准进口境货物等特殊货物来说，其通关流程各不相同。

5.4.1 一般进出口货物通关的基本流程

1. 进出口货物的申报

申报是指进口货物的收货人、出口货物的发货人或者他们的代理人在进出口货物时，在海关规定的期限内，以书面或者电子数据交换方式向海关报告其进出口货物的情况，并随附有关货运和商业单据，申请海关审查放行，并对所报告内容的真实准确性承担法律责任的行为。

申报程序：接到进口提货通知或备齐出口货物；办理（接受）报关委托，并准备报关单证，填制并向海关递交报关单；海关接受报关，进行审查。

2. 进出口货物的查验

查验是指海关在接受报关单位的申报并以已经审核的申报单证为依据，通过对进出口货物进行实际的核查，以确定其报关单证申报的内容是否与实际进出口的货物相符的一种监管方式。查验是指海关依法为确定进出境货物的品名、规格、成分、原产地、货物状态、数量和价格是否与货物申报内容相符，对货物进行实际检查的行政执法行为。

海关查验货物，一般在海关监管区内的进出口口岸码头、车站、机场、邮局或海关的其他监管场所进行。查验的操作程序为：

（1）海关确定查验后，由现场接单关员打印“查验通知单”，必要时制作查验关封交报关员。

（2）安排查验计划。由现场海关查验受理岗位安排查验的具体时间，一般当天安排第二天的查验计划。

（3）海关查验货物时，进口货物的收货人、出口货物的发货人或其授权报关员应当到场，并负责协助搬移货物，开拆和重封货物的包装。海关认为必要时，可以自行开验、复验或提取货样。

（4）查验结束后，由陪同人员在“查验记录单”上签名、确认。

3. 进出口货物的征税

海关在审核单证和查验货物以后，根据《中华人民共和国关税条例》和《中华人民共和国海关进出口税则》规定的税率，对实际货物征收进口或出口关税。另外，根据有关规定可减、免、缓、退、保税的，报关单位应向海关送交有关证明文件。

（1）关税。关税是一国根据本国经济、政治的需要，由海关按照国家制定的关税税法、税则，对准许进出境的货物和物品所征收的一种税。它具有强制性、无偿性和固定性等特点，具有增加财政收入、保护与促进国内生产、调节进出口商品结构和经济利益分配等作用。关税征收的特定对象是进出口货物及进出境的行李物品、邮递物品及其他物品。另外，进出口关税在国际经济贸易活动中，也是国与国之间交往时使用的一种手段。因此，关税体现了国家经济和对外政策。

（2）增值税。增值税是以商品生产流通和劳务服务各个环节的增值额为征税对象的一种税。

（3）进口消费税。进口消费税以进口应税消费品的流转额为征税对象的一种税。

（4）税则归类。税则归类是将出口货物按照《中华人民共和国海关进出口税则》的归类总规则归入适当的税则编号，以确定其适用的税率。

（5）税率的运用。

1）关税税率。《中华人民共和国海关进出口税则》中的关税进口税率有普通税率和优惠税率两栏。出口税率只有一种。根据《中华人民共和国进出口关税条例》第六条规定，对原产于与中华人民共和国未订有关税互惠协议的国家或者地区的进口货物，按照普通税率征税，对原产于与中华人民共和国订有关税互惠协议的国家或地区的进口货物，按照优惠税率征税。对原产于对我国出口货物征收歧视性关税或者给予其他歧视性待遇的国家或者地区的进口货物，可以征收特别关税。

2）进口环节税税率。海关在进口环节代国家其他部门征收的进口环节税有增值税、消费税和船舶吨税。增值税率有两种，进口货物除粮食、食用植物油、自来水、暖气、冷气、热水、煤气、石油液化气、沼气、居民用煤炭制品、图书、报纸、杂志、饲料、化肥、农药、农机、农膜和国务院规定的其他货物的税率为13%以外，其余的货物的税率均为17%。出口货物税率为零。但是，国务院另有规定的除外。消费税按不同商品设置不同税目税率。我国目前仅限于对烟、酒等11类消费品征收消费税，其中税率最低为3%，最高为45%。船舶吨税是对进出我国港口的外国籍船舶征收的一种使用税。我国船舶吨税有一般吨税和优惠吨税两栏税率，其税率是以吨位数规定的定额税率，按船舶的净吨位大小进行计征。

（6）完税价格的审定。完税价格是指海关按照《中华人民共和国海关法》和《中华人民共和国进出口关税条例》的有关规定，凭以计算应征关税的进出口货物的价格。进口货物以海关审定的成交价格为基础的到岸价格为完税价格。出口货物以海关审定的货物售予境外的离岸价格，扣除出口税后作为完税价格。离岸价格不能确定的，由海关估定。

（7）税费的计算。

1）关税。进口关税=完税价格×完税税率；出口关税=完税价格×出口税率。

2）增值税。进口增值税=（关税完税价格+关税税额+消费税额）×增值税率。

3）进口消费税。从价消费税额=（关税价格+关税）÷（1−消费税税率）×消费税率；从量消费税额=应税消费品数量×消费税单位税额。完税价格计算到元，税费额计算到分，并按照四舍五入的方法计入零头。

（8）原产地规则。确定进出口产品或制造国家（或地区）的标准与方法，进口产品的原产地或制造地将该产品适用哪种关税税率。

（9）税费的缴纳。

1）缴纳期限。对经海关审定应征关税、增值税、消费税和监管手续费、船舶吨税的货物或船舶。纳税义务人应当在海关填发税费款缴纳证的次日起7日内（星期六、星期日和法定节日除外），向指定银行缴纳税费款。

2）汇率。进出口货物如果是外币计算成交的，由海关按照填发税款缴纳证之日国家外汇管理公布的“人民币外汇牌价表”未列入的外币，按照国家外汇管理部门确定的外汇率折合人民币。

3）滞纳金。对不按照纳税期限缴纳税款的纳税人，按滞纳天数加收滞纳税款一定比例的款项。滞纳金额=（关税额+增值税、消费税应税额）×滞纳天数×1‰。

4．进出口货物的放行

放行是口岸海关监管现场作业的最后一个环节。海关放行是指海关在接受进出口货物的申报，经过审核报关单据、查验货物、依法征收税费后，对进出口货物做出结束海关现场监管决定的行为。

海关在决定放行进出口货物后，需在有关报关单据上签盖“海关放行章”，进出口货物的收发货人凭此办理提取进口货物或装运出口货物手续。口岸海关在接受进出口货物的申报后，经过审核报关单据、查验实际货物，并依法办理征收货物税费手续或减免税手续后，在有关单据上签盖放行章，海关的监管行为结束，在这种情况下，放行即结关。进出口货物可由收货人凭以提取、发运，出口货物可以由发货人装船、启运。

对于保税加工贸易进口货物，经海关批准减免税或缓纳税款的进口货物、暂时进出口货物、转关运输货物以及其他口岸海关未缴纳税款的进口货物，口岸海关接受申报以后，经审核单证，符合规定的，即可以放行转为后续管理。另外，进出口货物因各种原因需海关特殊处理的，可向海关申请担保放行。海关对担保的范围和方式均有明确的规定。

5．进出口货物的结关

结关是指对经口岸放行后仍需继续实施后续管理的货物，海关在规定的期限内进行核查，对需要补证、补税货物做出处理直至完全结束海关监管的工作程序。

加工贸易进口货物的结关是指海关在加工贸易合同规定的期限内对其进口、复出口及余料情况进行核对，经营单位申请办理了经批准内销部分的货物的补证、补税手续，对备案的加工贸易合同予以销案。

暂时进出口货物的结关是指在海关规定的期限内（含经批准延期的）暂时进口货物复运出口或者暂时出口货物复运进口，并办理了有关纳税销案手续，完全结束海关监管的工作程序。

特定减免税货物的结关是指有关进口货物到达海关监管年限并向海关提出解除监管申请，领取了经主管海关核发的“海关对减免税进出口货物解除监管证明”，完全结束海关监管的工作程序。

5.4.2 保税货物通关的基本流程

保税货物的通关与一般进出口货物不同，它不是在某一个时间上办理进口或出口手续后即完成了通关，而是从进境、储存或加工到复运出境的全过程，只有办理了这一整个过程的各种海关手续后，才真正完成了保税货物的通关。

保税货物通关的基本程序如下。

1. 合同登记备案

经营保税货物的单位持有关批件、对外签约的合同及其他有关单证向主管海关申请办理合同登记备案手续，海关核准后，签发有关登记手册。合同登记备案是向海关办理的第一个手续，须在保税货物进口前办妥。它是保税业务的开始，也是经营者与海关建立承担法律责任和履行监管职责的法律关系的起点。

2. 进口货物

已在海关办理合同登记备案的保税货物实际进境时，经营单位或其代理人应持海关核发的该批保税货物的登记手册及其他单证，向进境地海关申报，办理进口手续。

3. 储存或加工后复运出口

保税货物进境后，应储存于海关指定的场所或交付给海关核准的加工生产企业进行加工制造，在储存期满或加工产品后再复运出境。经营单位或其代理人应持该批保税货物的登记手册及其他单证，向出境地海关申报办理出口手续。

4. 核销结案

在备案合同期满或加工产品出口后的一定期限内，经营单位应持有关加工贸易登记手册、进出口货物报关单及其他有关资料，向合同备案海关办理核销手续，海关对保税货物的进口、储存、加工、使用和出口情况进行核实并确定最终征免税意见后，对该备案合同予以核销结案。这一环节是保税货物整个通关程序的终点，意味着海关与经营单位之间的监管法律关系的最终解除。

5.4.3 特定减免税货物通关的基本流程

特定减免税是指依照国务院规定的减免税办法，对于特定地区、特定企业、特定用途进出口货物给予的关税减免。所谓“特定减免税进口通关制度”，是指货物在进口时按照国务院规定的减免税办法减免进口各税（进口关税、海关在进口环节代征的增值税、消费税），进口后必须在特定的范围内和特定的条件下使用，直至监管时限期满经核销后解除海关监管的结关制度。在这种制度下，要求享受减免税优惠的企业和单位必须履行某些义务，即享受减免税的进口货物必须在规定的期限内、在特定的条件下和特定的范围内受使用上的限制。

特定减免税货物通关程序如下：

1. 在货物进口前向海关提出减免税申请

享受特定减免税的单位在货物进口前，持其主管部门签发的文件，向所在地海关提出申请，所在地海关初审后报主管海关批准。对符合特定减免税规定的，由主管海关签发“征免税证明”，进口货物的单位取得享受进口货物减免税待遇的优惠。

2. 货物进口

特定减免税货物运抵口岸后，收货人或其代理人持主管海关核发的“征免税证明”及其他必备单证向海关办理进口报关手续，海关免税验放后，货物由收货人或其代理人提取。报关单位如果向海关报关时，未交验“征免税证明”，应向海关提供担保或缴纳保证金或海关照章征税后验放货物。因在报关时未向海关提交“征免税证明”而造成海关照章征税的，自货物放行之日起 3 个月内向海关补交，海关退还所征税款。

保税区进口的特定减免税货物应采用报关制，在办理进口手续时应向海关提交“征免税证明”、进口货物报关单及其他必备的报关单证；出口加工区和保税物流园区实行电子账册管理，采用备案清单向海关报关。

3. 货物在使用期间应接受海关监管和核查

特定减免税货物在使用期间，应按照海关的要求，呈报反映减免税货物使用情况的报表，接受海关监管和核查。对在海关监管时限内因故出售、转让或移作他用的，应提前向海关报告并由海关估价，补征进口税。

4. 海关监管期限届满后解除海关监管

特定减免税货物海关监管年限到期，如果货物是由原单位或企业继续使用的，通常可自行结关。但对届满后需出售、转让的，则由海关签发“解除海关监管通知书”后结关。

5. 特定减免税设备的结转

特定减免税设备可以在两个享受特定减免税单位之间结转，结转时应向主管海关办理结转手续。

5.4.4 暂准进出境货物通关的基本流程

暂准进出口通关制度是指允许货物为特定使用目的进口或出口，在规定的时间内，按原状复出口或复进口（除因使用而产生的正常损耗外），因而可暂予免纳进出口各税或者按照规定征税的法律规定。

暂准进出口货物的报关程序如下：

1．进出口前的备案

这主要针对进出口展览品的特殊监管措施。对其他暂准（时）进出口货物，可根据具体情况，经海关批准，在进出口前办理担保申请（向海关提交担保函或保证金，并保证在海关规定的时限内原状复运出、进境），进、出口时，凭有关单据通关。

2．进出口时凭担保报关

在货物进出口时，收、发货人或其代理人持担保和其他有关单证向海关报关，海关查验复核后放行货物。

3．使用期内接受海关监管、核查

暂准进出口货物应该用于事先确定的特定目的，货物放行后，货物的使用者应随时接受海关对货物的使用状况进行监管核查。同时，对在货物的使用期间因故需对货物做出其他方式的处理，应经海关批准并办理相应的海关手续。

4．复出进口时报关

暂准进出口货物在境内外使用，均有规定的期限。除期满另有安排外，均应复出口或复进口。收发货人或其代理人应向海关办理复出口或复进口手续。对境内外留购的，则应按实际进出口（按一般进出口货物或减免税进出口货物）办理海关手续。

5．核销结案

暂准（时）进出口货物经使用，并按照实际去向办理相应手续后，货物的收发货人或其代理人应凭有关凭证到备案地或原进出境地海关办理核销手续，经海关审查无误后，撤销担保。

5.4.5 其他进出境货物通关的基本流程

在国际经济贸易中，除正常的进出口贸易外，还有一些特殊情况下产生的以特殊方式进行的贸易活动，国家对这一类特殊的贸易活动有不同的管理规定。

1．易货贸易

易货贸易是指不通过货币媒介而直接用出口货物交换进口货物的贸易。现代国际贸易中对某些特殊条件下采用的易货贸易有两种基本形式：

（1）直接易货。买卖双方各以等值货物交换，其交换价格、交换时间均相同。

（2）一揽子易货。买卖双方互换货物可以一种对一种、一种对多种或多种对多种，货物价值分别计算，最后综合平衡。这种方式一般为两国政府通过签订易货贸易协议进行。

易货贸易的通关流程如下：

（1）易货贸易合同的登记备案。经营易货贸易的企业在签订易货贸易合同后，应持易货贸易合同及其他有关资料向企业所在地主管海关办理合同登记备案。海关审核资料备案后，发给易货贸易合同备案登记表和易货贸易项下进出口货物核销登记表，有关企业凭以办理货物进出口申报手续。

（2）易货贸易项下的进口货物。易货贸易合同项下进口货物时，经营企业或其代理人应填写进口货物报关单向进境地海关申报，提供易货贸易合同、主管海关发给的合同备案登记表和核销登记表，并按规定提供进口许可证及有关进口批件。进境地海关审核单证后，按规定征收进口关税和进口环节税，验放有关货物，并在主管海关核发的易货贸易合同进出口货物核销登记表上批注进口货物的品名、数量、金额等内容。

（3）易货贸易项下的出口货物。易货贸易合同项下出口货物时，经营单位或其代理人应填写出口货物报关单向出境地海关申报，提供易货贸易合同和主管海关核发的合同备案登记表及核销登记表，对国家规定易货出口需申领许可证的商品，还应提供出口许可证。出境地海关审核单证后，验放有关货物出境，并在主管海关核发的易货贸易合同进出口货物核销登记表上批注出口货物的品名、数量、金额等内容。

（4）易货贸易合同执行情况的核销。经营单位在执行易货贸易合同过程中，每易进或易出一批货物，应在一个月内到主管海关办理合同执行情况核销手续，提供进口或出口货物报关单、海关核发的核销登记表。主管海关对符合易货贸易合同要求的进口或出口记录在核销表上签章确认，予以核销。对易货贸易合同已执行完毕且进出平衡的，主管海关予以结案。

2．租赁贸易

租赁贸易是指出租人与承租人签订租赁合同（协议），以收取租金为代价，将租赁物交付给承租人在一定时期内使用的一种贸易方式。

租赁贸易进出口货物的通关流程如下：

（1）租赁进口货物。从国外租赁货物进口时，承租人或其代理人应填写进口货物报关单向进境地海关申报，提供租赁合同（协议）等有关单据，属于国家实行许可证或其他进口管理的商品，还应提供进口许可证或有关进口证明。海关审核申报单证后，按租金或货物到岸价格予以征税后验放有关货物，并将一份进口货物报关单签印后退交承租人作为今后租赁物复运出境的依据。

（2）租赁进口货物复运出境。租赁进口货物根据租约规定，在租赁期满后退租复运出境时，承租人或其代理人应填写出口货物报关单向出境地海关申报，提供租赁合同（协议）和原货物进境时的进口报关单。出境地海关核实后验放有关货物。对租赁进口货物复运出境的，原进境时根据租金征收的税款不予退还。

（3）租赁出口货物。向国外出租的货物出口时，出租人或其代理人应填写出口货物报关单向出境地海关申报，提供租赁合同（协议）等有关单据，属于国家实行许可证管理的商品，还应提供出口货物许可证。出境地海关审核单证无误后，验放有关货物出境，并将一份出口货物报关单签印后退交出租人作为出口租赁物退租复运进境的依据。

（4）租赁出口货物复运进境。租赁出口的货物根据租约规定，在租赁期满后退租复运进境时，出租人或其代理人应填写进口货物报关单向进境地海关申报，提供原租赁合同（协议）和原租赁物出境时的出口货物报关单，进境地海关核实后验放有关货物。

3．寄售贸易

寄售贸易是一种委托代售的贸易方式，也称“寄售代销贸易”。它是指寄售人（委托人）先将货物运往寄售地，委托代销人（受托人）按照寄售协议规定的条件，在当地市场代为销售。货物出售后，代销人扣除佣金及费用后将余款付给寄售人的贸易方式。

进口寄售代销商品的通关流程如下：

（1）经外经贸部批准可以开展寄售贸易的公司，应持外经贸部的批准文件等有关资料，到主管海关办理寄售贸易经营单位的登记备案手续。

（2）寄售商品进口时，经营单位应填写进口货物报关单向进境地海关申报，提供寄售合同（协议）等有关单证，对属于国家实行配额、许可证以及其他进口管理的商品，还应提供配额证明、进口许可证及其他进口证明等（进口化妆品限定在北京、厦门、广州海关报关，并应提供列明进口化妆品品名、数量的外经贸部批件）。海关审核单证后，按规定征收进口关税和进口环节税，验放有关货物。

（3）寄售商品进口后，因未销售需退运国外时，应向海关办理退运手续，提供原进口货物报关单等资料，海关核实后予以退运。对已征税款的寄售商品退运出境后，海关予以退还已征税款。

（4）对开展进口机电仪产品维修、技术服务而进口机电仪产品零配件、易损易耗品寄售代销的，经营单位应向海关申请设立保税仓库，海关对其进口商品按保税仓库规定管理。

本章小结

出入境检验检疫工作是国家出入境检验检疫部门依照国家检验检疫法律规定，对出入境商品以及装载这些商品、动植物和旅客的交通工具、运输设备分别实施检验、检疫、鉴定、监督管理和对出入境人员实施卫生检疫及口岸卫生监督的统称。进出口商品检验检疫是国际贸易中一个重要环节，也是一个国家为保障国家安全、维护国民健康、保护动植物和环境而采取的技术法规和行政措施。进出商品的检验检疫主要包括报检、抽样、检验、签发证书、放行五个环节。

海关通关制度是主权国家维护本国政治、经济、文化利益对进出口货物和物品在进出口岸进行监督管理的基本制度。根据《海关法》规定，对通关的时间和地点也有一定的限制。海关对不同贸易方式进出境货物的通关，在办理手续和管理办法上有不同的要求。进出口货物的通关，一般来说可分为五个基本环节：申报、查验、征税、放行、结关。对于保税货物、特定减免税货物、暂准进口境货物等特殊货物来说，其通关流程各不相同。

无纸化通关，是利用电子口岸及海关业务信息化管理系统，改变海关验放凭进出口企业递交书面报关单及随附单证办理通关手续的做法，直接对企业联网申报的进出口货物报关电子数据进行无纸审核、验放处理的通关方式。实行无纸通关，能实现海关与企业、场站、监管仓库等相关单位联网，企业可不再向海关递交纸面单证而是进行网上申报。我国通过实施无纸化通关和建设电子口岸，基本实现了进出口数据跨部门交换、联网核查和企业网上办理进出口手续，在整顿和规范经济秩序、促进对外贸易发展、促进国家电子政务建设方面取得了良好的社会效益和经济效益。

案 例

1. 一根实木条引发的货物退运案

2009年7月，某进出口公司向国外出口7个集装箱装运的钢丝绳。在货物出运前，公司新进上岗的装卸工人因考虑到此批货物重量较大，为了方便客户利用铲车卸货，在夹板盘上加钉了未进行除害处理、未加施IPPC标识的实木条。该公司也未就该木质包装向当地检验检疫机构报检。货物到达目的国后，该国海关在查验过程中发现，包装物中混有实木包装且未加施IPPC标识，强制将全部货物做退运处理。

检验检疫部门依据《进出境动植物检疫法实施条例》第五十九条第一款第一项的规定，对该公司处以相应的罚款。根据《出境货物木质包装检疫处理管理办法》（国家质检总局第69号令），从2005年3月1日起，出境货物木质包装应当按照规定的检疫除害处理方法实施处理，并按要求加施IPPC专用标识。出境货物使用的木质包装不是获得检验检疫许可的处理单位生产并施加有效IPPC标志，发货人又不依法向检验检疫机构报检致使涉案木质包装已经出口的，属于未依法报检的违法行为。

该进出口公司装卸工人加装实木条，完全是出于方便收货人卸货的考虑，并不存在逃避检验检疫监管的主观故意，但最终导致了货物被强制退运的结果，使企业蒙受了巨大的损失，也给中国出口货物造成了不好的国际影响。

2. 货物出保税区未经检验擅自使用案

2009年12月21日，某公司向检验检疫部门办理了一批1000吨柴油的报检手续，该批柴油储存在某保税罐中。12 月 26 日，该公司在未经检验检疫部门重量检验的情况下，擅自将其中 494.219 吨柴油从保税罐中提出，调运至上海某公司。

检验检疫部门根据《进出口商品检验法》第三十三条的规定，对该公司实施了行政处罚。保税区是经国务院批准设立、海关实施特殊监管、我国目前开放度和自由度最大的经济区域。保税区具有“境内关外”的特点。

由于其“身处境内”，对于涉及安全、卫生、健康、环保等项目的货物从境外进入保税区时，如属于卫生检疫和动植物检疫范围的，应当实施卫生检疫和动植物检疫；如属于用做原料的固体废物、旧机电产品、成套设备的，则应当实施检验和监管。

由于其“形同关外”，从境外进入保税区时，一般货物不需要进行商品检验；但如果从保税区输往境内非保税区，属于食品卫生监督检验和商品检验范围的货物，如同境外进入境内，应当实施检验。

由于保税区自身的特殊性以及设立时间不长等原因，部分企业对于保税区相关的检验检疫规定在认识上存在一定的误区：一是认为在进入保税区时不需要进行商品检验的货物，在出保税区时也同样可以不经过检验；二是将进入保税区时实施的卫生检疫或者动植物检疫误认为是该货物已完成了相关的检验检疫手续，不清楚应检物在出保税区时仍需向目的地检验检疫机构报检并接受检验。

（资料来源：根据中国质检网相关内容整理。）

复习思考题

1．简述进出口商品检验检疫的作用。
2．我国进出口商品检验检疫机构有哪些？
3．我国进出口商品检验检疫的内容包括什么？
4．进出口商品检验检疫的一般流程是什么？
5．什么是电子化检验？它有什么优势？
6．通关的定义与主体是什么？
7．通关的时间和空间范围有什么规定？
8．简述一般进出口货物通关的基本流程。
9．什么是无纸化通关与电子口岸？我国建设电子口岸的好处是什么？
10．阅读案例，说明在通关检验检疫过程中应该注意哪些问题。

第 6 章

国际货物运输

本章学习目标

- ◇ 了解国际货物运输的特点及构成要素；
- ◇ 了解国际货物运输的基本原则、要求及法律环境；
- ◇ 掌握班轮运输、租船运输的业务程序及运费计算等；
- ◇ 掌握航空运输的方式、业务程序及运费计算等；
- ◇ 了解国际货运事故的索赔；
- ◇ 理解集装箱运输的装载方式及进出口程序；
- ◇ 理解国际多式联运的组织形式、经营人责任和交接方式。

国际物流系统使得货物能够跨国流动，改变了物的时间状态和空间状态，而国际运输承担了改变空间状态的主要任务，因而国际货物运输是国际物流系统的核心。国际货物运输是国际物流降低成本、提高效率的重要环节，同时通过运输工具的不断改进、运输体系结构与经营管理工作的逐步完善，能够促进国际物流的发展。本章在简要介绍国际货物运输的基本知识之后，重点阐述国际海洋货物运输、国际航空货物运输及国际多式联运的主要内容。

6.1 概述

如果用火车将一批货物从中国国内运送到其他国家，就需要考虑这些国家不同的交通条件、不同运输方式的衔接、当地的法律法规及当地企业的文化等。所以相对于国内货物运输，国际货物运输面临的地理、政治、经济、法律及社会等方面的环境更为复杂，这样就使得国际货物运输有其特殊的规律和特点，同时，国际货物运输具有不同的构成要素、基本原则和要求。

6.1.1 国际货物运输的概念及特点

国际货物运输是指在国家与国家、国家与地区之间的运输，一般包括国际贸易物资运输和非贸易物资（如展览品、个人行李、办公用品、援外物资等）运输两种。由于国际货物运输中的非贸易物资运输往往只是贸易物资运输部门的附带业务，所以，国际货物运输成为国际贸易的一个组成部分，通常被称为国际贸易运输。

与国内货物运输相比，国际货物运输具有如下特点：

（1）政策性强。在组织货物运输的过程中，不同国家的企业或政府机构会发生直接或间接的联系。这种联系不仅是经济上的，而且常常会涉及国家间的政治问题，所以国际货物运输是一项政策性很强的涉外活动。我国从事国际贸易或国际货物运输的组织应了解国家间的经济和政治关系，熟悉不同国家的政策，以利于做好贸易或运输业务。

（2）路线长，环节多。一般的国际货物运输要经过内陆存储、运输、装卸搬运、进出不同港口等环节，经历不同运输方式和不同的国家或地区。在运输过程中，涉及众多的关系人，包括不同国家、地区的货主、交通部门、商检机构、保险公司、银行、海关及各种中间代理人。只有认真组织、环环紧扣，才能避免在某环节上出现脱节现象，以至于影响整个的运输过程，给相关企业及其他组织带来损失。

（3）时间性强。国际市场环境复杂，且由于货物运抵目的地需要经过较长的时间，市场价格的波动风险比较大。如果进出口货物未能及时到达目的地，将可能会因商品价格的变化影响进出口企业或相关组织的市场竞争力，造成重大的经济损失；特别是某些鲜活易腐商品和季节性商品，如不能按时送到目的地出售，所造成的经济损失可能会更加严重。所以货物的装运期、交货期特别重要，一般被列为贸易合同的条件条款，要求相关各方增强时间观念，避免不必要的经济损失和争端。

（4）涉及面广，情况复杂多变。国际货物运输涉及国内外许多部门，如不同国家和地区的货主、交通运输、商检机构、保险公司、银行或其他金融机构、海关、港口及各种中间代理商等。同时，由于各个国家和地区的法律、政策规定不一，贸易、运输习惯和经营做法不同，金融货币制度的差异，加之政治、经济和自然条件的变化都会对国际货物运输产生较大的影响，所以国际货物运输一般涉及面广，情况复杂多变。

（5）风险较大。国际货物运输由于运距长、中间环节多、涉及面广、情况复杂多变，加之时间性很强，因而面临着较大的风险。例如，运输沿途国家政治形势发生变化，当地社会产生动乱，各种自然灾害和意外事故突然发生，甚至地区战乱、封锁禁运或海盗活动等，都可能直接或间接地影响到国际货物运输，以至于造成严重后果。为了转嫁运输过程中的风险损失，各种进出口货物和运输工具，一般都需要办理运输保险。

6.1.2 国际货物运输的构成要素

与一般的运输活动类似，国际货物运输是运输服务企业利用各种运输工具（如叉车、汽车、火车等），采用某种运输方式（如公路运输、海洋运输、航空运输等），将货物从一个国家运送到另一个国家交给相应的客户的过程，因此国际货物运输主要由三个方面构成：运输关系方、运输工具和运输方式。

1. 国际货物运输关系方

国际货物运输关系方是国际货物运输的参与者和运输服务的提供者，具体包括以下企业组织或相关机构。

（1）承运人（Carrier）。承运人是指专门经营水路、铁路、公路、航空等客货运输业务的交通运输机构，如公路运输公司、轮船公司、航空公司等。中国远洋运输集团公司（COSCO）、中国海运（集团）总公司（CHINA SHIPPING）、中国国际海运集装箱（集团）股份有限公司（CIMC）就是中国从事海洋运输的公共承运人。此外，无船公共承运人和多式联运经营人也是国际贸易运输的承运人。

（2）货主（Cargo Owner）。货主是指从事进出口商品业务的外贸部门或企业。它们因履行贸易合同，需要办理进出口商品业务，向承运人托运或收取货物，因此，货主多为国际货物运输中的托运人（Shipper）或收货人（Consigner）。

（3）货运代理（Freight Forwarder）。在国际货物运输领域里，有很多从事代理业务的代理行或代理人。例如，中国对外贸易运输公司、中国租船公司、外轮代理公司等企业就是常见的货运代理。货运代理接受委托人的委托，代办各种运输业务并按提供的劳务收取一定的报酬，即代理费、佣金或运费。货运代理是代办国际货物运输业务的中间机构，是承运人与货主之间的桥梁，目前已渗透到运输领域内的许多环节，成为国际货物运输的重要组成部分。其他从事代理业务的还有：租船代理，又称租船经纪人（Shipping Broker）；船务代理（Shipping Agent）；咨询代理（Consultative Agent）等。

此外，国际货物运输的参与者还包括船舶租赁公司、海运经纪人、船舶代理、装卸公司、理货公司、仓储公司、集装箱场站等，它们为承运人和货主提供各种与货物运输有关的服务。

2. 国际货物运输工具

国际货物运输工具是实现货物位移的技术手段，主要包括以下几个方面。

（1）运输设备，主要有载货汽车、铁路货车、货船、飞机和管道等。这些工具是实现运输目的的最基本的手段。

（2）集装工具，主要有集装箱、托盘和集装袋等。集装工具的使用可以提高货物装卸搬运、储存及运输过程的效率。

（3）装卸搬运工具，主要包括升降设备（升降机、移动式升降货梯、电梯等）、调节设备（液压式调节板、登车桥等）、汽车搬运设备（汽车尾板、铝合金尾板等）。这些工具可以减少人力，提高货物装卸过程的效率。

（4）包装工具，主要包括填充设备、罐装设备、封口设备、裹包设备、贴标设备、清洗设备、干燥设备、杀菌设备等。这些设备可以完成全部或部分包装过程，有利于提高运输效率和运输质量。

3. 国际货物运输方式

（1）根据运输通道和运输工具，国际货物运输包括如下五种基本的运输方式。

① 海洋运输，主要有班轮运输和租船运输。一般海运量在国际货物运输总量中占80%以上，因此海洋运输是国际贸易运输中最重要的运输方式，在国际贸易中发挥了巨大作用。

② 航空运输，主要包括班机运输、包机运输、集中托运、陆空联运和航空快运等方式。航空运输所运输的货物种类和货运量不断增加，在国际货运市场中的重要性日益增强。

③ 铁路运输，就是利用铁路和列车进行的运输，主要包括整车运输、零担运输、集装箱运输等。海洋运输的进出口货物，大多靠铁路运输进行货物的集中和分散。铁路运输和公路运输构成陆路运输，在邻近国家之间的贸易中发挥了重要作用。

④ 公路运输，即利用公路和汽车进行的运输，主要包括整车运输、零担运输、联合运输和集装箱运输等。它不仅可以直接运进或运出对外贸易货物，而且是车站、港口和机场集散进出口货物的重要手段。

⑤ 管道运输，它在盛产石油和天然气的国家及地区、国际原油和天然气贸易中发挥着不可替代的作用。

（2）其他运输方式。

① 集装箱运输。它是采用以集装箱为集装单元的运输方式，陆运、海运或空运都可以采用这种运输方式。由于它能够满足客户快速、安全、准确、直达的运输要求，在国际货物运输中得到了广泛应用，目前已成为国际上普遍采用的一种重要的运输方式。

② 国际多式联运。这种运输方式一般以集装箱为流通媒介，将不同的基本运输方式有机地结合起来，加以有效地综合利用，构成连贯的、一体化的运输，为货主提供经济、迅

速、安全、便捷的运输服务，因而它成为国际货物运输中发展较快的运输方式。

③ 国际邮政运输。邮政运输又称“邮包运输”，是指通过邮局寄交进出口货物的运输方式，是以邮政部门作为货运代理的形式提供运输服务，必须依靠实际承运人来完成货物运输任务。国际邮政运输是国际间最广泛的一种运输方式，具有国际多式联运和“门到门”运输的优势。一件国际邮件一般要经过两个或两个以上国家的邮政局和两种或两种以上不同运输方式的联合作业方可完成。各国相互经转对方的国际邮件，遵照国际邮政公约和协定的规定进行。

本章将在后面三节重点阐述国际海洋运输、国际航空运输、国际多式联运的内容。

6.1.3 国际货物运输的基本原则和要求

1. 国际货物运输的基本原则

国际货物运输的基本任务是根据国家有关方针政策，合理利用各种运输方式，顺利地完成进出口运输任务，为国家对外贸易、外交活动以及经济建设服务。国际货物运输应把握如下基本原则。

（1）按时、按质、按量完成进出口运输任务。“按时”是根据贸易合同的装运期和交货期的条款规定履行合同，及时、迅速地完成运输任务；“按质”是按照贸易合同质量条款的要求履行合同；“按量”是尽可能地减少货损货差，保证贸易合同中货物数量条款的履行。

（2）节省运杂费用，降低运输成本。国际货物运输环节较多，运输距离较长，运输成本较高，因此，节省各项运杂费用开支、降低运输成本是对从事国际运输的组织的基本要求。

（3）满足客户需求，提供优质服务。从事国际贸易运输的企业应以客户为中心，满足其服务需求，同时，应当将为国家对外贸易、外交活动及经济建设提供优质的服务作为其直接任务来完成。

（4）贯彻国家的对外方针和政策。国际货物运输是国家涉外活动的一个重要组成部分，因此从事国际贸易运输的部门或企业应在遵循平等互利原则的前提下，密切配合国家的外交活动，在实际工作中体现和切实贯彻国家各项对外政策。

2. 国际货物运输的要求

（1）选择合理的运输路线和运输方案，实现路程最小、环节最少、成本最小的合理化运输。一是要考虑商品的性质、数量的大小、运输距离的远近、市场需求的缓急、风险程度的大小等因素。例如，鲜活商品、季节性商品要求运输速度快、交货及时，所以应选择快捷的运输方式（如航空运输），采用直达运输。二是要考虑运输成本的高低和运行速度的快慢。例如，航空运输和公路运输相比速度快、成本高，所以货物价值高、客户要求紧急的业务可以考虑选择航空运输。三是要正确选择运输路线和装卸、中转港口。应该尽量安排较短的运输路线，选择自然条件和装卸设备较好、费用较低的中转港口，以减少运输装卸、转运环节，缩短运输时间，节省运输费用。

（2）各个有关货物运输的组织配合协作，努力实现系统效益和社会效益。在国际货物运输的过程中，货主、运输企业、商检、海关、银行、港口、船代和货代等组织之间存在着紧密联系，所以这些组织应相互配合、密切协作，共同完成国际货物运输任务。直接参与货物运输的企业（如运输企业、货代企业等）除了考虑企业自身的经济利益以外，还要考虑系统效益和社会效益，承担相应的社会责任。

（3）提高运输管理水平，实现“安全、迅速、准确、节省、方便”的目标。安全，就是要求国际货物运输的各个环节关注人、运输工具和货物的安全，尽量避免事故，将事故所带来的危险限制到最小范围内，以确保货物能安全运达目的地。迅速，就是承运人和托运人要按照双方约定的时间装载和运输货物，尽量缩短货物在途时间。准确，就是要防止发生错发、错运、错交货物以及单货不符、单证不符等事故，力争把进出口货物准确无误地运到交货地点。节省，就是要求加强经营管理，合理组织各种方式的运输，节约人力、物力和财力，降低运输成本。方便，就是相关组织通过不断改进经营作风和管理方法，简化手续，减少层次，竭尽全力为客户排忧解难，使客户在办理业务的时间、地点、手续及配套服务等方面感到非常便利。

6.1.4 国际货物运输的法律制度

随着国际货物运输的不断发展，国际上围绕货物运输的立法也在不断深化和完善，但这样也使得国际货物运输面临的法律环境越来越复杂。从事国际货物运输的组织及其人员应研究和熟悉有关法律制度，以便依法行事，维护自身正当权益。

1. 国际货物运输法律制度的构成

国际货物运输法律制度由三个层面构成，即国际立法、国内立法和国际惯例。国际立法是联合国以及相关国际组织制定的公约或规则，在国际货物运输法律制度中占有重要地位。例如，海上运输方面有 1924 年《关于统一提单若干法律规定的国际公约》（简称《海牙规则》）、1968 年修订的《海牙—维斯比规则》、联合国制定的《1978 年联合国海上货物运输公约》（简称《汉堡规则》）、2008 年联合国制定的《全程或部分海上货物运输合同法公约》（简称《鹿特丹规则》）等；航空运输方面有 1929 年签订的《关于统一国际航空运输某些规定的公约》（简称《华沙公约》）、1944 年的芝加哥《国际民用航空公约》、1955 年的《海牙议定书》、1963 年的《东京条约》、1970 年的《海牙公约》、1999 年的《蒙特利尔公约》等；铁路运输方面有 1890 年由西方主要国家签订的《国际铁路货物运送规则》（简称

《伯尔尼公约》，1934 年改称《国际铁路货物运送公约》，即《国际货约》)，有前华约国家签订的《国际铁路货物联运协定》(简称《国际货协》)；公路运输方面有 1956 年由欧洲 17 个国家签订的《国际公路货物运输合同公约》；联合运输方面有 1980 年 5 月联合国在日内瓦召开的国际多式联运会议上通过的《联合国国际货物多式联运公约》。

世界各国基本都有关于货物运输的国内立法，特别是主要运输大国和贸易大国的国内立法在国际货物运输法律制度中占有重要地位。例如，英国有 1992 年的《海上货物运输法》，美国有 1999 年的《海上货物运输法》；我国也颁布了许多相关法律法规，如 1990 年颁布的《中华人民共和国铁路法》、1992 年颁布的《海商法》、1995 年颁布的《中华人民共和国民用航空法》、1997 年颁布的《中华人民共和国公路法》、1999 年颁布的《汽车货物运输规则》等。

除上述立法外，在国际货物运输中，特别是国际海上货物运输中，还存在着许多航运惯例。例如，1922 年由国际著名船舶所有人组织波罗的海国际航运公会（BIMCO）公布，分别于 1976 年、1994 年进行修订的《统一杂货租船合同》(简称《金康合同》或《金康格式》)，是国际上标准的航次租船合同范本；1991 年由联合国贸易和发展会议与国际商会制定的《多式联运单证规则》；伦敦保险协会于 1912 年制定、1982 年修订的《协会货物条款》；波罗的海国际航运公会文件委员会、国际干货船船东协会以及国际海事委员会代表大会等组织共同颁布的《1993 年航次租船合同装卸时间解释规则》。

2. 国际货物运输法律制度的差异

世界上的法律制度存在着很大的差异，立法的目的也有所不同。例如，以英美为代表的普通法（也称判例法）和以主要欧洲大陆国家为代表的大陆法（也称成文法）差异很大；英国运输立法倾向于保护承运人利益，美国则倾向于保护货主的利益。在从事国际货物运输时应当注意研究不同法律制度之间的差异，以便更好地维护合同各方利益。例如，在诉讼中要学会利用法律差异，进行择地诉讼，寻求利己的法律管辖。

由于早期英国殖民地体系在世界范围内建立以及英国在世界海上货物运输具有霸主地位，英国的有关海上货物运输法律，如 1855 年的《提单法》，到现行的《海上货物运输法》对国际海上货物运输都起着极其重要的作用。伦敦仍然是当今重要的航运中心之一，也是解决航运纠纷的重要中心。英国法院的有关判例或仲裁庭的仲裁结果成为世界其他国家法院或仲裁员判案的重要参考。

国际上与运输有关的立法，特别是与国际航运有关的立法有许多，有的是关于运输合同的，如前面提到的《海牙规则》、《联合国国际货物运输公约》、《华沙公约》等；有的与运输合同无关，但却会影响到运输合同的履行，如国际海事组织关于海上人命和船舶安全的《1974 年国际海上人命安全公约》等。从事国际货物运输的组织和人员应熟悉有关承运人和托运人的权利与义务、责任豁免、赔偿责任限制、运输合同当事人代理人的责任等法律规定，同时应当了解一些其他相关的法律规定，以便更好地维护合同权利和履行合同义务。

6.2 国际海洋货物运输

国际海洋货物运输已有几千年的历史，近代以来随着国际贸易发展而不断发展，并逐渐从国际贸易中分离出来，成为世界贸易中最重要的一种运输方式。国际海洋货物运输有较为系统的知识体系，本节重点阐述班轮运输、租船运输以及海运事故索赔与理赔等内容。

6.2.1 班轮运输

班轮运输（Liner Transport），又称定期船运输，是指在预先固定的航线上，按照船期表在固定港口之间来往行驶的海洋运输。它的服务对象是非特定的、分散的众多货主，因此，班轮公司具有海上公共承运人的性质。数量较少的货物或件杂货通常采用班轮运输。中国远洋运输集团公司（COSCO）和中国海运（集团）总公司（CHINA SHIPPING）就是国内规模较大的海上公共承运人。

1. 班轮运输业务程序

（1）货运安排。货运安排包括揽货、订舱和确定航次货运任务。通常揽货的做法是：承运人在所经营的班轮航线的各挂靠港口及货源腹地，通过自己的营业机构或船舶代理与货主建立业务关系；通过报刊、杂志刊登船期表，以邀请货主前来托运货物；通过与货主、无船承运人或货运代理等签订货物运输服务合同或揽货协议来争取货源。订舱是指托运人（包括其代理）向班轮公司（承运人，包括其代理）申请货物运输，承运人对这种申请给予承诺的行为。确定航次货运任务是指承运人确定某一船舶在某一航次所装货物的种类和数量。

（2）接货装船。在杂货班轮运输中，对于普通货物的交接装船，通常由班轮公司在各装货港指定装船代理，再由装船代理在各装货港的指定地点（通常为港口码头仓库）接受托运人交付的货物。办理交接手续之后，代理将货物集中整理，并按次序进行装船，即所谓的“仓库收货，集中装船”。对于特殊货物，如危险品、易腐鲜活、贵重、重大件等货物，通常由托运人将该类货物直接送至船边，交接装船，即现装或直接装船。

（3）卸船交货。在杂货班轮运输中，卸船交货是指将船舶所承运的货物在提单载明的卸货港从船上卸下，在船边交给收货人并办理货物的交接手续。

2．承运人与托运人的责任划分

在班轮运输中，承运人同托运人之间责任和费用的划分界限一般在船上吊杆所能达到的吊钩底下，也就是托运人将货物送达吊钩底下后就算完成交货任务，然后由承运人负责装船。但风险的划分一般以船舷为界，即货物在装运港越过船舷以前发生的风险由托运人负责，越过船舷以后的风险由承运人负责。承运人最基本的义务是按合理的期限将货物完整无损地运到指定地点，并交给收货人。托运人的基本义务是按约定的时间、品质和数量准备好托运的货物，保证船舶能够连续作业，并及时支付有关费用。

3．班轮公会

班轮公会（Freight Conference），又称航运工会，是由两个或两个以上在同一条航线上经营班轮运输的船公司，为避免相互间竞争、维护共同利益，通过在运价和其他经营活动方面签订协议而组成的国际航运垄断组织。参加的会员可分为两种：一种是参加公会控制全部航线的完全会员，另一种是只参加部分航线的会员。公会根据参加的条件可以分为：开放型公会，凡轮船公司申请均可参加；关闭型公会，只有具备一定资格和航行实绩的船公司方可经讨论通过后参加。公会为维持其垄断，对非公会船公司进行排挤，如使用战斗船，降低运价以揽货，迫使非会员船公司退出航线。对货主则采取延期回扣和双重费率制度，即凡与公会签订合同的货主，可享受优惠费率；如果下一期仍使用公会船载货，又可获得延期回扣。总之，公会采取这些手段，无非是为了控制货载，获取高额利润。

4．班轮运费

班轮运费包括基本运费和附加费两部分。基本运费是指货物在预定航线的各基本港口之间进行运输所规定的运价，它是构成全程运费的主要部分。基本运费的计收标准，通常按不同商品分为下列几种：

（1）按货物的毛重计收，在运价表内用“W”字母表示。

（2）按货物的体积（或尺码吨）计收，在运价表内用“M”表示。

（3）按商品的价格计收，即按从价运费收取，在运价表内用“A. V.”表示。

（4）按货物的毛重或体积，由船公司选择其中收费较高的一种计收运费，在运价表中用“W/M”表示。

（5）在货物的重量、体积或价值三者中选择较高的一种计收运费，在运价表中用“W/M or A. V.”表示。

（6）按货物的件数计收。

（7）对大宗低值货物，采用船、货双方临时议定运价的办法。

附加费是指针对某些特定情况或需做特殊处理的货物的基本运费之外加收的费用，主要有超重附加费、超长附加费、直航附加费、转船附加费等。

6.2.2 租船运输

租船运输（Shipping by Chartering），又称不定期船运输（Tramp Shipping）。与班轮运输不同，租船运输没有固定航线、港口、船期和运价，是根据国际租船市场的行情和租船人（Charterer）的实际需要，船舶所有人（船东，Owner）出租整船或部分舱位给租船人使用，以完成特定的货物运输任务，租船人按约定的运价或租金支付运费的商业行为。

1．租船方式

租船方式主要包括定程租船（Voyage Charter）、定期租船（Time Charter）和光船租船（Demise or Bareboat Charter）三种。

（1）定程租船。定程租船是船舶所有人按双方事先议定的运价与条件向租船人提供船舶的全部或部分舱位，在指定的港口之间进行一个或多个航次运输指定货物的租船业务。定程租船又可分为以下几种：

① 单航次程租（Single Voyage Charter），即只租一个航次的租船。船舶所有人负责将指定货物由一港口运往另一港口，货物运到目的港卸货完毕后，合同即告终止。

② 来回航次租船（Round Voyage Charter），即洽租往返航次的租船。一艘船在完成一个单航次后，紧接着在上一航次的卸货港（或其附近港口）装货，驶返原装货港（或其附近港口）卸货，货物卸毕合同即告终止。

③ 连续航次租船（Consecutive Voyage Charter），即洽租连续完成几个单航次或几个往返航次的租船。在这种方式下，同一艘船舶在同方向、同航线上，连续完成规定的两个或两个以上的单航次，合同才告结束。

④ 包运合同（Contract of Affreightment，COA），又称大合同，即只确定承运货物的数量及完成期限，不具体规定航次数和船舶艘数的一种租船方式。

在定程租船方式下，船方必须按租船合同规定的航程完成货物运输任务，并负责船舶的经营管理及其在航行中的各项费用开支；租船人则应支付双方约定的运费，定程租船的运费一般按装运货物的数量计算，也有按航次包租总金额计算的。至于货物在港口的装卸费用，究竟由船方抑或租方负担，应在租船合同中做出明确规定。

定程租船使用较广的有“标准杂货租船合同”（Uniform General Charter Party，Dencon），简称金康合同。定程租船合同的主要条款有：合同当事人；船名和船旗；货物；装卸港；受载日和解约日；运费；装卸费用的划分；许可装卸时间；滞期费和速遣费。

在程租合同中，除上述主要条款外，还有佣金、留置权、共同海损、罢工、冰冻、绕航、仲裁等方面的约定。

（2）定期租船。定期租船是船舶所有人把船舶出租给承租人使用一定时期的租船方式。在此期限内，承租人可以利用船舶的运载能力来安排货运。租期内的船舶燃料费、港口费用以及拖轮费用等营运费用，都由租船人负担，船东只负责船舶的维修、保险、配备船员、供给船员的给养和支付其他固定费用。定期租船的租金在租期内不变，支付方法一般按船舶夏季载重线时的载重吨（每吨每月若干货币）单位计算，每30天（或每日每月）或每半月预付一次。

按期限租船时，船租双方的权利与义务应在期限船合同中订明，船方应提供适航的船舶，关于船员薪金、伙食等费用以及保持船舶具有适航价值而产生的有关费用，均由船方负担。在船舶的出租期间，租船人可根据租船合同规定的航行区域自由使用和调动船舶，但船舶经营过程中产生的燃料费、港口费、装卸费和垫舱物料费等项开支，均应由租船人负担。关于定期租船的租金，一般是按租期每月每吨若干金额计算。

定期租船有“标准定期租船合同”（Uniform Timecharter Party，Baltime），又称巴尔的摩租船合同。定期租船合同的主要条款有：船舶说明；租期；交船；租金；停租与复租；还船；转租。

（3）光船租船。光船租船（Demise or Bareboat Charter），是一种比较特殊的租船方式。它也是按一定的期限租船，但与期租不同的是，船东不提供船员，只将船交租船人使用，由租船人自行配备船员，负责船舶的经营管理和航行等各项事宜。在租赁期间，租船人实际上对船舶有着支配权和占有权。

2．租船程序

租船一般要经过询盘、发盘、还盘、接受和签约几个环节，经双方讨价还价，最后达成交易，签订租船合同。

（1）询盘，又称询租。询盘可由租船人发出，也可由船东发出。程租询盘的主要内容一般包括货物种类、名称、数量、包装、装卸港口或区域、装运期、装卸条件等。期租询盘的内容一般包括船舶类型、载重吨、船龄、船籍、交船和还船地点、航行范围等。船东询盘的主要内容一般包括船舶类型、船名、船籍、吨位、航行范围、受载日期、船舶供租的方式等。

（2）发盘，又称报价或发价。发盘的内容包括租船业务的所有主要条件：对船舶技术规范和状况的要求；洽租方式和期限；运费或租金及支付条件；装卸港口或航行区域；装卸时间和装卸费用；交船时间和地点；货物的种类和数量；受载期与解约日；滞期费与速遣费；要求采用的租船合同范本等。

（3）还盘。还盘是指对报盘中的实质内容做出修改或提出自己的不同条件。在还盘时，要仔细审查对方报盘的内容，决定哪些可以接受，哪些不能接受，或要经修改和补充并逐一提出。在还盘中提到的条件都是否定或修改补充对方报盘中的条件，凡是还盘中没有提到的对方报盘中的条件，则被认为已接受的条件。在租船过程中，并非所有的报盘都要用还盘的形式做出答复。若对方的报盘完全不能接受或者可以接受的条件很少，另一方也可以采用报盘的形式来回答，要求对方还盘。

（4）接受。接受即一方当事人明确表示同意或确认另一方所提出的各项洽租条件。接受是一项租船业务成交的标志，此时各项洽租条件对双方当事人均有法律约束力，有任何违反这些条件的行为，当事人必须承担违约责任。根据国际惯例，接受后双方当事人通常签署一份"订租确认书"。

（5）签约。经双方协商一致，谈妥租船合同各项条款后则需办理最后的签约手续。签约有两种形式：一是租船人或船东自己签约；二是授权代理签约。

3．租船的运费计算

程租合同中有的规定运费率，按货物每单位重量或体积若干金额计算；有的规定整船包价。费率的高低主要决定于租船市场的供求关系，但也与运输距离、货物种类、装卸率、港口使用、装卸费用划分和佣金高低有关。合同中对运费按装船重量或卸船重量计算，运费预付或到付，均须订明。特别要注意的是，应付运费时间是指船东收到的日期，而不是租船人付出的日期。

装卸费用的划分法：

（1）船方负担装卸费，又称"班轮条件"。

（2）船方不负担装卸费，采用这一条件时，还要明确理舱费和平舱费由谁负担。一般都规定租船人负担，即船方不负担装卸、理舱和平舱费条件。

（3）船方管装不管卸条件。

（4）船方管卸不管装条件。

6.2.3 海运事故索赔与理赔

国际海洋运输经常会发生货损货差事故，因此就会出现索赔与理赔的问题。货主对因货运事故造成的损失向承运人或船舶所有人提出赔偿要求的行为称为索赔。船公司等接受和处理索赔人所提出的索赔工作，称为理赔。处理海洋运输事故难度较大，是一项十分重要的工作。

1．海运事故的索赔

（1）事故责任的划分。货损货差事故在运输过程的任何环节都有可能发生。记录和保留有关事故的原始记录十分重要。提单、收货单、过驳清单、卸货报告、货物溢短单、货物残损单、装箱单、积载图等货运单证均是处理货运事故和明确责任方的依据。事故发生后，第一发现人具有报告的责任。例如，在船舶运输途中可能发生货运事故时，船长就有责任发表海事声明。在不同的情况下，当事人的责任可以是：

① 托运人的责任。首先，不论是租船运输，还是班轮运输，托运人将货物交付承运人之前所发生的一切货损货差均由托运人负责。当货物交付承运人，货物处于承运人监管下时，托运人也不能百分之百地免除对货损发生的责任。例如，由于货物的包装不坚固、标志不清，或由于托运人隐瞒货物种类或其特性，或潜在缺陷等原因造成货损时，则由托运人负责。

② 承运人的责任。对于承运人在运输、保管货物过程中所发生的灭失或损坏，除由于上述的托运人的原因和不可抗力的原因外，原则上都由承运人承担责任。一些国家的海商法，包括我国的《海商法》和《海牙规则》规定了一些承运人的免责事项，如对船长、船员、引航员或承运人的其他受雇人在驾驶船舶或管理船舶中的航行过失所引起的或承运人的非故意行为所引起的火灾而带来的货损，承运人可以免责。

③ 第三人的责任。在货物运输过程发生的货运事故，若根据运输合同处理，则其责任人应该是承运人或托运人。但是，实际造成货运事故发生的人可能是第三人，因此，第三人应该对此承担责任。通常是在承运人与托运人之间解决了有关货损货差的赔偿问题之后，再根据事故的原因追究第三人的责任。

（2）索赔的原则。索赔应坚持实事求是、有根有据、合情合理、注重实效的原则。实事求是是根据所发生的实际情况，分析其原因，确定损失的程度或准确数量，确定责任人及其责任范围。在提出索赔时，应掌握造成货损事故的有力证据，并依据合同有关条款、法律或国际惯例，有根有据地提出索赔。合情合理是根据发生的事实，准确地确定损失程度和金额，合理地确定责任方应承担的责任。注重实效是要求货主在货损货差的索赔中注重实际效益。既要考虑当前利益，也要考虑长远利益。如果已没有可能得到赔偿，而仍然长期纠缠在法律诉讼中，则只能是浪费时间和财力。如果能得到部分损失的赔偿，则切不可因等待全额赔偿而放弃。

（3）索赔条件及索赔单证。一项合理的索赔必须具备的条件有：索赔人要有正当提赔权；责任方必须负有实际赔偿责任；赔偿的金额必须是合理的；在规定的期限内提出索赔。

对于海运事故一旦确定进行索赔，就需要准备相应的索赔单证。这些单证主要包括：索赔函；索赔清单；货物残、短签证；提单；商业发票；费用单证；其他单证。

（4）索赔程序。

① 发出索赔通知。我国《海商法》和有关的国际公约，如《海牙规则》、《维斯比规则》、《汉堡规则》以及各船公司的提单条款，一般都规定：货损事故发生后，根据运输合同或提单有权提货的人，应在承运人或承运人的代理人、雇佣人交付货物当时或规定的时间内，向承运人或其代理人提出书面通知，声明保留索赔的权利，否则，承运人可免除责任。

不过，根据规则、法律、国际公约、提单条款以及航运习惯，一般都把交付货物当时是否提出货损书面通知视为按提单记载事项将货物交付给收货人的推定证据，或者初步证据。即，即使收货人在接受货物时未提出货损书面通知，以后在许可的期限内仍可根据货运单证（过驳清单、卸货记录、货物溢短单或残损单等）的批注或检验人的检验证书，作为证据提出索赔。

② 提交索赔申请书或索赔清单。索赔申请书或索赔清单是索赔人向赔偿人正式要求赔偿的书面文件。其提出意味着正式提出了索赔要求。因此，如果索赔方仅仅提出货损通知而没有递交索赔申请书或索赔清单，或者出具有关的货运单证，则可解释为没有提出正式索赔要求，承运人就不会受理货损货差的索赔。

③ 提起诉讼。索赔可以通过当事人双方之间的协调、协商或通过非法律机关的第三人的调停予以解决。但是如果协商、调停工作不能保证达到解决纠纷的结果，那么最终可能是通过法律的手段解决，即提起诉讼或仲裁。关于诉讼时效，《海牙规则》和《海牙—维斯比规则》及我国《海商法》规定期限为1年。

2．海运事故的理赔

（1）理赔案件的审核。船公司等接到索赔人提出的索赔案后，应立即对索赔案件进行认真的审核。审核包括两个方面。

① 对索赔单证的完备性的审核。通常应该注意三个方面的要求：

一是证明索赔人是合法的索赔人。如果索赔人是收货人，只要提供提单等即可满足要求，否则，则可能还要求提供权益转让证书或者委托书。

二是证明承运人负有赔偿责任。要证明货运事故是在承运人掌管货物期间内发生的，或者货运事故是在承运人运输和保管货物的过程中发生的。

三是证明索赔人提出的索赔金额是合理的。要求索赔人除提交证明货物受损程度的单证外，还应提交作为将已确定的受损程度换算成为所提出索赔金额依据的有关核定索赔金额的单证。

② 对索赔单证内容的审核。在审核索赔人提供的索赔单证齐全后，船公司等还要进一步对所有单证的内容进行审核，并注意以下六个方面的要求：索赔人提出索赔的时间和诉讼时效；各种索赔单证所记载的内容是否一致；货运事故是否在承运人掌管货物期间发生；有关货损货差的货运单证上是否有船方签字或批注；查对理货数据；核对索赔金额。

（2）承运人的拒赔举证。船公司接到索赔人提出的索赔案件，在对索赔单证进行审核后，如果确认货物的损害不是自己的责任所造成时，就应将自己对于货物的损害不承担责任及其理由及时地通知索赔人，即拒赔。

在索赔案件中，索赔人首先要举证证明承运人接收货物时，货物的表面状况是良好的，而收货人从承运人处提取货物时已经受损或短缺，即索赔人先要尽举证责任。然后，举证责任就转移到承运人一方。如果承运人认为索赔案件中的货损货差不是其责任所引起，对损害不承担赔偿责任时，就应证明货物的损坏或灭失不是因承运人的责任引起的，也不是因承运人和他的船长、船员或受雇人员对货物的保管、照料过程中有过失而引起的，并且已经做到了“谨慎处理”的责任，或者根据法律规定承运人是可以免责的。

为了举证，承运人必须提出能够证明他和他的船长、船员、代理人和受雇人员都没有过失或不应承担责任的单证或证明。除前面已有的单证外，还有如积载检验报告、舱口检验报告、卸货事故报告和海事声明等单证。

6.3 国际航空货物运输

国际航空货物运输虽然起步较晚，但由于在速度、安全、地理条件等方面具有许多其他运输方式所不能比拟的优越性，所以得到了非常迅速的发展，同时促进了国际贸易和国际物流的发展。本节重点阐述航空货物运输的主要组织方式、运输业务操作、运费计算及事故索赔等内容。

6.3.1 航空货物运输的组织方式

1. 班机运输

班机运输（Scheduled airline），又称定期航班运输，是指在固定的航线上，按照固定的时间和固定的航空港以及固定的运价承揽旅客和货物运输的航班。根据班机运输中所用机型的不同，航空货物运输的定期航班运输又可分为两类：一类是采用全客机或客货两用机航班的货舱运送少量货物；另一类则是大型航空公司在货运量较为集中的航线上开辟定期的货运航班，采用全货机运送大量货物。

2. 包机运输

包机运输（Chartered Carrier），又称不定期航班运输，通常分为整机包机与部分包机两种。整机包机是指航空公司或包机代理公司按照与租机人事先约定的条件和费率，将整架飞机租给租机人，从一个或几个航空站装运货物到指定目的地的运输方式。部分包机则是由几家航空货运代理人或托运人联合包租一架飞机，或者由包机公司把一架飞机的舱位分别租给几家航空货运代理公司或托运人。部分包机又分为包舱或包板。

3. 集中托运

集中托运（Consolidation）是集中托运商（Consolidator）将不同托运人的货物集中起来，以较低的运价交付给承运人承运，然后再由其在目的地的分拨商将货物分别交付不同收货人的业务。集中托运既可以采用班机运输的方式，又可以采用包机运输的方式。这种托运方式可争取到较为低廉的运价，在国际航空运输中使用比较普遍。

集中托运的限制：

（1）集中托运只适合办理普通货物，对于等级运价的货物，如贵重物品、危险品、活动物及文物等不能办理集中托运。

（2）目的地相同或临近的可以办理，其他则不宜办理。例如，不能把去日本的货发到欧洲。

（3）由于在集中托运的情况下，货物的出运时间不能确定，所以不适用于易腐变质的货物、紧急货物及其他对时间要求较高的货物。

4．陆空联运

陆空联运分三种：一是 TAT，即 Train-Air-Trick 的联运；二是 TA，即 Truck-Air 的联运；三是 TA，即 Train-Air 的联运。通过运用这几种复合一贯制运输的方式，可以真正地实现“门到门”的运输服务，从而能够更好地适应现代物流对及时性和准确性的要求。由于我国幅员辽阔，国际航空港口岸较少，所以我国空运出口货物通常采用陆空联运方式。

5．航空快递

航空快递（Air Express）是指由专门从事航空快递业务的公司与航空公司合作，以最快的速度在货主、航空公司、用户之间运送急件的业务。航空快递业务形式包括：门到门（或桌到桌）服务；门（桌）到机场服务；专人派送。三种服务形式相比，门（桌）到机场形式对客户来讲比较麻烦；专人派送最可靠、最安全，但费用也最高；门到门（桌至桌）的服务介于上述两者之间，适合绝大多数快件的运送。

6.3.2 航空货物运输的业务操作

1．航空公司出港货物的操作程序

航空公司出港货物的操作程序指的是代理人把货物交给航空公司后，直到货物装上飞机的整个操作流程。航空公司出港货物的操作程序如图 6-1 所示。

（1）预审 CBA。CBA 即国际货物订舱单，此单由国际吨控室开具，作为配载人员进行配载工作的依据，配载人员一般应严格按照 CBA 要求配货。根据 CBA，了解旅客人数和货邮订舱情况，估算本航班最大可利用货邮业载和舱位，预划平衡，了解相关航线上待运货物情况。

（2）整理单据。整理的单据主要包括三个方面的单据：已入库的大货单据、现场收运的货物单据、中转的散货单据。

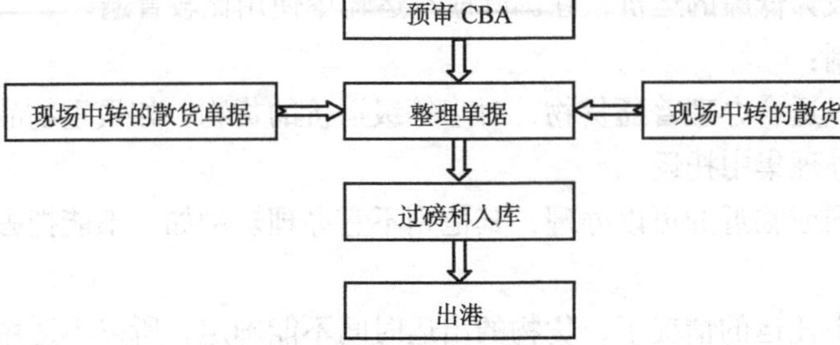

图 6-1　航空公司出港货物操作流程

（3）过磅和入库。检查货物板、箱组装情况，高度、收口等是否符合规定；将货物送至电子磅，记录重量，并悬挂吊牌；对装有轻泡货物的板箱，察看运单，做好体积记录；在电脑中输入板箱号码、航班日期等，将货物上货架。

（4）出港。制作平衡交接单；制作舱单。

2．航空公司进港货物的操作程序

航空公司进港货物的操作程序指的是从飞机到达目的地机场，承运人把货物卸下飞机直到交给代理人的整个操作流程，如图 6-2 所示。

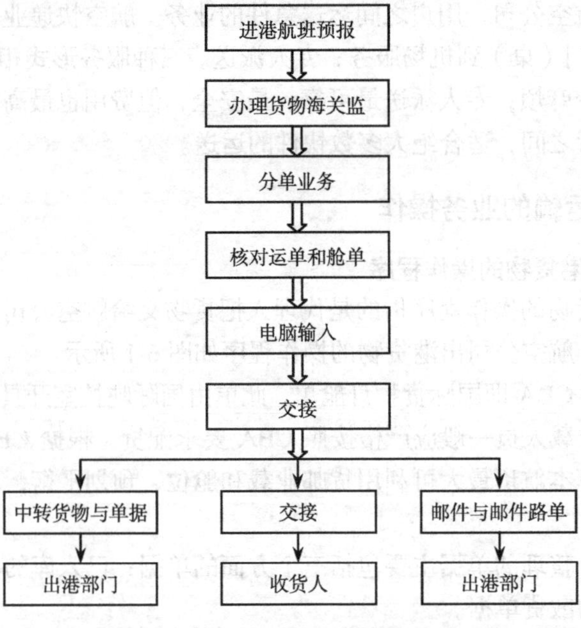

图 6-2　航空公司进港货物操作流程

（1）进港航班预报。填写航班预报本，以当日航班进港预报为依据，在航班预报本中逐项填写航班号、机号、预计到达时间；预先了解货物情况，在每个航班到达之前，从查询部门拿取航班 FFM、CPM、LDM、SPC 等电报，了解到达航班的货物装机情况及特殊货物的处理情况。

（2）办理货物海关监管。有关人员将货运单送到海关办公室，由海关人员在货运单上加盖海关监管章。

（3）分单业务。在每份货运单的正本上加盖或书写到达航班的航班号和日期；认真审核货运单，注意运单上所列目的港、代理公司、品名和运输保管注意事项；联程货运单交中转部门。

（4）核对运单和舱单。若舱单上有分批货，则应把分批货的总件数标在运单号之后，并注明分批标志；把舱单上列出的特种货物、联程货物圈出；根据分单情况，在整理出的舱单上标明每票运单的去向；核对运单份数与舱单份数是否一致，做好多单、少单记录，将多单运单号码加在舱单上，多单运单交查询部门。

（5）电脑输入。根据标好的一套舱单，将航班号、日期、运单号、数量、重量、特种货物、代理商、分批货、不正常现象等信息输入电脑，打印出国际进口货物航班交接单。

（6）交接。中转货物和中转运单、舱单交出港操作部门，邮件和邮件路单交邮局。

6.3.3 航空货物运费计算

1. 基本概念

（1）运价（Rate），又称费率，是指承运人对所运输的每一重量单位货物（千克或磅）所收取的自始发地机场至目的地机场的航空费用。货物的航空运价一般以运输始发地的本国货币公布，有的国家则以美元代替其本国货币公布运价。销售航空货运单所使用的运价应为填制货运单之日的有效运价，即在航空货物运价有效期内适用的运价。

（2）航空运费（Weight Charge），是指承运人将一票货物自始发地机场运至目的地机场所收取的航空运输费用。该费用根据每票货物所适用的运价和货物的计费重量计算而得。每票货物是指使用同一份航空货运单的货物。由于货物的运价是指货物运输起讫地点间的航空运价，因此，航空运费也就是指自始发地机场至目的地机场间的运输货物的航空费用，不包括其他费用。

（3）其他费用（Other Charges），是指由承运人、代理人或其他部门收取的与航空货物运输有关的费用。在组织一票货物自始发地至目的地运输的全过程中，除了航空运输外，还包括地面运输、仓储、制单、货物国际清关等环节，提供这些服务的部门所收取的费用即为其他费用。

（4）计费重量（Chargeable Weight），是指用以计算货物航空运费的重量。货物的计费重量或者是货物的实际毛重，或者是货物的体积重量，或者是较高重量分界点的重量。

① 实际毛重（Actual Gross Weight）。包括货物包装在内的货物重量。由于飞机最大起飞全重及货舱可用业载的限制，一般情况下，对于高密度货物，应考虑其货物实际毛重可能会成为计费重量。

② 体积重量（Volume Weight）。按照国际航协规则，将货物的体积按一定的比例折合成的重量。由于货舱空间体积的限制，一般对于低密度的货物（轻泡货物），考虑其体积重量可能会成为计费重量。计算货物体积时，均应以最长、最宽、最高的三边的厘米长度计算。长、宽、高的小数部分按四舍五入取整，体积重量的折算标准为每 6 000 cm^3 折合 1 kg。

$$体积重量（kg）= 货物体积（cm^3）\div 6\,000（cm^3/kg）$$

③ 计费重量（Chargeable Weight）。一般地说，计费重量取货物的实际毛重与货物的体积重量两者较高者；但当货物按较高重量分界点的较低运价计算的航空运费较低时，则以较高重量分界点的货物起始重量作为货物的计费重量。

国际航协规定，货物国际的计费重量以 0.5 kg 为最小单位，重量尾数不足 0.5 kg 的，按 0.5 kg 计算；0.5 kg 以上不足 1 kg 的，按 1 kg 计算。例如，105.01 kg→105.5 kg；105.501 kg→106.0 kg。

（5）最低运费（Minimum Charge），是指一票货物自始发地机场运至目的地机场航空运费的最低限额。货物按其适用的航空运价与计费重量计算所得的航空运费，应与货物最低运费相比，取高者。

（6）货币进整。货物航空运价、运费进整时，需将航空运价或运费计算到进整单位的下一位，然后按半数进位法进位，计算所得的航空运价或运费，达到进位单位一半则进位，否则舍去。

我国货币人民币（CNY）的进位规定为：航空最低运费进位单位为“5”，除此之外的运价及航空运费等的进位单位均为“0.01”（对于以“0.01”为进位单位的货币，其货币进位就是我们常说的四舍五入）。

2. 航空货物运价种类与使用规定

（1）航空货物运价种类。按运价的组成形式划分，国际航空货物运价包括协议运价、公布直达运价和非公布直达运价。公布直达运价比较常用，所以后面主要介绍该运价的计算。按货物的性质划分，国际航空货物运价包括普通货物运价、指定商品运价、等级运价和集装货物运价。

（2）航空货物运价使用规定。使用顺序为：优先使用协议运价；如果没有协议运价，使用公布直达运价；如果没有协议运价和公布直达运价，使用比例运价；最后采用分段相加运价（最低组合）。货物运价应为填开货运单当日承运人公布的有效货物运价。货物运价的使用必须严格遵守货物运输路线的方向性，不可反方向使用运价。使用货物运价时，必须符合货物运价注释中要求和规定的条件。

（3）公布直达运价的使用。公布直达运价是指承运人直接在运价资料中公布的从运输始发地至运输目的地的航空运价。运价的公布形式有 N、Q45 等运价结构，也有 B、K 运价结构（欧洲特有的运价结构）。指定商品运价与普通货物运价同时公布在《运价手册》（TACT Rates Books）中。等级货物运价计算规则在《运价规则》（TACT Rules）中公布，运费计算结合《运价手册》一起使用。

3．公布直达运价、运费的计算

货物的航空运费主要由两个因素组成，即货物适用的运价与货物的计费重量。货物的计费重量需要同时考虑其体积重量和实际重量两个因素。公布直达运费计算中，普通货物的运费计算较为简单，下面仅以普通货物的运费计算为例，介绍航空货物运输中公布直达运费的计算。

普通货物运价（General Cargo Rate，GCR）是指除了等级货物运价和指定商品运价以外的适合普通货物运输的运价。该运价公布在《运价手册》第 4 部分中。

一般地，普通货物运价根据货物重量不同，分为若干个重量等级分界点运价。例如，“N”表示标准普通货物运价（Normal General Cargo Rate），指的是 45 kg 以下的普通货物运价（如无 45 kg 以下运价时，N 表示 100 kg 以下普通货物运价）。同时，普通货物运价还公布有“Q45”、“Q100”、“Q300”等不同重量等级分界点的运价。这里“Q45”表示 45 kg 以上（包括 45 kg）普通货物的运价，依此类推。对于 45 kg 以上的不同重量分界点的普通货物运价均用“Q”表示。

运费计算的一般规则：用货物的计费重量和其适用的普通货物运价计算而得的航空运费不得低于运价资料上公布的航空运费的最低收费标准（M）。

【例 6-1】由北京运往东京一箱服装，毛重 29.4 kg，体积尺寸为 78 cm×52 cm×33 cm，计算其航空运费。公布运价如下表所示：

BEIJING		CN	BJS
Y.RENMINBI	CNY		KGS
TOKYO	JP	M	230.00
		N	37.51
		45	28.13

解：

体积（Volume）：78 cm×52 cm×33 cm=133 848 cm^3

体积重量（Volume Weight）：133 848 cm^3 ÷ 6 000 cm^3/kg=22.308 kg=22.5 kg

毛重（Gross Weight）：29.4 kg

计费重量（Chargeable Weight）：29.5 kg

适用运价（Applicable Rate）：GCR N 37.51CNY/kg

航空运费（Weight Charge）：29.5×37.51=CNY 1 106.55

【例 6-2】北京运往日本东京一箱水龙头接管，毛重 37.7 kg，计算其航空运费。公布运价如下表所示：

BEIJING		CN	BJS
Y.RENMINBI	CNY		KGS
TOKYO	JP	M	230.00
		N	37.51
		45	28.13

解：

（1）按实际重量计算。

毛重：37.7 kg

计费重量：38.0 kg

适用运价：GCR N 37.51 CNY/kg

航空运费：38.0×37.51=CNY 1 425.38

（2）采用较高重量分界点的较低运价计算。

计费重量：45.0 kg

适用运价：GCR Q 28.13CNY/kg

航空运费：28.13×45.0=CNY 1 265.85

（1）与（2）比较，取运费较低者。

【例 6-3】由北京运往日本大阪一件洗发香波样品 4.3 kg，计算其航空运费。公布运价如下表所示：

BEIJING		CN	BJS
Y.RENMINBI	CNY		KGS
TOKYO	JP	M	230.00
		N	37.51
		45	28.13

解：

毛重：4.3 kg

计费重量：4.5 kg

适用运价：GCR N 37.51CNY/kg

航空运费：4.5×37.51=CNY 168.80

最低运费：CNY 230.00

此票货物的航空运费应为230.00 CNY。

6.3.4 航空货物运输事故索赔

1. 承运人的责任

承运人从货物收运时起，到交付时止，承担安全运输的责任。托运货物在航空运输期间发生的货物损失，承运人应承担责任，但是依据公约、法律和规定以及承运人免除责任的除外。航空运输期间是指在机场内、民用航空器上或机场外降落的任何地点，托运货物处于承运人掌管之下的全部期间。航空运输期间不包括机场外的任何陆路运输、海上运输、内河运输过程，但是，此种陆路运输、海上运输、内河运输是为了履行航空运输合同而实施，在没有相反证据的情况下，所发生的损失视为在航空运输期间发生的损失。

在运输过程中，货物延误的责任应当由承运人承担，但承运人已采取一切必要措施或不可能采取此种措施的，承运人不对因延误引起的损失承担责任，以及有关国际公约、国家法律和规定，承运人另有规定的除外。

由于遵守公约、法律和规定而产生的，或由于不可抗力原因造成直接或间接损失的，承运人不承担责任。当托运的货物属于禁运的某类货物，或者适用的法律和规定不允许运输该货物时，承运人将拒绝运输而不承担责任。

2. 索赔

如果收货人在提取货物时发现货物毁灭、遗失、损坏或者延误等，应立即向承运人提出异议。经双方共同查验、确认后，据实填写货物交付状态记录或者详细记录在货运单上，由双方签字或盖章，该记录作为收货人日后向承运人提出索赔的依据。只有在符合此条件的前提下，托运人才可以向承运人提出索赔。

（1）索赔人。索赔人是指在航空运输合同执行过程中有权向承运人或其代理人提出索赔要求的人。索赔人可以是货运单上的托运人或收货人，持有托运人或收货人签署的权益转让书或授权委托书法人或个人、律师事务所。分运单上的实际托运人或收货人不能作为索赔人向承运人提出索赔。如果是混载货物，部分货物丢失或损坏，代理人可以签署权益转让书，由实际的托运人或收货人向承运人提出索赔。

（2）索赔地点。索赔人可在货物的始发站、目的站或发生损失的中转站向承运人提出索赔。

（3）提出索赔要求的时限。索赔人应在下列期限内以书面形式向承运人索赔：托运货物在运输过程中发生损失的，索赔至迟应当自收到货物之日起 14 日内以书面形式提出；托运货物发生延误运输的，最迟应当自货物处置权交给收货人之日起 21 日内书面提出索赔；货物托运后始终没有交付的，托运人应当自货运单填开之日起 120 日内书面提出索赔。

除承运人有欺诈行为外，如果托运人或收货人未能在要求的期限内提出索赔的，即丧失了向承运人索赔的权力。对于不符合公约、法律和规定的索赔，承运人须在规定时限内给托运人明确答复。

（4）索赔应具备的文件。一般包括：索赔函，即索赔人向承运人提出正式索赔的书面文件；货运单正本或副本；货物交付状态记录或注有货物异常状况的货运单交付联；货物商业发票正本、修复货物所产生费用的发票正本、装箱清单正本和其他必要资料；货物损失的详细情况和索赔金额；商检报告或其他关于损失的有效证明。

3．赔偿管理

（1）接到索赔人的赔偿信件后，应进行处理，但在事故未调查清楚前或未经赔偿主管部门的批准之前，不能肯定赔偿和赔偿具体金额的答复。其处理程序为：在收到索赔信件上记录收到信件的年月日；通知与该赔偿有关的其他部门，本处已受理赔偿，以防止重复赔偿；确认收到索赔人信件的答复；对事故记录进行调查；必要时，请索赔人填写索赔表；确定货物的实际损失和赔偿金额；将有关资料报上级主管部门批准。

（2）如在货物运输过程中，货物的损失不能判明责任时，应由各承运人按所收运费比例分摊负担赔偿责任。

（3）若索赔人未提供赔偿所需的资料或所提供的资料不齐全，承运人可不受理赔偿，但应书面通知索赔人。

4．有关赔偿的诉讼与仲裁

（1）有关赔偿的诉讼，应该由原告选择，在一个缔约国的领土内，向承运人住所地或其总管理处所在地或签订契约的机构所在地法院提出，或者向目的地法院提出。

（2）诉讼程序应根据受理案件的法院的法律规定办理。

（3）诉讼应该在航空器到达目的地之日起或应该到达之日起，或者从运输停止之日起两年内提出，否则丧失追诉权。

（4）诉讼期限的计算方法根据受理法院的法律决定。

（5）承运人、托运人或收货人在执行航空运输合同发生纠纷时，应通过协商解决。如果协商不成，任何一方均可向合同管理机关申请调解或仲裁，也可向司法机关起诉。

6.4 国际多式联运

20 世纪 60 年代末，美国首先试办多式联运业务，受到货主的欢迎。随后，国际多式联运在北美、欧洲和远东地区开始进行；20 世纪 80 年代，国际多式联运已逐步在发展中国家开展。国际多式联运是在集装箱运输的基础上产生和发展起来的，它通常是以集装箱为运输单元，将不同的运输方式有机地组合在一起，构成连续的、综合性的一体化货物运输，因此国际多式联运是一种以实现货物整体运输的最优化效益为目标的联运组织形式，是比区段运输高级的运输组织形式。本节在简要介绍国际集装箱运输基本知识之后，重点阐述国际多式联运的组织形式、条件、经营人及交接方式。

6.4.1 国际多式联运概述

1. 国际多式联运的概念和特点

国际多式联运（International Multimodal Transport），是指按照多式联运合同，以至少两种不同的运输方式，由多式联运经营人将货物从一国境内接管货物的地点运至另一境内指定交付货物的地点的一种运输方式。

国际多式联运较一般运输方式具有以下特点：

（1）国际多式联运是跨越国境的国际间的货物运输。国际多式联运一般要跨越不同的国家或地区，涉及不同的社会、政治、法律、经济等复杂环境，这与国内运输环境差别较大。

（2）国际多式联运是全程使用两种或两种以上不同的运输方式的连贯运输。无论涉及何种运输方式、分为多少个区段，多式联运过程都由多式联运经营人完成或组织完成的，即国际多式联运经营人要对全程运输负责。

（3）国际多式联运是根据多式联运合同进行的。国际多式联运合同是多式联运经营人与发货人订立的，符合多式联运条件的运输合同。多式联运合同是确定多式联运性质的根本依据，也是区别多式联运与一般联运的主要依据。

（4）国际多式联运是一票到底、实行全程单一费率的运输。发货人只办理一次托运、一次计付运费、一次保险，通过一张运输单据，可以实现从启运地到目的地的全程连贯运输。

（5）国际多式联运在运输过程中一般以集装箱作为运输的基本单元。货物集装箱化促进了国际多式联运的发展，而现代集装箱运输自产生时起就与多式联运紧密地联系在一起，使得国际多式联运具有集装箱运输的高效率、高质量的特点。

2．国际多式联运的优越性

国际多式联运比传统单一运输方式具有无可比拟的优越性，主要表现在以下几个方面：

（1）责任统一，手续简便。在国际多式联运方式下，不论全程运输距离多么遥远，也不论需要使用多少种不同运输工具，途中要经过多少次转换，一切运输事宜统一由多式联运经营人负责办理，而货主只要办理一次托运，签订一个合同，支付一笔全程单一运费，取得一份联运单据，就算是履行全部责任。与单一运输方式的分段托运、多头负责相比，不仅手续简便，而且责任更加明确。

（2）减少中间环节，提高货运质量。由于国际多式联运通常是以集装箱为媒介的直达连贯运输，中途无须拆箱倒装，货损货差能够大为减少，从而较好地保证货物安全和货运质量。而且，由于是连贯运输，各个运输环节和各种运输工具之间配合密切、衔接紧凑，货物所到之处中转迅速及时，大大减少在途停留时间，故能较好地保证货物安全、迅速地运抵目的地。

（3）降低运输成本，节省运杂费用。对货主来说，货物装箱或装上第一程运输工具后就可取得联运单据进行结汇，提前了结汇时间，有利于加速货物资金周转，减少利息支出。采用集装箱运输，还可以节省货物包装费用和保险费用。此外，多式联运全程使用的是一份联运单据和单一运费，这大大简化了制单和结算手续，尤其便于货主事先核算运输成本。

（4）提高运输管理水平，实现运输合理化。对于区段运输而言，由于各种运输方式的经营人各自为政，自成体系，因而其经营业务范围受到限制，货运量也相应受到限制。而一旦由不同的运输经营人共同参与多式联运，经营的范围可以大大扩展，同时可以最大限度地发挥其现有设备作用，选择最佳运输线路，组织合理化运输。

（5）带来更大的社会意义。从政府的角度来看，发展国际多式联运有利于加强政府部门对整个货物运输链的监督与管理；保证本国在整个货物运输过程中获得较大的运费收入分配比例；有助于引进新的先进运输技术；减少外汇支出；改善本国基础设施的利用状况；通过国家的宏观调控与指导职能保证使用对环境破坏最小的运输方式，达到保护本国生态环境的目的。

6.4.2 国际集装箱运输

由于集装箱运输具有高效率、高质量、速度快、便于“门到门”运输等特点，集装箱运输在国际货物运输中有巨大的优越性，因此集装箱运输成为国际上普遍采用的一种重要的运输方式，并成为件杂货运输的发展方向，特别是国际多式联运基本上都采用集装箱运输。

1. 集装箱适箱货物

一般集装箱适箱货物分为四类：

（1）最适合集装箱化的货物，是指货价高、运费承受能力较强并且其包装及尺度、重量等均适合装载于集装箱的货物，如医药品、各种小型电器、光学仪器、针织品、烟酒、小五金等。

（2）适合集装箱化的货物，是指价值较前者低，其属性较适合集装箱装运的货物，如金属制品、纸板、电线、电缆、生皮等。

（3）临界集装箱化的货物，是指货物价值低、运价低、使用集装箱运输不经济，外形尺度、重量、包装不太适合集装箱化的货物，如钢锭、生铁、原木等。

（4）不适合集装箱化的货物，是指本身结构限制或运输不够经济的货物，如散煤、焦炭、废钢铁、大型卡车、大型构件、发电机等。

2. 集装箱货物装载方式

在集装箱货物的流转过程中，集装箱货物装载方式可分为两种：一种是整箱货；另一种是拼箱货。

（1）整箱货（Full Container Load, FCL），又称 FCL 货物。当货物的体积达到一个集装箱内部容积的 85%，或重量达到一个集装箱最大载重量的 95%时，即发货人或托运人的货量足以装满一个集装箱时，则该批货物可以装载于一个集装箱内，该箱货物称为整箱货。整箱货通常由货主在工厂或仓库自行装箱、计数、加封，并运到集装箱堆场（Container Yard, CY），因而整箱货又称 CY 货物。整箱货通常只有一个发货人和一个收货人。

（2）拼箱货（Less than Container Load, LCL），又称 LCL 货物。当货物不足以装满一个集装箱时，托运人或货主须将其运到承运人指定的集装箱货运站（Container Freight Station, CFS），在经报关后将货物交给承运人或其代理，承运人或其代理与其他货主的同样货物合并装于一个集装箱，该箱货物称为拼箱货。拼箱货是由承运人或其代理在集装箱货运站集中装箱，因而又称 CFS 货物。拼箱货一般涉及多个发货人或多个收货人。

3. 集装箱出口程序

以海运为例，集装箱出口程序包括以下内容。

（1）订舱。发货人（或其代理人）根据贸易合同或信用证条款规定，在货物托运前一定时间内向船公司或其代理人，或者多式联运经营人或其代理人申请订舱。例如，船公司或多式联运经营人接受发货人或货代订舱申请，则在双方议定船名、航次等信息后，在发给货方的场站收据副本（海关联）上盖章表示确认。承运人接受货主委托后便编制订舱清单，然后分送集装箱码头（或内陆港站）堆场、集装箱货运站，据此安排空箱及货物交接。

（2）发放空箱。除货主使用自备箱外，通常整箱货使用的空箱由发货人凭船方签署的提箱单到指定的码头（或内陆港站）的堆场领取空箱，并办理设备交接单手续。拼箱货使用的空箱由双方议定交接货物的集装箱货运站负责领取。

（3）拼箱货装箱。发货人将货物交至集装箱货运站，由货运站根据订舱清单、场站收据和船方的其他指示负责装箱、加封并制作箱单，然后将重箱运至码头堆场。

（4）整箱货交接。发货人负责装箱并将已加海关封志的整箱货运至码头（或内陆港站）堆场，堆场业务员根据订舱清单、场站收据及装箱单验收货物，在场站收据上签字后退还给发货人。

（5）换取提单。发货人凭签署的场站收据向集装箱运输经营人或其代理人换取提单后到银行结汇。

（6）装船运出。码头装卸区根据装船计划，将出运的集装箱调整到前方堆场，待船舶到港后装运出口。

4．集装箱进口程序

（1）做好卸船准备。在船舶抵达目的港前，起运港船舶代理人要将有关单证、资料寄传给目的港船舶代理人。目的港船舶代理人应及时通知各有关方（港口装卸、海关、检验检疫、堆场、收货人等）做好卸船准备，并应制作交货记录。

（2）卸船拆箱。一般地，集装箱从船上卸下后，要先放在码头（或由集装箱运输经营人办理保税手续后继续运至内陆港站）堆场。整箱可在此交付给收货人，拼箱货由堆场转到集装箱货运站，拆箱分拨后准备交付。船舶代理人将交货记录中的到货通知书寄送收货人。

（3）收货人付费换单。收货人接到货运通知单后，在信用证贸易下应及时向银行付清所有应付款项，取得有关单证（正本提单等），然后凭提单和到货通知书向船舶代理人换取提货单等提货手续。

（4）交付货物。整箱货物交付在集装箱堆场进行，拼箱货交付在集装箱货运站进行。堆场和货运站应凭海关放行的提货单，与收货人结清有关费用（保管费、再次托运费、滞期费、拆箱费等）后交付货物并由双方签署交货记录。由于整箱货是连同集装箱一起提取的，故整箱货提货时应办理设备交接单手续。

（5）还箱。收货人从堆场提取的重箱运到自己的仓库拆箱后，应将空箱尽快运回堆场，凭设备交接单办理还箱手续。

6.4.3 国际多式联运的组织形式

国际多式联运有许多不同的组织形式，下面介绍几种主要的组织形式。

1. 大陆桥运输

大陆桥运输是以横贯大陆的铁路或公路为中间桥梁，把大陆两端的海洋运输连接起来，形成一种“海—陆—海”的运输方式。大陆桥运输实质上是多式联运方式的一种，属于多式联运的范畴。

世界上共有四条大陆桥运输线，即美国大陆桥、加拿大大陆桥、西伯利亚大陆桥和新亚欧大陆桥。美国有两条大陆桥运输线：一条从西部太平洋口岸的西雅图、旧金山、洛杉矶等港口至东部大西洋口岸的纽约；另一条从西部太平洋口岸的上述港口至南部墨西哥湾口岸的休斯敦、新奥尔良等港口。加拿大大陆桥运输线起自加拿大太平洋沿岸的温哥华，终结于接近大西洋沿岸的蒙特利尔。西伯利亚大陆桥（又称亚欧大陆桥或欧亚大陆桥）是利用俄罗斯西伯利亚铁路作为陆地桥梁，将太平洋远东地区与波罗的海和黑海沿岸以及西欧大西洋口岸连接起来的大陆桥。该大陆桥运输线东自俄罗斯纳霍德卡港或东方港起，横贯欧亚大陆，至莫斯科后分为三路：第一路自莫斯科至波罗的海沿岸的圣彼得堡港，转船至西欧、北欧港口；第二路自莫斯科至俄罗斯西部国境站，转欧洲其他国家铁路（或公路）运至欧洲各国；第三路自莫斯科至黑海沿岸，转船至中东、地中海沿岸。所以，从远东地区至欧洲，通过西伯利亚大陆桥运输有海—铁—海，海—铁—公路和海—铁—铁三种运送方式。新亚欧大陆桥东起中国连云港和日照，西至荷兰鹿特丹。该大陆桥两端辐射范围广，东端的中国从北至南沿海各港口货物都可上桥。美国太平洋口岸、日本、韩国和东南亚各港口的货物，若采用新亚欧大陆桥运输，其运输距离短于西伯利亚大陆桥。新亚欧大陆桥西端触及的范围覆盖整个欧洲及中亚各国，如图 6-3 所示。

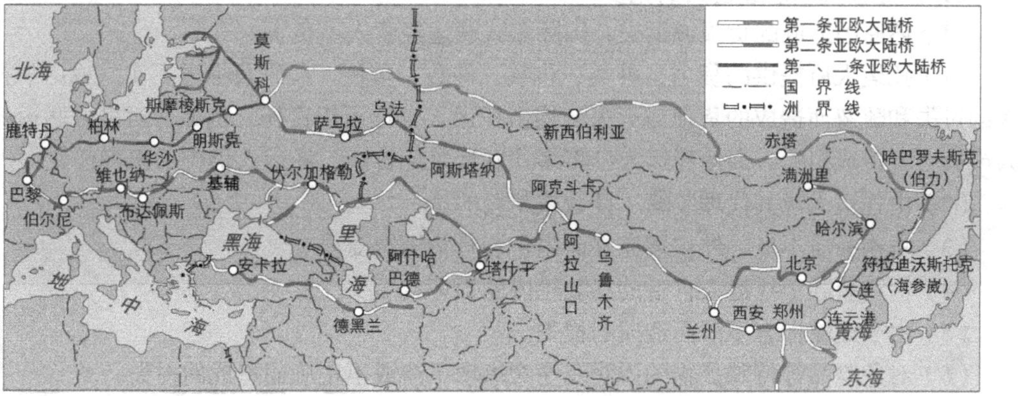

图 6-3　亚欧大陆桥示意图

2.“门到门”运输

在国际货物运输中，通过多式联运把海、铁路、航空、汽车、江河运输连贯起来，提供实现“门到门”运输的可能。这里讲的“门”是一个广义的概念。“门”，可以是指发货人工厂、仓库，也可以是指内地的集装箱货运站，也可以是指海港、码头。所以“门到门”可以是“门到港”、“港到门”、“仓库到码头”等。

6.4.4 国际多式联运的经营人

国际多式联运的经营人既不是发货人的代理或代表，也不是承运人的代理或代表，而是一个独立的法律实体。它具有双重身份，对货主来说它是承运人，对实际承运人来说，它又是托运人。它一方面与货主签订多式联运合同，另一方面与实际承运人签订运输合同。它是总承运人，对全程运输负责，对货物灭失、损坏、延迟交付等均承担责任。在国际上经营国际多式联运业务的多是规模较大、实力雄厚的国际货运公司。

1. 国际多式联运经营人的责任

国际多式联运经营人从接受货物起到交付货物止的过程中对货主负责。其主要责任有：

（1）托运人委托多式联运经营人负责装箱、计数的，后者应对箱内货物不是因商品自身包装和质量问题而造成的污损和灭失负责。

（2）托运人委托装箱时，多式联运经营人对未按托运人要求，因积载不当、衬垫捆扎不良而造成的串味、污损、倒塌、碰撞等货损负责。

（3）多式联运经营人对在责任期间内，因责任事故致使的货物损坏或灭失负责。

（4）多式联运经营人对货物的延迟交付负责。

2. 国际多式联运经营人的免责

对下述原因造成的货损或灭失，国际多式联运经营人不负责：

（1）托运人所提供的货名、种类、包装、件数、重量、尺码及标志不实，或由于托运人的过失和疏忽而造成的货损或灭失，均由托运人自行承担责任。例如，对多式联运经营人或第三者造成损失，即使托运人已将多式联运单证转让，托运人仍应承担责任。

（2）由托运人或其代理装箱、计数或封箱的。

（3）货物品质不良、外包装完好而内包装货物短缺变质。

（4）货物装载于托运人自备的集装箱内的损坏或短少。

（5）由于运输标志不清而造成的损失。

（6）对危险品等特殊货物的说明及注意事项不清或不正确而造成的损失。

（7）对有特殊装载要求的货物未加标明而引起的损失。

（8）由于海关、商检、承运人等行使检查权所引起的损失。

3. 国际多式联运经营人的责任范围

（1）统一责任制。在统一责任制下，多式联运经营人对货主负不分区段的运输的统一原则责任。即货物的灭失和损失，包括隐蔽损失（损失发生的区段不明），不论发生在哪个区段，多式联运经营人按一个统一原则负责并一律按一个约定的限额赔偿。

（2）分段责任制。分段责任制，又称网状责任制。多式联运经营人的责任范围以各区段运输原有责任为限，如海上区段按《海牙规则》办理，航空区段按《华沙公约》办理。在不适用国际法时，则按相应的国内法办理。赔偿也分别按区段的国际法或国内法规定的限额赔付，对不明区段货物隐蔽损失，或作为海上区段按《海牙规则》办理，或按双方约定的一个原则办理。

（3）修正统一责任制。修正统一责任制，是介于上述两种责任制之间的责任制，故又称混合责任制。也就是，在责任范围方面与统一责任制相同，而在赔偿方面则与分段责任制相同。

6.4.5 国际多式联运的交接

1. 货物集运

国际多式联运需要不同的发货人或不同的收货人将货物交给多式联运经营人，由后者集中起来组织运输。主要有买方集运和卖方集运两种形式。

（1）买方集运。买方集运是指进口商向同一地区的不同卖方购买了一批货物，需要托运。按传统的运输方式，在 CIF 或 CFR 条件下，由不同的发货人各自向承运人租船订舱，这样就有可能出现货物到港时间不同、卸货地点不同等情况，从而给收货人提货带来不便。在 FOB 条件下，由买方自己租船订舱，则有可能避免上述问题，但也有可能因备货情况、交货时间等造成货物不能按收货人要求装载于同一条船上，或者在转运、更换运输工具时，使同一收货人的货物分散装载，这同样会给收货人提货带来不便。

买方集运是由多式联运经营人根据收货人的要求，将同一收货人的货物集中起来，在内地或港口集装箱货运站，将这些货物装入同一集装箱内托运。这样就可以利用集装箱或成组运输本身所具有的优点，使同一收货人的货物可以同时到港或目的地。

（2）卖方集运。卖方集运是指由卖方委托多式联运经营人安排全程运输，将货物安全、准确、迅速、节省、方便地运送到目的地的方式。

2. 交接地点与方式

国际多式联运货物的交接地点与方式完全依贸易合同或货主的要求而定，可以有多种形式。但若以集装箱方式运输，其交接方式和地点，在国际上有通行的做法。以陆海陆联运方式为例，交接方式主要包括以下四种。

（1）整箱/整箱（FCL/FCL）。其方式为：发货人的“门”→装港 CY→卸港 CY→收货人的“门”。

即“门到门”（DOOR TO DOOR）。接交货物地点均在收发货人各自的仓库、工厂，装卸箱由收发货人自理。

（2）整箱/拼箱（FCL/LCL）。其方式为：发货人的“门”→装港 CY→卸港 CY→联运人的 CFS→收货人。

接货物地点在发货人的仓库、工厂。交货地点在联运人的 CFS。即门到集装箱站（DOOR TO CFS）。一般拆箱后以散件方式由收货人自提。拆箱后将货物分别交出的工作称为拆箱分拨业务。

（3）拼箱/整箱（LCL/FCL）。其方式为：发货人→联运经营人 CFS→装港 CY→卸港 CY→收货人的“门”。

接货地点在联运人 CFS，交货地点在收货人的仓库、工厂。货物向 CFS 集中一般由发货人自行安排，货交到 CFS 后，由联运经营人接货并装箱，这时联运过程开始。即集装箱站到门（CFS TO DOOR）。这种在 CFS 拼箱的业务称为拼箱集运业务。

（4）拼箱/拼箱（LCL/LCL）。其方式为：

发货人→联运经营人 CFS→装港 CY→卸港 CY→联运经营人 CFS→收货人。

接交货物均在联运经营人 CFS 中，即集装箱站到集装箱站（CFS TO CFS）。这种方式既包括拼箱集运业务，又包括拆箱分拨业务。

上述方式是国际习惯做法，但在实际业务中却往往遇有例外。例如，虽系整箱运输业务，而发货人不具有处理集装箱的设备和能力，把装拆箱工作委托联运经营人在 CFS 办理。又如，一般搬迁物资的拼箱货物，货主多要求送到家中等。作为多式联运经营人均应按照货主要求提供各种服务，而不能要求货主必须服从联运经营人的规定。只是当货主的要求有别于国际一般规则时，在划分责任、计收费用时一定要注意依贸易合同条件的规定严格加以划分，明确规定各有关方应承担的费用。

本章小结

国际物流运输是在国家与国家、国家与地区之间的运输，是国际物流系统中重要的组成部分。国际货物运输具有中间环节多、关系人多、政治及法律环境复杂、风险较大等特点，在国际物流中占有重要地位。

国际货物运输关系方包括承运人、货主、货运代理、船舶租赁公司、海运经纪人、船舶代理、装卸公司、理货公司、仓储公司、集装箱场站等，国际货物运输需要使用装卸搬运、包装、运输等工具，并形成了公路、铁路、海洋、航空及管道等多种运输方式。国际货物运输面临的法律环境复杂，主要由国际立法、国内立法和国际惯例三个层面构成。

国际海洋运输中，班轮运输一般包括货运安排、接货装船、卸船交货等业务程序，其承运人与托运人有着明确的责任划分。班轮公会是在航运业中具有较强影响力的国际航运垄断组织。租船运输的方式主要包括定程租船、定期租船和光船租船三种，一般要经过询盘、发盘、还盘、接受和签约几个环节。对于国际海洋运输发生的货损货差事故，可以依照相关法律及国际惯例进行索赔与理赔。

航空货物运输包括班机运输、包机运输、集中托运、陆空联运、航空快递等方式，其基本业务操作包括出港业务操作和进口业务操作。航空货物运输根据不同标准，可以划分为不同的类别，并需要遵守相应的运价使用规定。货物的航空运费计算要考虑货物适用的运价与货物的计费重量两个因素。航空货物运输事故索赔涉及承运人的责任、索赔人、索赔时限、索赔文件、索赔管理以及诉讼等问题。

在国际多式联运中，集装箱运输是主要形式，它有适合的货物、不同的装载方式以及严格的进出口运作程序。大陆桥运输是国际多式联运的主要组织形式。国际多式联运及其经营人必须具备多方面的条件和要求。国际多式联运可以采取买方集运、卖方集运等方法，其交接方式和地点包括整箱/整箱、整箱/拼箱、拼箱/整箱、拼箱/拼箱四种方式。

案 例

深航成功推出“联程航班”

随着中国外贸出口量的大幅提升，深航货运充分利用其国内航线的优势，积极探索以深圳为枢纽的“国际货运中转服务”模式。“国际货运中转服务”包括“空空联运中转欧美及东南亚”及“空陆联运中转香港”两种模式。特别是后一种模式，是深航国际货运所首创。

2002年，深圳航空公司在航空货运市场上推出的“联程航班”获得巨大成功。深航货运联合香港代理，开通了深圳机场直达香港的“卡车航班”联运通道，内地到达香港的国际货物可以经过深航内地回程航班运到深圳，再经卡车航班运到香港。从运输时限上来看，经深航中转香港与内地直达香港运输差不多；但是，从运输成本来看，却较传统运输方式降低了30%~60%，并且卡车可以直接运到香港市中心提货仓库，甚至可以提供派送服务。

经过3个多月试运行，由深航货运公司开辟的“空陆联运中转香港”快速通道实现了与深圳往返上海、成都、郑州、西安、青岛、哈尔滨、大连、长沙等地航线的全面对接，使得深航货运不仅能承接国内省市间的货物运输业务，还能提供内地始发的国际货物运输。

“国际货运中转服务”的推出丰富了货运产品内容，标志着深圳航空公司不仅成功地将客运领域的“联程航班”概念嫁接到了货运领域，而且极大拓展了深航货运的发展道路，为深航跻身国际航空货运市场做出了积极有益的尝试。

复习思考题

1. 国际货物运输的基本原则和要求是什么?
2. 国际货物运输法律制度由哪些方面构成?
3. 班轮运输的业务程序包括哪些内容?
4. 班轮运输中承运人与托运人的责任如何划分?
5. 简述租船运输的程序。
6. 简述海运事故索赔的程序。
7. 简述航空货物运输的业务操作程序。
8. 简述国际多式联运的交接方法。

第 7 章

特殊货物的国际物流管理

本章学习目标

- ◇ 了解万国邮政联盟在国际邮政中的地位和作用；
- ◇ 了解国际邮政物流的特点和运作流程；
- ◇ 了解国际展览和展品物流的特点；
- ◇ 了解国际工程项目物流的概念和特点；
- ◇ 掌握国际工程项目物流的流程及其成功的关键因素；
- ◇ 了解国际工程项目物流的发展趋势；
- ◇ 掌握国际军事物流的特点和发展趋势。

除一般的国际贸易货物运输以外，国际物流还包括工程项目、会展运输、大型迁址、邮政物流及军事物流等特殊货物的物流。它们的操作与一般国际贸易货物的物流活动在优化目标、管理方法和技术手段等方面有着明显的不同。例如，在作业程序上，特殊货物的物流往往是一次性的，流通程序上没有重复性，一般不存在也不允许有附加的增值活动；在目标上，以时间保证为前提，或者以安全可靠为目标，物流是否赢利则在其次。

7.1 国际邮政物流

国际邮政物流邮政是对函件、包裹、报刊进行包装、分拣、分发、运输、配送等环节的作业，其实质是第三方物流服务提供者。国际邮政物流就是在邮政物流网、信息网、绿卡金融网三网合一的基础上，借助现代化的信息手段，在各个国家建立起来的全程全网的物流服务，是电子商务与物流的结合体。它具有广告宣传、咨询洽谈、网上订购、网上支付、物流配送信息传递、意见征询、交易管理等功能。

1840 年，英国建立了一套面向公众、统一收费的信函传递系统，并发行了世界上第一枚邮票，开始发展现代意义上的公共邮政事业。短短一个半世纪里，世界邮政事业有了飞速的发展。据万国邮联的统计，目前全世界邮政每年投递的国内信函 4 130 亿封，国际信函 86 亿封，邮包 34 亿件。平均每天投递国内信函 11 亿封，国际信函 2 400 万封，邮包 1 000 万个。全世界共设有邮局 77 万个，邮政信箱 300 万个，邮政职工总数 590 万人。全球邮政成为世界上分布最广的一个传递网络。

7.1.1 万国邮政联盟

万国邮政联盟是联合国关于国际邮政事务的专门机构。它成立于 1874 年 10 月 9 日，称“邮政总联盟”，1878 年 5 月改现名，简称“万国邮联”或“邮联”，1948 年 7 月 1 日成为联合国的一个专门机构。总部设在伯尔尼。联合国组织的所有会员国均可加入邮联，不是联合国会员国的任何主权国家，可以申请准予参加邮联，但它需得到至少 2/3 邮联会员国的同意，方可取得会员国资格。

万国邮政联盟的宗旨是组织和改进全世界服务工作，保证国际邮政合作，并向成员提供可能的邮政技术援助。1969 年万国邮联东京大会通过决议，将每年的 10 月 9 日确定为万国邮联日，以纪念万国邮政联盟的创立日，2004—2006 年世界邮政日的宣传主题是“世界邮政网：情系万家，信达天下”。万国邮政联盟对于促进全球邮政业务的发展具有重要的促进作用。

中国于 1914 年加入该联盟，由于中国台湾省占据了席位，中国于 1953 年与该联盟断绝往来。1972 年 4 月在万国邮政联盟承认中国为该组织的唯一合法代表后，与该组织的关系恢复正常。同年 11 月，中国作为邮政研究咨询理事会理事国，派代表参加了在伯尔尼举行的该理事会的年会。从此，中国履行了接受邮联有关法规的手续，参加了 1974—1994 年历届邮联大会，并四次当选为大会副主席和历届邮政经营理事会的理事国。在 1994 年汉城第 21 届大会上中国当选为该组织行政理事会和经营理事会的理事国。1997 年 5 月 9 日，中国全国人大常委会批准了《万国邮政联盟组织法第五附加议定书》。1999 年 8 月 23 日—9 月 15 日，万国邮联第 22 届大会在北京举行，中国当选为主席国。

万国邮政联盟自从东帝汶在 2003 年 11 月 28 日加入以后，共有 190 个成员国。在全世界有 70 多万个邮政局和无数个邮政所，共有 620 多万名职工、60 万辆邮车，邮政年收入增加到约 1 300 多亿美元。

随着社会、经济和科学技术的不断发展，用户对邮政的要求越来越高，传统邮政面临着互联网、电子邮件等新一代通信方式的挑战，传统邮件量逐年减少。传统世界邮政正将目光转向新技术和互联网，力求通过这些渠道为顾客提供电子邮政服务以满足顾客的需求，为邮政开辟新的收入渠道。万国邮联的一份报告显示，40%以上的邮联成员国提供网上邮政服务，这其中绝大多数是发达国家；有21%的成员国提供电子邮件服务；还有13%的成员国，其中半数以上为发达国家，提供网上账单付费业务；通过互联网出售商品的国家也达到了13%。因此2006年4月7日，万国邮政联盟在伯尔尼总部正式对“数字邮戳”（Digital Postmark）定约，这标志着全球邮政在一种全新的信件邮递规矩——数字邮戳协同性工作方面迈出了重要一步。

7.1.2 国际邮政运输

国际邮政运输（International Parcel Post Transport）是国际贸易运输不可缺少的渠道，是国际邮政业务的中心环节，它是指通过邮局寄交进出口货物的一种比较简便的运输方式。邮政运输关系着国际经济的发展及人民生活的便利程度，国际上，各国的邮政业务均由国家办理，而且均兼办邮包运输业务；各国邮政之间订有协定和公约，通过这些协定和公约，形成全球性的邮政运输网，使邮件包裹的传递畅通无阻、四通八达。

1. 国际邮政运输的特点

根据国际邮政的性质和任务，概括起来，国际邮政运输主要有以下几个特点。

（1）具有广泛的国际性。国际邮政是在国与国之间进行的。在多数情况下，国际邮件需要经过一个或几个国家经转。各国在平等互利、相互协作配合的基础上，遵照国际邮政公约和协定的规定相互经转对方的国际邮件。为确保邮政运输安全、迅速、准确地传送，在办理邮政运输时，必须熟悉并严格遵守本国和国际间的邮政各项规定和制度。

（2）采取国际多式联运。国际邮政运输过程一般需要经过两个或两个以上国家的邮政局、使用两种或两种以上的运输方式的联合作业才能完成。邮政托运人只要向邮政局照章办理一次托运，一次付清足额邮资，并取得一张邮包收据（Parcel Post Receipt），全部手续即告完备。至于邮件运送、交接、保管、传递等一切事宜均由各国邮政局负责办理。邮件运抵目的地，收件人即可凭邮政局到件通知和收据向邮政局提取邮件。

（3）服务“门到门”（Door to Door）。各国邮政局如星斗密布于全国各地，邮件一般可在当地就近向邮政局办理，邮件到达目的地后，收件人也可在当地就近邮政局提取邮件。所以邮政运输基本上可以说是“门到门”运输。它为邮件托运人和收件人提供了极大的方便。

（4）国际邮政业务的性质特殊。国际邮政运输的主要任务是通过国际邮件的传递，沟通和加强各国人民之间的通信联系，促进相互间的政治、经济、文化交流，这与国际贸易大量货物运输在业务性质上是存在差别的，所以它不能运送国际贸易中的大量货物。国际邮政运输，对邮件重量和体积均有限制，如按照国际和我国邮政规定，每件邮包重量不得超过 20 千克，长度不得超过 1 米。所以，邮政运输只适于重量轻、体积小的小商品，如精密仪器、机器零件、金银首饰、药品及各种样品和零星物品等。

2. 邮资和单证

邮资是邮政局为提供邮递服务而收取的费用。各国对邮资采取不同的政策，有些国家把邮政收入作为国家外汇收入来源之一；有些国家要求邮政自给自足，收支大致相抵；有些国家对邮政实行补贴政策，从而形成不同的邮资水平。

邮包收据是邮政部门或国际信使专递公司收到由其负责邮递的信函、样品或包裹等邮件后向寄件人出示的注有寄发日期的货物收据。它既是收件人凭以提取邮件的凭证，也是邮件发生灭失或损坏事故后寄件人或收件人向邮政部门索赔的凭证。

3. 国际邮政运输的责任范围

邮政部门与寄件人之间是委托与被委托的关系。双方的权利义务和责任豁免是由国家法律和国家授权制定的邮政规章予以明确规定并受其制约的，与此同时，还要受到国际公约和协定的约束。这种关系自邮政部门接受寄件人的委托起建立，直至邮件部门交付邮件于收件人而告终止。

根据邮政法规，寄件人应遵守邮政的有关规定，办理邮件委托手续并照章交付邮资。邮政部门负有安全、准确、迅速完成接受委托的邮递责任，对邮件的灭失、短少、损坏负有补偿责任。凡保价包裹，如由于邮政部门责任，邮政部门负责予以补偿，对保价包裹的补偿金额，最多不超过货价的金额。普通包裹的补偿金额，邮政部门有统一规定的标准，每件包裹的赔偿金额不超过标准，如实际损失低于标准多规定的金额，则按实际损失补偿。

4. 邮政包裹类型

国际邮件按运输方法分为水陆路邮件和航空邮件；按内容性质和经营方式分为函件和包裹。按我国邮政规定，包裹分普通包裹、脆弱包裹、保价包裹三类。

（1）普通包裹。除违反规定禁寄和限寄的以外，凡适于邮递的物品都可以作为包裹寄送。包裹内可附寄内件清单和收、寄件人地址和姓名纸条，但不可夹寄信函。普通包裹只能寄往通达此项业务的国家和地区。在交寄时寄件人不需办理特殊手续，在邮局处理过程中也不享有优先性。

（2）脆弱包裹。容易破损和需要小心处理的包裹，如玻璃器皿、古玩等。此类包裹只限寄往同意接受脆弱包裹的国家和地区。

（3）保价包裹。寄件人申报内件价值，在寄递过程中发生丢失、损毁时，邮局按寄件人申明价值承担补偿责任的包裹。一般适于邮递贵重物品，如金银首饰、珠宝、工艺品等。

此外，国际上还有快递包裹，代收货价包裹、收件人免付费用包裹等。目前，我国邮政暂不办理这些项目。

以上包裹如以航空方式邮递，即分别称为航空普通包裹、航空脆弱包裹和航空保价包裹。

邮政局在收寄包裹时，均给寄件人以执据，故包裹邮件属于给据邮件。给据邮件均可以办理附寄邮件回执。回执是在邮件投交收件人作为收到凭证的邮件。回执尚可按普通、挂号或航空寄送。

7.1.3 国际快递业务

国际快递业务是各国邮政部门开办的一项特殊的邮政服务业务。该业务在各国邮政、海关、航空部门均享有优先处理权，它以高速度、高质量为用户传递国际、国内的紧急信函、文件资料、金融票据、商品货样等各类文件资料和物品。此外，国际快递业务还提供邮政礼仪业务、代客包装、代客报关、代收货款、代上保险等一系列综合延伸服务。

截至目前，我国邮政已与80多个国家和地区的邮政部门建立了业务联系，尚未与我国建立EMS业务联系的国家和地区的特快专递邮件，通过与TNT的合作（中速快件）来补充EMS网络的不足，使国际特快专递邮件可通达200多个国家和地区。我国国际特快专递业务可以在3~7日内，将邮件发往世界各国和地区主要城市。

特快专递邮件业务，是为商业、贸易、金融、科技、交通、工矿等部门或个人用户提供的新型邮政业务，以上门揽收为主，实行“门到门”、“桌到桌”的商业业务服务。由专门机构处理，以最快发运方式，按邮件封面书写的收件人地址中最具体的地点，交收件人签章并注明接收日期、时间。为保证特快专递邮件的时限，尽量缩短局内处理和运输时间，各国多采用“集散式”运输体系并利用夜航运输。

国际特快专递业务主要有以下几类。

1．定时业务

邮件的收寄、处理、发运和投递均按照事先与寄件人签订合同时所确定的办法、时间进行处理。从寄件人什么时间到邮局去寄，邮局什么时间分拣、封发进行内部作业处理，利用哪趟航班或选择哪条最快的火车路线运输，最后专车、专人进行投送。由于这种邮件严格按照预先确定的运递计划赶班处理，专车投递，因此具有最为迅速准确、安全方便的业务特性。

2．特需业务

寄件人根据需要随时交寄特快邮件的称为特需业务。使用该项业务时，寄件人不需与邮局事先签订合同，可根据需要在邮局营业时间内到窗口交寄国际特快专递邮件，也可通过电话通知邮政速递部门上门揽收。特需业务的时限效果与定时业务相同，但比定时业务具有较大的灵活性，各国的大部分用户均利用特需业务来寄发国际特快专递邮件。

3．收件人付费业务

传递国际特快专递邮件所需的各种费用（包括邮资、清关费用等）由收件人承担和支付。但寄件人在交寄邮件时必须填写一份"信誉保证单"，承诺在遇到收件人拒收邮件或拒付邮资等情况时，寄件人承担全部邮寄费用及所产生的一切相关费用。国际特快到付业务的收费标准与普通国际特快专递邮件的收费标准相同。我国自 1996 年 12 月 1 日起开办了国际特快专递收件人付费业务。目前，我国此业务已开通的国家和地区有日本、韩国、荷兰、瑞典、德国和我国的香港、台湾。

4．邮政公事邮件

国际特快业务的"邮政公事"只限于速递局及各互换局、交换站与国际邮政组织、国外邮政业务主管部门、国外互换局及交换站之间互寄的与特快业务的实施和管理直接相关的邮件。其他国际特快邮件一律实行纳费，不得按"邮政公事"办理。

7.1.4 国际邮政物流的发展趋势

进入 21 世纪以后，全球经济一体化、贸易自由化的步伐日益加快，各国经济的相互联系与相互影响比以往任何时候都更为密切。以信息技术为依托的信息经济已崭露头角，国际邮政物流生存与发展的外部环境因此发生了深刻的变化，这就导致了世界邮政物流业的进一步发展。目前，国际邮政物流发展呈现以下趋势。

1．国家邮政体制向股份制发展

随着改革的深入以及各国邮政对邮政商业化运作的认同，一些国家已经从法律、法规上开始削弱邮政的垄断地位，并有计划地逐渐放开邮政市场。少数国家邮政也已朝着民营化方向发展，实行股份制，并利用自身的业绩，成功地完成了股份制转换，成为上市公司，如德国邮政和荷兰邮政。中国邮政近几年也进行机构改革，成立了相应的邮政公司或企业，实行政企分离，邮政获得了经营权、财权和人事权[①]。

① 2005 年 7 月 20 日，我国国务院常务会议讨论并原则通过了《邮政体制改革方案》。根据该方案，邮政体制改革将分为三步走：第一步，成立邮政监管体系和邮政集团，实现政企分开；第二步，邮政集团运营公司化，成为有竞争力的现代企业，进而实现股份化；第三步，大力引进非公有制投资者，甚至在某些业务范围之内实现非国有股控股。

2. 邮政市场逐步开放，竞争日趋剧烈

随着全球一体化步伐的加快，近一段时间国际邮政市场上跨部门的联合、合资、收购、承租他国邮政经营权等做法层出不穷，甚至直接到别国设立邮政网点，或者购买他国私人邮递类企业，开办邮递及物流业务，使本国邮政业务范围通过多种途径迅速向全球扩展，商业化运作愈演愈烈。

在服务贸易领域自由化的浪潮下，一些国家的邮政为争夺国际邮政市场，大举向海外进军。例如，荷兰邮政收购已在全球开办业务的 TNT 速递公司；德国邮政收购美国国际航空快运公司、购买 DHL 速递公司的股份并成为该公司的最大股东；法国邮政下属公司购买德国包裹公司（DPD）30%的股权；英国邮政收购德国第三大包裹运递公司并伙同他国邮政租赁经营阿根廷邮政，经营年限为 30 年；荷、英、新三国邮政组建国际邮递合资公司等。2005 年年底，我国快递市场已对外资全面开放。从这些世界邮政发展趋势来看，以往各国各自封闭的邮政市场体系已经发生变化，邮政部门之间的传统合作已演变成与非邮政部门伙伴、竞争对手之间的合作与竞争共存的局面。

3. 快递与物流成为邮政业务的主要利润来源

适应电子商务的不断发展，邮政将成为用户订单处理、配货、仓储、运输和配送等集成现代物流技术的服务商。

传统邮件的运递和承担普遍服务是国家邮政的主要内容，由于这类邮件的增长将趋于饱和，各种竞争不断渗透，邮政在此领域的发展受到一定的限制。随着服务贸易全球化进程的进一步加快，以快件和物流为切入点，并以此定位建立自己的全球化服务网络的邮政将得到快速发展。这些新增添的业务成为邮政业务的主要利润来源，也是现在各国邮政最具有竞争力的业务。

4. 注重信息化建设

安全和迅速的高质量服务是世界邮政企业得以持续发展的一个重要保证。跨国公司的发展和国际贸易的迅猛增加，带动了邮政物流业务量的扩大。为适应业务需要，邮政企业规模也不断扩大，形成了跨国经营的邮政企业，部门日益分散，企业生产数据和财务数据上报环节众多。因此，高层领导必须通过现代信息系统，借助现代通信工具，才能及时掌握准确详尽的业务信息；了解企业经营的细节，才能加强企业管理，提高企业业务处理效率和客户服务水平。同时，客户希望能够通过网络随时查询邮件的处理情况。为适应新的经营需要，有实力的大的邮政企业更加注重信息化建设。

除此之外，邮政企业通过信息网络系统可以开发新的邮政业务，扩大为社会的服务领域，如电子商务的认证、信息咨询和一些民众行政性服务工作等，从而提升企业的市场竞争力。

7.2 国际展览和展品物流

随着各国经济和文化交流的日易频繁，国际展览也迅速发展起来，围绕着展览和展品的国际物流也日益繁荣，成为国际物流中的重要构成部分。

7.2.1 国际展览的含义及其分类

在实际应用中，展览会名称相当繁杂，如博览会、展览会、展览、展销会、博览展销会、看样订货会、展览交流会、交易会、贸易洽谈会、展示会、展评会、样品陈列、庙会、集市、墟、场等。有些专业展览会使用非专业名词，如日（澳大利亚全国农业日，Australian National Field Days）、周（柏林国际绿色周，Berlin International Green Week）、市场（亚特兰大国际地毯市场，International Carpet and Rug Market）、中心（汉诺威办公室、信息、电信世界中心，World Center for Office-Information-Telecommunication）等，加上这些非专业的名称，展览会名称将更多。展览会名称虽然繁多，其基本词是有限的，如英文里的 fair、exhibition、exposition、show，中文里有集市、庙会、展览会、博览会等，其他名称都是这些基本词派生出来的。

中国的展览会是在集市、庙会形式上发展起来的。在内容上，展览会不局限于集市的贸易或庙会的贸易和娱乐，而扩大到科学技术、文化艺术等人类活动的各个领域。在形式上，展览会具有正规的展览场地、现代的管理组织等特点。

《辞海》中对展览会的定义是：用固定或巡回方式公开展出工农业产品、手工业制品、艺术作品、图书、图片，以及各种重要实物、标本、模型等供群众参观、欣赏的一种临时性组织。这一定义似乎并不准确，值得探讨。美国《大百科全书》中对展览会的定义是：展览会是一种具有一定规模，定期在固定场所举办的，来自不同地区的有组织的商人聚会。

目前，国内外比较认可的展览会定义是：展览会是一种具有一定规模和相对固定的举办日期，以展示组织形象或产品为主要形式，以促成参展商和贸易观众之间的交流洽谈为最终目的的中介性活动。展览会的利益主体主要包括主办者、承办者、参展商和专业观众，其主要内容是实物展示，以及参展商和专业观众之间的信息交流和商贸洽谈。从广义上讲，它可以包括所有形式的展览会；从狭义上讲，展览会尤指贸易和宣传性质的展览，包括交易会、贸易洽谈会、展销会、看样订货会、成就展览等。展览会的内容一般限一个或几个相邻的行业，主要目的是宣传、进出口、批发等。

博览会是指规模庞大、内容广泛、展出者和参观者众多的展览会。一般认为博览会是高档次的，对社会、文化及经济的发展能产生影响并能起促进作用的展览会。世界博览会是由一个国家的政府主办，有多个国家或国际组织参加，以展现人类在社会、经济、文化和科技领域取得成就的国际性大型展示会。其特点是举办时间长、展出规模大、参展国家多、影响深远。自1851年英国伦敦举办第一届展览会以来，世博会因其发展迅速而享有“经济、科技、文化领域内的奥林匹克盛会”的美誉。按照国际展览局的规定，世界博览会按性质、规模、展期分为两种：一种是注册类（以前称综合性）世博会，展期通常为6个月，从2000年开始每5年举办一次；另一种是认可类（以前称专业性）世博会，展期通常为3个月，在两届注册类世博会之间举办一次。注册类世博会不同于一般的贸易促销和经济招商的展览会，是全球最高级别的博览会。

可以按照展览性质、内容、规模、时间、场地对展览会进行分类。

1．按照展览性质的分类，

按照展览性质，展览会可分为贸易展览和消费展览。

贸易展览是为产业即制造业、商业等行业举办的展览，展览的主要目的是交流信息、洽谈贸易。展出者和参观者的主体是商人。他们参观这类展览会的目的有很多，包括进行市场调研、开拓销售渠道、树立公司和产品形象、提高销售额等，最终的目的是做贸易。

展出者可以是行业内的制造商、贸易商、批发商、经销商、代理商以及咨询等有关服务公司，不对口的公司一般不允许参加展出。参观者主要是对口的贸易公司人员。这类展览会重视观众质量，贸易展览会通常禁止直接销售。因此，贸易展览会有观众对口，推销成本低，宣传影响大，接近市场，举办日期、地点相对稳定，有规律等特点。一些效益好、名气大的展览会的举办计划往往会排到五年以后，申请参展多需要排队等候。

消费性质的展览基本上都展出消费品，目的主要是直接销售。这类展览会重视观众数量，多具有地方及专业性质，如理想家庭展览会；也有一些是专业文学事业上的资助者，如游艇展。展览会通过大众媒体如电视、电台、新闻报刊吸引观众。公司展出的目的是树立已建立完善销售渠道，或者能从展台直接销售中获利。

展览的性质由展览组织者决定，可以通过参观者的成分反映出来，对工商业开放的展览是贸易性质的展览，对公众开放的展览是消费性质的展览。

具有贸易和消费两种性质的展览被称为综合性展览。经济越不发达的国家，展览的综合性倾向越重；反之，经济越发达的国家，展览的贸易和消费性质分得越清。例如，东京国际贸易博览会、巴黎展览会。这类展览会既展出工业品，也展出消费品；既吸引工商界人士，也吸引消费者。欧洲的综合展览会往往是从地方展发展成国际展的，如莱比锡博览会。中国的北京博览会起点很高，初次举办就是国际性的。

大型综合展览会能比较全面地反映经济或工业的发展状况及实力，适合跨行业经营的公司展出，它对政府引导经济发展、工商业了解并跟上发展趋势都很有帮助。此外，大型综合展览会有良好的展览经济效益和地方经济效益，因此，地方政府、展览公司、展场公司都希望举办大型综合展览会。但是综合展览会的经济效益不如专业展览会，在发达国家，大型综合展览会已基本让位于专业展览会。不同性质展览会的特征如表 7-1 所示。

表 7-1　不同性质展览会的特征

展会性质	展出者	参观者	内容	目的	入场方式
综合性展会	制造商 贸易商 零售商	商人 公众	工业品 消费品	零售和贸易	购票入场
贸易展会	制造商 贸易商	制造商	工业品 消费品	贸易	登记入场
消费展会	零售商	公众	消费品	零售	购票入场或随意入场

2. 按照展览会内容的分类

按照展览会的内容，展览会可分为综合展览和专业展览。

综合展览是指包括全行业或数个行业的展览会，也称为横向型展览会，如工业展、轻工业展。例如，欧美国家经常举办的农业展览会。

专业展览是指展示某个行业甚至某项产品的展览会，如钟表展。专业展览会的突出特征之一是常常同时举办讨论会、报告会，用以介绍新产品、新技术等。例如，第五届天津国际汽车贸易展览会是以“连接国际市场、搭建贸易平台”为主题，以展贸结合为特色，进一步拓展贸易功能，在不断挖掘汽车文化深刻内涵的同时，集中展示国内外汽车工业最新产品、最新技术。

3. 按照展览时间的分类

按照展览时间，展览会可分为定期和不定期展览、长期和短期展览。短期展览一般不超过一个月。在发达国家，专业展览会一般是三天。在英国，一年一次的展览会占展览会总数的 3/4。展览日期受财务预算、订货及节假日的影响，有旺季和淡季的区别。根据英国展览业协会的调查，3 月至 6 月及 9 月至 10 月是举办展览会的旺季，12 月至 1 月以及 7 月至 8 月为举办展览会的淡季。

4. 按照展览场地状况的分类

按照展览场地，展览会可分为专用展览、巡回展览和流动展览。

专用展览是在专用展览场举办展览，最简单的是室内场馆和室外场馆。室内场馆多用于展示常规展品的展览会，如纺织展、电子展等；室外场馆多用于展示超大超重展品，如航空展、矿山设备展。在几个地方轮流举办的展览会称为巡回展览。流动展览比较特殊，它通常使用飞机、轮船、火车、卡车、拖车、组合房屋等流动性运输工具作为展馆，在不同地点、不同时间展出相同内容的展览会。这类展览会规模一般比较小，由一个或数个公司参展；但展览时间比较长，几个星期、几个月甚至几年。展品、展具轻便，内容比较单纯。

流动展览在国外已存在几个世纪，目前仍然被经常使用。例如，百事可乐公司从1988年起，连续几年（每年5~9月）进行所谓的马拉松展览。他们的目标是让100万名消费者品尝百事可乐。其他大公司如康柏电脑、埃索石油等也使用这种展览方式。荷兰曾使用一艘1.5万吨的豪华船作为展场，他们组织了140多家公司参加，先后到中东、远东、北美等地展出。香港海上展览国际有限公司1994年使用一艘豪华轮组织了一次时间长达151天的海上展览会。该展停靠了地中海沿岸的11个国家的15个港口。

5．按照展出方式的分类

按照展出方式，展览会可以划分为独家展览会、国际展览会和虚拟展览会等。

独家展览会是由单个公司为其产品或服务举办的展览会。这类展览会还可以与研讨会、报告会、处订货会等结合起来组织。单独举办展览的原因有：避开竞争对手，抢先开发市场，不让竞争对手了解自己的新产品和技术，产品市场不大，用户有限，无适合的常规展览会，如专业不对口、费用太高等。公司可以选择并决定展览时间、地点和观众等，不受常规展览会的规定和限制；展出者可以充分发挥设计能力，搞特殊展示效果，而且费用一般较低。据统计，英国的独家展览在80年代增长了330%。独家展览会大多在旅馆举行。若用户分散，也可以选择流动展览或巡回展览。美国国际商用机器公司（IBM）举办的俐家展览会规模几乎与常规的专业展览会一样大。该公司于1991年在英国国家展览中心举办的展览会吸引了2万名观众。常设展厅是独家展览会的特殊而常见的形式。除了陈列产品之外，常设展厅里还可以安排操作、测试，可以展示公司历史、发展前景、重大成就等内容。常设展厅可以起到市场营销、公共关系、信息交流、培训职工等功能。

国际展览会是指参加展览会的单位和观众来自不同的国家。从理论上讲，有两个以上国家参加的展览会都可以称为“国际”展览会。国际展览局在其公约中就是如此规定的。但是，在贸易展览业中，使用比较普遍的标准是：A——20%以上的展出者来自外国；B——20%以上的观众来自外国；C——20%宣传费使用在国外。具备上述标准之一就可称为“国际展览会”。例如，德国的杜塞尔多夫展览会将国际的标准定为30%以上的国外展出者或25%以上的外国参观者。

虚拟展览会是通过互联网来实现展品的演示、信息的传递等的展览会。虚拟展览会不用安排居室、制作展板、摆放样品、张贴文字和图片材料，就能使参观者了解到像其他展览会一样多的事情和丰富的信息。它不受地点、人数、时间限制，随时可以参加。通过先进的网上展览平台，参展商可以于展览会前、展览会期间及展览会后在互联网上展示他们的产品，加深公众对其产品及服务的认识，以此来加强市场的渗透率，开拓新的商机。同时，虚拟展览会增强了承办单位、参展商和观众之间的互动性，使参展商能更有效地推广企业的形象和产品，更加容易掌握市场对其产品的实际需求。它既能提高博览会主办者的效率，又又能节省参观者的时间。

1996 年 10 月，世界第一次虚拟展览会在英国举行。这是由英国虚拟现实技术公司与英国《每日电讯报》电子版联合举办的。展览的组织者通过虚拟技术将真实的展馆虚拟化，让参观者在虚拟现实的展馆中参观展览，为参展商提供一个网络展示的增值服务。数百家参展公司通过电子邮件为展会提供了展品，展览会前后有数万人兴致勃勃地上网参加。

但是，无论如何，网上虚拟展览会是不能代替现实实物展览会的。因为无论是公众还是企业单位都不能在网上更真实、直观地了解一些实物产品的性能、特点等。因此，网上虚拟展览会更适合一些电子产品或人工技术无法描述的实物展品的展览。例如，在罗马举办的一场虚拟建筑展览会上，参观者能欣赏到用高科技手段还原的几千年前的古罗马建筑，漫步在由三维图像构成的建筑中，顾盼之间仿佛梦回古罗马，尽情体验那份独特的感动。

7.2.3 国际展品物流

国际展品物流，又称国际展览物流，即参展物品与其他辅助用品从参展商处至展览场馆，然后再返回至参展商或直接流向展品购买者处的物理运动过程。

根据国际展览业权威人士估计，国际展览业的产值约占世界各国 GDP 总和的 1%，展览业对全球经济的贡献为 8%左右。根据国际会议协会（ICCA）统计，每年国际会议的产值约为 2 800 亿美元。近年来，展览业在我国的发展势头极其迅猛。据不完全统计，我国现有展览公司 3 000 余家，我国展览业每年以超过 20%的速度发展。2008 年北京奥运会与 2010 年上海世博会的召开，极大地提升了我国在国际展览业的地位。可以说，中国已经成为亚洲乃至世界重要的展览中心。

一次成功的展览，需要整个展览服务各环节的密切配合和协调一致，包括展览举办方、参展商、物流商、展馆方、展位设计服务商等。因此，展品物流是其中一个至关重要的环节。

1. 展品物流的业务流程

根据展览的时间划分和物流服务商的业务流程，展览物流分为展前物流、展中物流及展后物流三个主要作业环节，其中展前物流与展后物流构成了一个回收物流循环。

展前物流，即展览开始之前所有的物流活动，包括展品进口报关、装箱、运输、卸载等过程。展前物流的要求在于准确、及时、标准。展品必须在展览开始前，如期进入展馆施工安装，因此所有的展品必须丝毫不差地到达，并且按照展览设计的标准要求准确到位。

展中物流，即展览进行中的物流活动，包括展品的库存管理、配送等。展中物流的要求在于即时。展览过程中的展品需要及时补充或配送，避免发生缺货，否则，就会对展览效果大打折扣，造成参展商满意度的下降。

展后物流，即展览结束之后的物流活动，包括展品装箱、回运及废弃品物流等活动。展后物流的要求在于环保、安全。展览结束之后，展品必须完好准确地返回给参展商，因此保证展品的安全是至关重要的，同时强调环保性是对展后物流十分重要的要求，在做好展品物流工作的同时，对废弃物的物流也必须按照环保绿色的要求准确完成。

2．国际展品物流的主要业务活动

展品物流的基本活动包括海关检验、装载、运输、搬卸、仓储和配送，每个展品物流活动环节由相应的物流模块组成。现代物流信息及服务技术和物流装备自动化技术为展品便捷通关、高效装卸、安全快速运输、经济合理仓储服务和及时高效配送提供了有力的信息和技术支持。展品物流具体由海关检验、展品装箱、展品运输、展品装卸、展品存储、展品配送，展品物流信息服务七个模块组成。

（1）展品海关检验。展品入境之前必须经过报关、商检等环节。海关对于展品的进出口报关，商检和动植物检疫有特殊的要求。例如，展览品属海关同意的暂时进口货物，进口时免领进口许可证，免交进口关税和其他税费。展览品应自进境之日起 6 个月内复运出境。如需延长出境期限应报经主管海关批准，延长期限最长不超过一个月等具体的 25 条细则，以及其他特殊要求如配额、熏蒸证书等。

（2）展品装箱。根据货物的特性设计装箱图（此项工作主要针对大型展会）和特殊展品的包装和加固方案，并考虑方便布展和节约空间等因素，同时，要符合运输要求，否则，将不能发运。展品装箱时，要张贴统一唛头，在装箱前核对清单，检查是否单货相符；对于大型展品装箱，要认真加固，保证每件展品在运输过程中安全。

（3）展品运输。展品运输必须保证在展期开始前到达展馆。国际性的展览会，利用多式联运，将各种不同形式的运输方式结合在一起，共同完成货物从参展商所在地到异国的展馆。

空运方式快捷安全，但是成本较高，较适用于价值高、体积小、时间紧的展品。海运价格低廉，不过速度较慢，出现意外情况的可能性也相对 较高。铁路运输的好处在于展馆一般都可以接收集装箱，运到指定的存放地，可以省却转运的麻烦，但费用比较高昂，周期比较长，前期工作烦琐。

由于高速公路的日益发达，公路运输时间逐渐缩短，灵活性强，价格也较低，显示出越来越强劲的趋势，但公路货运对包装的要求要大大高于铁路。同城展览或者参展商到展馆的距离不远，多会选择公路运输。

专用设备是保证展品有效运达展览地的重要保障。由于许多展品具有特殊的规格和设计，因此普通的运输工具很难满足特异性的需求。

（4）展品装卸。展品装卸包括展前物流的卸货及展后物流的装载。展品装卸必须高效、安全，环保展品装卸需要由熟悉现场的有经验的搬运工使用合适的设备来完成。对于非常规、大尺寸展品装卸应使用特殊设备，并尽可能避免展品外观上受损，影响展出效果。

（5）展品存储。对于参展商而言，每次参展都会备有一定的展品库存，作为展览过程中的展品损坏以及其他方面原因需要的补充，因此物流供应商必须提供一定的仓储空间，储存展品及配件。

（6）展品配送。展览结束时，展览中的样品通常会被预订一空，或者参展商会将样品就地卖出，因此展后物流将包括展品的配送。展览进行过程中，随时发生的展品缺货申请与补货同样需要有效的配送体系及时完成。

（7）展览物流信息服务。展览信息服务是展览物流的重要组成部分，贯穿于整个展览物流的全过程。物流服务商通过实时追踪技术实现展览货物跟踪与实时查询，通过自动化识别技术实现展品的现代化的安装布置，通过路径规划技术实现展品的有效流转。

由于展品的特殊性和差别性较大，对于展览物流的方案和实施应该将上述七大模块有机整合在一起，保证展览物流的准确完成。

近几年来，尤其是加入 WTO 给我国国际展览业带来新的繁荣。据统计，2005 年我国的展览项目数达 3 800 个，仅次于美国居世界第二；展览收入 127.5 亿元，比 2004 年增长 18%；展览企业达 4 900 家，比 2004 年增长 25%。商务部的调查表明，中国展览业在经济发展较快的沿海地区发展迅速。广东、北京、上海、浙江、江苏、福建、山东、辽宁等沿海省市展览业发展较快，并已形成了以上海、北京、广州三大会展城市为中心的华东、华北、华南三大展览产业带。东北地区和中西部地区会展业发展势头不减，第四个展览产业带正在东北地区形成。

我国展览物流市场规模的日益庞大为物流服务商提供了一次难得的发展机遇，许多物流企业纷纷成立展览物流项目部，将展览物流作为主要的业务增长点。我国的物流服务商应充分把握展览物流的特点，培养展览物流能力，学习应用现代展览物流模式和技术，进一步推动展览经济的发展。

7.3 国际工程项目物流

7.3.1 国际工程项目物流的基本概念

工程项目物流是一个比较新颖的概念，它不仅与物流管理的概念有关，而且与工程建设项目进程密不可分。国际工程项目物流（International Engineering Project Logistics）是近年来物流市场专业细化后的物流分支，因大型电力、石化等工程项目而产生的，以大件货物运输为主要平台的所有物流活动。从词的构成理解，国际工程项目物流是以工程项目为服务对象，并为其提供跨国物流服务，可简单地理解为以工程项目为服务对象的物流活动。工程项目物流以工程建设项目为中心。投资方或建设方为了有效降低工程建设项目成本、保证工程建设项目顺利完成，利用物流企业自身的专业物流技术服务，将整个建设过程或建设过程中某个重要环节的物流服务，外包给物流企业。尽管不同行业的建设项目相互独立、各有特点， 但从物流服务的角度看，每个工程建设过程均包括设备的采购、包装、装卸、拆装、运输、回收等环节中的一部分或全部。

国际工程物流是国内工程物流的延伸和进一步扩展，表现为工程项目建设需要的货物在国际之间的流动。国际工程物流是伴随着国际贸易和跨国经营的迅猛发展而迅速发展起来的，是社会化大生产和网络经济发展的产物。在经济一体化的今天，全球范围内的大型跨国公司普遍采用全球采购战略，大型的工程项目所需设备及材料等生产资源广泛地在全球进行配置。国家与国家之间的贸易，援建或赠与都将会产生工程项目设备的移动，除双边的内陆运输段外，还会以海运或空运来加以连接，从而构成一条国际工程物流供应链。国际工程物流供应链的组成成员有贸易业者、陆运业者、海空运承揽业者、货柜业者、报关业者、航空公司及船运公司，他们共同达成国与国间物品交互流通。

伴随着全球经济一体化的进程，国际工程物流产业也得到了迅猛的发展。据商务部数据统计，2009 年 1～11 月，我国对外承包工程业务完成营业额 647.7 亿美元，同比增长 37.5%；2010 年 1～4 月，我国对外承包工程业务完成营业额 230.8 亿美元。中国对外工程承包业的持续快速增长也为国际工程物流的发展提供了广阔的市场空间。国际工程物流不仅是国际商务活动得以顺利实现，而且为国际企业带来价值增值。目前，大型工程项目由于其规模和工程设备的复杂性，其所需的设备和材料等生产资源通常广泛地在全球进行采购和配置，成为全球背景下的“第三方利润源泉”。

7.3.2 国际工程项目物流的分类

从不同的角度出发或者根据不同的分类标准，可以将工程项目货物划分为不同的种类。

1. 按工程项目货物的物理属性分类

根据工程项目货物不同的物理属性，工程项目货物一般分为固体、气体、液体三种类型。从我国目前的工程货物运输状况来看，固体货物的运输数量是最大的，占据了工程项目货物的绝大多数。不同类型的货物，其物理性质各不相同，所以对车的容积和载重量的要求、装卸及运输过程中的服务质量和安全性要求也不尽相同。

2. 按工程项目货物装卸方法分类

根据装卸方法的不同，工程项目货物可以划分为散装工程货物和计件工程项目货物，灌注货物和堆积货物又构成了散装工程。计件工程货物的形状、体积、质量等因素都是确定的，不仅可以计数，而且是根据货物的重量和体积来组织装运的货物。散装工程货物包括砂石、水泥等，一般采用抓铲、机器传送、倾卸等方法进行装卸，也可以采用灌注、堆积等方法来搬运装卸货物。专门运输或者运输大批量的此类货物时，车辆性能、承载器性能、装卸设施的性能等都必须具备较高的要求。

3. 按工程项目货物不同的运输方式分类

根据不同的运输方式，工程项目货物的类型主要包括铁路运输类型，水路运输类型，公路运输类型和航空运输类型等。不同类型的工程项目货物在运输、装卸、仓储等环节运作手法有所不同，特殊的工艺、不同的实施手段都是必须掌握的。

4. 按大件货物不同的品名分类

大件货物中包括工程项目货物，当前的大件货物根据不同货物品名（种）可分为 17 类 21 种：石油天然气及制品；煤炭及其制品；金属矿石；钢铁；矿建材料；水泥；木材；轻工、医药产品和医疗机械；化肥农药；盐；粮食；机械、设备及电器；化工原料及其制品；有色金属；非金属矿石；农林牧渔业产品；其他货物等。

5. 按工程项目货物的不同重量和外行尺寸分类

在现实很多状况中，根据工程项目货物定义中的“四超”对货物进行分类。所谓“四超”，就是超长、超高、超宽、超重。按照工程项目货物的长度、宽度、高度及重量四个条件中级别最高的条件来确定工程项目货物的级别。根据各项参数的不同，我国对道路运输的工程项目货物进行了量化的分类。工程项目货物的分类不是一成不变的，标准也经常根据其他因素或标准发生改变，以满足企业管理、运输条件或其他方面的要求。

7.3.3 国际工程项目物流的特点

大型设备的采购和运输、复杂多变的外部环境、先进的物流技术构成了工程项目物流与普通物流形态相比较而固有的不确定性因素，此外，因为工程项目物流的整体性和系统性，使得整个物流过程中的每个环节对项目成败都会产生一定的影响。工程项目物流的主要特点有以下几个。

1. 物流活动的个案性

工程项目物流在实践过程中较少有重复性或有少量的重复。对于不同的工程建设项目来说，再好的物流解决方案也只能解决某次的具体项目，过往的物流经验对于以后项目来说只能是定性的、供于参考的，方案的设计始终是变化的。以在某地区建设一个发电厂为例，新建电厂需要安装 5 台机组，整个过程需要三年时间，建设项目开始之初就是物流活动展开之时，建设项目结束后此物流活动也随之完成。

2．物流过程的整体性

许多环节共同组成一个工程物流项目，每个环节都彼此联系、相互依托，一个环节的成败往往关系到整个项目的成败。当然，一个工程项目所要完成的目标可以分割成不同的时间目标或者阶段性目标，在工程项目物流的实施过程中，可以将成果性目标列为工程项目物流过程的主导目标。

3．物流过程的不确定性

国际工程项目本来就面临很多不确定性因素，包括社会政治因素和自然环境、经济环境等因素，因此，影响工程项目物流的因素也很多。物流运营商必须在提供工程项目物流服务前，对项目进行风险评估和预测，并准备多套应急方案，以应对不测。要考虑到各种可能面临的问题，重视每个细节，在紧急情况下一定要当机立断，确保为工程项目提供优质的物流服务。

4．物流业务复杂，对物流人员素质要求

国际工程项目物流技术含量相对较高，在物流运作过程中涉及运输、卫生、环境和规划以及货代、海关、审计等很多部门，需要处理复杂的外联关系和繁琐的物流操作。因此，它要求工作人员不仅掌握大量的综合知识，能够运用各种不同的特种设备，并能够处理和协调与各方面的关系和业务衔接。

5．流程的风险性

国际工程物流是一项高风险、高利润的物流活动，从开始的探路环节到最后的项目运费结算环节，都涉及大量的技术难题，稍有不慎就会造成难以估量的风险。大件物流运输使用的是超重超大型工程货物设备，并对运输和装卸有着严格的技术要求。同时，国际工程项目的运输周期较长，存在各种不可预知的情况。

7.3.4 国际工程项目物流的具体业务

与传统工程项目物流相比，国际工程项目物流在物流地点上将物流操作地域范围由一个国家内扩大到两个甚至多个国家、地区间，物流时间也相应延长，且经常划分为多个物流批次。

1．国际工程项目物流的业务流程

从生产工厂接货后运输至工地现场全过程中的国际工程项目物流操作流程大体可分为

国内段、海运段和国外段三部分。国内段是指生产厂至装货港装船前，包括工厂接货、工厂至装货港的公路运输/水路运输/铁路运输、装货港港口服务（如堆存、短倒等）及报关等工作；海运段是指装货港装货、装货港至卸货港的海上运输/航空运输、卸货港卸货等工作；国外段是指卸货港清关及港口服务（如堆存、短倒等）、卸货港至项目工地的公路运输/水路运输/铁路运输、工地现场内的短倒等工作，如图 7-1 所示。

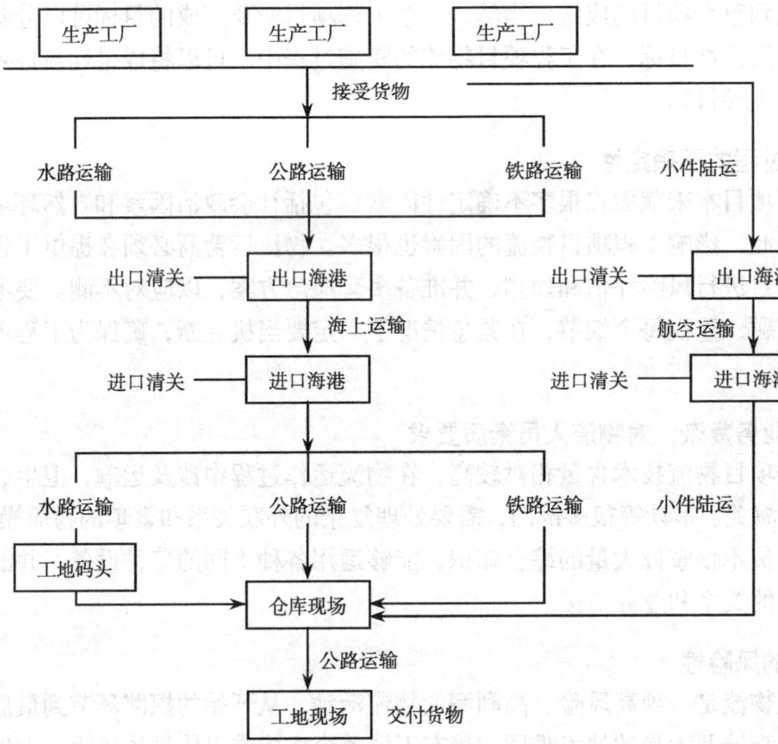

图 7-1　国际工程项目物流的流程

2．国际工程项目物流的服务内容

国际工程项目物流的服务内容主要有以下几点。

（1）收集项目相关信息。如前所述，每个国际工程项目都具有独特性，国际物流服务商需要在物流运输方案设计前根据项目收集相关信息，以确定运输任务，选择最适宜的运输路线及运输方式。现场信息收集是对项目操作所在地实际考察并收集相关的数据，这是国际工程项目物流起始阶段的重要环节。主要包括：第一，考察实际运输线路、运输所在地区及国家的自然环境如天气情况、地形状况等，再请专业技术人员及专家对实际运输道路、桥梁等的通过能力进行精确核算，并收集适用运输设备的规格和参数等详细资料等。

第二，与项目操作所在地及国家的相关企业或政府管理部门进行必要的沟通和协调，把握当地及所在国家的政策法规。例如，大型超限设备在运输过程中需要拆除部分高压电线并架必要的桥梁，这些操作都必须得到当地相关政府管理部门的批准和协助。项目进行现场实地考察是非常重要的环节，所收集信息及数据的准确性将直接影响整体运输方案的制度和实际操作。

（2）制定物流运输方案。国际工程项目物流服务商在收集项目信息的基础上，将依据客户对设备运输时间、物流成本等具体要求，制定相应的物流运输方案。物流运输方案包括设备的运输线路、所采用的运输方式、各类运输工具的选择、所有环节的物流成本估算、接口的管理和衔接等。从人力资源配置、物流成本等方面进行权衡和部署，制定最适宜的物流方案。与此同时，依据项目操作经验和实地考察的信息，对可能出现的问题制定备用方案和应急措施。

（3）修正物流运输方案。在完成物流运输方案后，将方案提交给业主及技术专家，请他们对方案进行评审并提出修改意见和建议。国际工程物流服务商再根据这些意见和建议对物流运输方案进行完善和修改，从而形成最终的实施方案。

（4）配备人力资源。为了使国际工程物流项目运输方案顺利实施，项目相关的管理人员、技术人员及专家等均需到位，形成相互配合和协调良好的操作团队。同时，必须针对项目特点组建专门的项目操作团队，选用项目管理及操作经验丰富的人员作为项目经理，控制和管理整个项目的物流活动，并对项目组成员进行相关的业务培训。

（5）跟踪报告货物信息。由于工程项目对设备的到货时间有着严格的要求，关键设备抵达目的地的时间将影响到整个项目的施工进度，所以业主对设备的运输动态非常关注。为满足业主对货物信息的需求，将应用定位系统等先进技术对设备进行实时跟踪，并形成相应的报告制度，向业主传递货物运输信息。

（6）货物运输。国际工程项目物流服务中，由于货物及设备需跨国运输，所以运输线路与其他物流运输相比较为复杂。国际工程项目物流涉及的货物大多是大型或特种设备，需要采用专业运输技术（如大件设备滚装滚卸技术），因此操作中需要严格依据国家相关标准，认真核算相关数据，无论采用何种运输方式，都要做好货物的衬垫、绑扎及加固工作。

（7）报关和商检组织计划。在国际工程项目物流服务中，由于货物及设备的进出口均涉及跨国运输，国际工程项目物流服务商需按业主委托或配合相关方做好报关和商检工作，与当地相关部门做好协调，保证货物顺利过关。

（8）质量控制和管理。在国际工程项目物流操作过程中，必须针对该物流服务制定质量保证文件，并严格依据该文件对项目操作进行全程控制，确保项目安全质量有序可控。在完成国际工程项目物流服务后，要针对项目操作过程，编制项目完工报告，总结项目的经验和教训。

此外，国际工程项目物流的具体业务还要基于国际工程供货合同的交货条款。例如，在国内企业参与的项目中约有 50%左右的供货合同选择 CIF（成本加保险费、运费），这意味着货方物流只需负责将货物海运或空运至目的港吊钩下交货。国外段清关、运输工作划为采购方物流范围，在此种情况下，货方和采购方基本都会选择一家本土企业完成各自物流范围。其他比较常用的交货条款还有 EXWORK （工厂交货）、FOB（装运港船上交货）、DDP（完税后交货）等。

需要指出的是，有些项目设备是从第三国运输到第三国（即更高意义上的国际工程物流）；有些项目设备需要绕道经某些国家或地区才能进入工地现场，如中国生产企业供货给波黑境内的工程项目，由于波黑是纯内陆国家，货物需要经过克罗地亚或罗马尼亚、塞尔维亚多次转关、运输才能最终运抵目的地。这些情况都会增加国际工程项目物流的环节，操作难度和操作成本也会增加。

3．影响国际工程项目物流实施的关键要素

企业应把握好以下关键要素，才能成功开展国际工程项目物流业务。

（1）国际物流资源的控制。工程项目物流开展业务的载体是运输车辆和运输船舶等运输工具，没有这些资源，工程项目物流业务很难实施，因此，拥有资源或控制资源是物流企业应首要解决的问题。海运环节是国际工程项目业务流程所有环节的核心，也是所有环节中物流费用比例最高的部分，对海运资源的控制能力体现了国际工程项目物流的核心竞争能力。海运资源的获取有订舱、自有船、期租船三种方式。第三方物流企业可根据自身情况加以选择，科学配合，提高资源使用能力。

（2）全程物流网络平台。国际工程项目物流的流程和任务复杂，需要有强大而完善的物流网络，统一调配资源，指导各分支机构完成相应工作。国际物流巨头采用建立分公司或办事处模式建立健全网络平台，而大多数中小物流企业则通过国外代理或合作伙伴方式弥补国外物流操作的网络平台短板。中国物流企业应该找准市场地位，从专营某一国外物流市场入手，建立强大的地区物流网络，控制地区市场资源，然后逐步做大，与其他物流企业相互共享操作平台，推进全球化战略。

（3）国际化人才。国际工程项目物流运作涉及运输工艺、技术创新与项目的跨国界管理等，因此它要求主要参与人员具备外语技能与基本国际贸易知识，熟悉工程项目物资特点，了解地区政治、经济、人文发展情况等，主要包括项目经理、工程技术经理、海外操作经理、报关经理、专业租船与海运运营经理、质量管理经理、商务管理经理、营销策划经理等类别，其中项目经理和工程技术经理是最为重要也是当前十分匮乏的人才，培养期至少需要 3~5 年。另外，在国际化道路中，物流公司也应在业务扩大的同时注重海外操作人才的属地化。

（4）高效率的专业项目管理部门。国际工程项目物流的工期长、业务量大，应组建专门项目部，以保证对整个物流环节的高效率管理和运营。项目经理负责制是一种较好的项目部管理方式，即由项目经理全权负责项目的运营管理并承担责任，受公司总经理垂直管理。项目部在项目经理的直接领导下，进行项目运营管理，项目计划及进度管理，项目质量、安全管理，项目费用预、决算管理等，从公司全系统范围内抽调项目成员，并保持一定的稳定性，同时根据项目业绩情况给予项目部一定的奖励，以鼓励高效的专业项目管理。

近些年来，由于信息科技的发达及国际贸易的竞争白热化，国际工程项目物流作为实现经济全球化的国际经济贸易活动，发展迅速，并呈现如下发展趋势：国际工程项目物流反应快速化、国际工程项目物流功能集成化（包括物流渠道与商流渠道的集成、物流渠道之间的集成、物流功能的集成、物流环节与制造环节的集成等）、国际工程项目物流服务系列化、国际工程项目物流作业规范化、国际工程项目物流目标系统化、国际工程项目物流手段现代化、国际工程项目物流组织网络化、国际工程项目物流系统信息化、国际工程项目物流服务社会化、国际工程项目物流活动全球化。

7.4 国际军事物流

国际军事物流是指两国或多国（国家集团）之间为了达成一定的政治经济目的，通过对军事物资跨国进行采集、加工、包装、储存、运输、供应等一系列环节，最终到达部队而被消耗使用，实现其空间（与支配权同时）转移的全过程。国际军事物流与一般的军事物流最大的不同在于其国际性，即国与国之间通过采取军事同盟、随即支援、民间援助、多国维和和军品贸易形式来实现军事物资的跨国流动，达到有效保障本国部队的目的。

7.4.1 国际军事物流的产生与发展

国际军事物流伴随国际军品贸易而产生，是国际物流的一部分。国际军品贸易既包括军事专用品的贸易，又包括军用品的贸易，但主要指军事专用品的贸易，又称为国际军事贸易。它是在国际市场上进行的军事专用品的采购、销售等行为的统称，是国际贸易的一种特殊形式。

军事贸易存在与发展的根本原因是存在战争和战争爆发的可能性。由于各国军事经济资源分布不均衡，一些自己无法生产所需要的武器，而另一些国家由于军事经济资源丰富、国防科技水平高而生产出来的大量武器装备远远超出了自己本国的军事需求。供给和需求的存在，催生了国际军事贸易和军事物流。

鉴于武器装备是一种特殊的商品，世界各国均对军售持审慎态度。在美国，各军工企业虽表面上独立于政府，可以自行决定本公司的武器销售计划，但实际上，对外军售一直由美国政府掌控，它是美国国家安全战略的重要组成部分，也是美国进行国际政治斗争的重要形式。

国际军事贸易的发展已经有 200 多年的历史，最初是一种偶然的军事经济行为，但因其贸易对象的特殊性，它已逐渐上升到一种政治行为。国际军事贸易大体经历了四个阶段。

（1）18 世纪末到 20 世纪初，国际经济关系形成阶段。整个国际社会生产和流通规模不大，受此限制，国际军事贸易规模不大，军事交易只是个体军事商之间的商业买卖，不受政府约束。贸易的主要目的是满足战争的需要，以现成的轻武器装备为主。

（2）第一次世界大战到第二次世界大战结束之间，军事贸易发展时期。它是现代战争发展和国际战略格局变化的必然结果。帝国主义国家之间的矛盾在第二次世界大战爆发前夕达到了炽热化的程度，这就迫使它们双边或多边结盟，最终形成了同盟国与协约国之间的军事对抗。随着战争的推进，资源消耗越来越多，战场范围越来越大。为了共同的政治利益，两大集团内部之间彼此支援，在集团内部对各国的资源进行统一运作，国际军事物流开始发展。第二次世界大战爆发后，军事交易呈现集团化趋势，即轴心国和同盟国两大集团各自在内部开展军事交易。美国总统罗斯福为了保证对盟国的武器供应，颁布了著名的《租借法》。该法案从 1941 年 3 月 11 日通过到 1945 年 9 月 2 日废止，其间共有 33 个国家与美国签订了租借协定，租借援助总额达 502.44 亿美元。美国的《租借法》，既是第二次世界大战中最大的军事贸易活动，也是美国叩开世界各地军事市场大门的钥匙，它使美国建立了与世界各地的军事供应线和经济联系。

此阶段的国际军事贸易的特点：从贸易动机上看，不完全是战时的直接需要，还包括平时扩军备战需要；从贸易的内容看，不仅有大量的武器装备制成品，还有军工生产必需的战略物资；从贸易的规模来看，军事贸易额不断上升，战争期间，军事贸易所占国际贸易的比重最大。据统计，德、意等国 1937 年从美国购买的武器就比 1936 年增加了 4 倍。

（3）从第二次世界大战结束到 20 世纪 80 年代末，即“冷战时期”。冷战时期，由于东西方激烈的对峙，国际军事贸易作为一种军事斗争的手段，带有强烈的对抗性。作为各自阵营的主要军事供应者，美苏两个超级大国在向自己的盟友或准盟友提供武器装备时，主要考虑的是政治与军事利益。例如，美国在《武器出售控制法》中就明文规定：“只有在能够明确地证明出售武器能够加强美国的国家安全并且和美国的对外政策相一致的情况下，才能批准出口。”因此，和美国具有军贸关系的国家，一般首先是直接的同盟国，其次是间接的同盟国或友好国家。美国不仅原则上严格禁止向信仰共产主义的国家出售武器，而且对发展中国家出售武器也有诸多限制。

此阶段的国际军事贸易的特点：军事输出国家越来越多；军事贸易规模越来越大；军事贸易的内容越来越广泛；由于军事贸易的动机为巩固本国或联盟国的政治、军事地位，所以进行军事贸易的国家具有集团内向性。

（4）冷战后至今。伴随冷战的结束，雅尔塔体系宣布瓦解，意识形态的作用逐渐减少，发展经济成为各国政府的首要任务，经济合作也就成为各国对外交往中考虑的首要因素。在经济全球化的背景下，各国的经济越来越融合，区域经济一体化的特征越来越显著。军事贸易作为一个国家军事经济活动的对外延伸与拓展，其角色定位开始悄然发生变化。美国主管国防工业的官员霍华德·菲什曾言："武器销售是一种外交货币。"美国资深国际问题专家安德鲁·内森和罗伯特·罗斯曾指出："对于美国和俄罗斯这样的大国来说，军事销售是维持和平时期军工生产的重要的收入来源和对武器进口国施加影响的工具。"它在继续强化作为一种军事关系和一种斗争手段的同时，还突出地表现为一种经济行为。经济的发展必然导致一定程度上的政治合作，形成一定的政治经济集团，并可能由于相同的政治经济利益走上军事联合的道路，致使国际军事物流合作变得十分频繁。同时，随着远洋运输业的发展和信息技术革命的兴起，军事力量的全球到达能力大大提高，这就为国际军事物流合作打下了物质和技术的基础。国际军事物流进入成熟阶段。

在这一阶段，军事贸易总额飞速上升，贸易范围及内容不断扩大。与此同时，军贸市场买方格局也发生了重大的变化。随着武器进口的不断增加，亚洲地区开始超过北约国家和非北约的西欧国家而成为最大的武器买主，世界上最大的 10 个武器进口国主要集中在亚洲。据统计，亚洲地区共进口了 1 500 多亿美元的武器装备，占同期世界军事贸易总额的 65%左右。其中，战事不断的中东长期是亚洲也是世界最大的军事市场。从 1991 年至 2000 年，其武器交易额达到了 700 多亿美元，占同期世界军贸总额的 30%左右。据一家权威的国际研究机构统计，2000 年全球公开的军火贸易总额比上一年增长 8%，达到了创纪录的 369 亿美元。另据瑞典斯德哥尔摩和平研究所透露，2008 年全世界秘密的军火交易额已达到 1 000 亿美元。据美国国防部公布的数据，2009 年美国对外军火出口 381 亿美元，比 2008 年增长 4.7%；俄罗斯联邦军事技术合作局局长德米特里耶夫宣布，俄罗斯 2009 年武器销售总额超过 85 亿美元；法国 2009 年的军火销售额提高了 13%，创下新世纪以来的纪录，居德国之后名列第四。

与以前军事贸易最主要的区别是：这个阶段军事贸易的动机从政治、军事动机向经济动机转变。由于国际形势的缓和，军贸市场订货锐减，大批武器弹药一夜之间就变成了"多余物资"，导致许多国家军工企业举步维艰。为把裁减下来的大量过剩军事转变成经济发展所急需的硬通货，为军工企业生存发展寻找出路，各国都把眼光盯住了国际军贸市场，因此，争取军贸订单对军品出口国来说有着巨大的经济意义。美国国会的高级官员认为：光靠裁军节支，不仅数额少而且伤元气，而节支与对外军售创收并举，不仅得利丰厚，而且有助于缓解国内军工企业所受到的冲击。有资料统计，美国签订 1 亿美元的军贸合同，就会增加 15 000 人的就业机会。现代军事贸易收入成为每个经济的重要支柱。

7.4.2 国际军事贸易的方式与模式

1. 国际军事贸易的方式

随着国际军事贸易的发展，各国不再局限于武器装备的买卖。为了增加和促进军事出口，一些主要军事供应国采取了灵活多样的军事贸易形式，主要有以下三种。

（1）补偿贸易。补偿贸易产生于 20 世纪 60 年代末，是指交易的一方向另一方提供机器、设备和技术服务等项目，而另一方用价值相当的约定商品或劳务等予以补偿的一种贸易方式。它是一种以商业信贷为基础，信贷与进出口贸易相结合，用商品或劳务支付货款的贸易方式。例如，美国政府就积极支持与参与军事对外销售，90 年代以来每个财年都要拨款几十亿美元用于提供信贷担保，支持军事销售。在冷战后的 10 年中，补偿贸易占到了世界军事贸易总额的 60%左右。

（2）国际军事跨国集团贸易。现在由于世界军贸由卖方市场向买方市场转化，军事市场竞争激烈，所以出现了若干个国家联合生产和销售的机构。西欧的法国、德国、英国、意大利早就开始进行飞机和导弹制造方面的生产合作，目前联合研制和生产的武器有 25 种。武器的联合生产直接扩大了这些国家的出口。例如，由法国航空航天公司与德国梅伯布公司合营的欧洲导弹集团，1985 年实现营业额约 80 亿法郎，并完成了 145 亿法郎的订货。这种跨国集团生产和贸易方式，可以避免一些国家的出口政策限制。

（3）改进旧设备、设立培训中心、转让武器生产技术及其他长期合作方式等。现代化武器系统一般价格非常昂贵，而许多发展中国家受经费限制不能大量购进。明智的办法是对旧式武器进行改装，这既可节省大笔经费，也可得到性能先进的武器。西方国家凭借雄厚的技术条件，为了得到经济利益和对这些国家施加影响，也极乐意进行这种技术贸易。此外，随着新式武器系统的购进，需要大量而长期的技术服务，这种服务费在军事贸易中已占相当大的比例。

2. 国际军事贸易的模式

国际军事贸易与一般国际民品贸易相比，存在着相对稳定的模式。这些模式大体上可以区分为两种基本类型：一是以美国和苏联为代表的“以政治、军事战略指导为主”的模式；另一种是以法国、巴西为代表的“经济利益指导为主”的模式。

（1）“美苏模式”。美苏模式最大的特征就是在军事贸易中国家的政治、军事利益至上，军事贸易完全服从于国家的政治和军事战略，并接受其指导。例如，美国的《武器出售控制法》不仅原则上严格禁止向共产党执政的国家输出武器，而且对发展中国家出售武器也有诸多限制。而苏联武器出售政策则直接由苏共政治局和国防委员会做出，对外经济委员会直接领导，受理军事出口工作，这就保证了对外军事贸易中政治、军事利益为主的原则的贯彻执行。

（2）"法巴模式"。"法巴模式"的最大特征是在军事贸易中首先追求经济利益，或者说它虽然承认军事贸易也要受国家的政治、军事战略制约，但主要着眼点在于经济利益。如法国，虽然也是"巴统"成员国之一，并且早在1914年就颁布了有关武器系统必须优先装备本国军队的规定，但在实际的军事外贸中并没有太多的限制。法国经常把军事出口作为弥补外贸逆差、支付石油账单、解决部分失业和控制部分通货膨胀的重要手段。巴西1975年正式开始对外销售军事，10年后，其武器出口额已达25亿美元。巴西对外军事贸易发展如此之快，一个极其重要的原因就是把获取经济利益作为军事外销的主要目的。"军事美元"已成为巴西平衡国际收支、增加就业和换取石油供应的重要支柱。

在贸易对象、贸易内容与范围、贸易的管理方式上，两种模式有着明显的区别，如表7-3所示。

表7-3 军事贸易两种模式的比较

	销售对象	军事贸易范围	销售方式	政府管理方式
美苏模式	控制严格，对象选择从本国利益出发，武器装备不准转让给第三国	严格限制，本国尚未装备的不准出口，尖端技术必须经过防止扩散后才能出口	比较灵活，补偿贸易、联合生产与销售、技术服务、武器租让等	高度集中，拥有政府的武器出口许可证方可进行交易
法巴模式	控制不严，没有限制	除了核武器系统和战略导弹系统外，都可以进行贸易	更加灵活，出售方式除了正规武器的销售，还有仿制武器的销售，售后服务良好	没有太多限制

7.4.3 国际军事物流的特点

与一般商品的国际物流相比较，国际军事物流除了其产生和发展的原因不同，以及上述的两种特殊经营模式以外，还具有以下特殊性。

1. 具有极强的政治性

军事贸易是一种军事经济活动，具有经济性又具有军事性。在很多场合下，它是一种政治关系的表现。在同等条件下，发生军事贸易关系的国家，一般先是直接的同盟国，其次是间接的同盟国，再次是中立国。而取消军事贸易关系的国家，其顺序大致相反。在同等条件下，军事贸易的内容，首先是常规武器装备或技术，最后是准战略武器、战略武器和高技术武器装备等。如果双方渐次降低军事贸易等级以致终止军事贸易，其进行顺序会大致相反。

当前，虽然出于经济利益的军事贸易考虑比重有所增加，但无论如何，在发生着军事对抗的埃及与以色列、英国与阿根廷、伊拉克与伊朗、印度与巴基斯坦之间，不会直接存在军事贸易关系。过去，在美国与苏联、北约与前华约集团之间这种关系一般也不易存在，更不用说它会有较大的发展了。

可见，军事物流虽然不排斥经济的目的，但在根本上首先服从于政治和军事的需要，具有鲜明的国际政治色彩。

2．服从于特殊需要

军事生产的目的是满足军事消费。军事贸易则是军事生产和军事消费的媒介。不论贸易的双方在社会历史上的地位如何，军火贸易所服从的都不是人们的正常生产需要或生活消费需要，而是人类社会中一种特殊的消费需要。在性质上，它们的区别在于侵略性的军事需要还是防卫性的军事需要；正义性、进步性的军事需要还是非正义的、反动的军事需要。

如果军火生产是一种“非生产性的生产”，那么军火物流就是一种“非生产性的流通”。与一般商品的生产和流通不同，军火生产与军火物流在总体上都不能给社会创造财富。一个国家在消耗了大量的社会财富生产出军火，固然可以通过军火的出售得到一定补偿，甚至可以实现增值，然而，从整个人类社会的角度来看，军事生产是一种“非生产性的生产”，军事物流则属于“非生产性的物流”，它无法使社会财富的耗费得到真正的补偿。因此，任何一个国家，如果从民族和国家利己主义出发，无限制地向外国推销军事，都不能被认为对人类社会的负责行为。

3．军事物流的当事人和流通渠道具有直接性

与一般商品流通相比，军事物流中买卖双方都较为单一。出售军事的一方，虽然可以是国家、企业或某些企业性的集团，但军事生产并非任何企业都可以进行。即使在资本主义国家，军事生产也不是完全放任自流的。这种生产结构上的状况，不可避免地要对流通发生影响。而军事的购买者，则主要是国家政府或不同国家和政治集团的武装部队。以企业身份或个人身份购买军事者，虽然事实上亦存在，但并不是一般现象。

在国际贸易中，一般商品的流通渠道非常复杂，环节也较多。而军事物流，尽管有中间商的存在，但大宗的买卖、特别是一些最重要的军事项目，更多的是在直接贸易渠道中进行的，分散的、小型的军事物流，在军事流通的渠道中地位甚微。与此相关，国际军事物流的环节也相应较少，一般不存在从国家政府到主管部门到使用单位，从大宗批发到小宗批发再到零星售卖之类的多环节的流通状况。

4. 国家政府对军事物流具有较强的统制性

大多数情况下，军事贸易都在有关国家政府的直接统治下进行，或者受到政府不同程度的管制，完全的自由放任的军事贸易只能是少数的例外，因此军事物流同样受到政府严格的管制。

7.4.4 国际军事物流的发展方向

进入21世纪后，经济全球化进程加快，国际军事交流将日趋频繁。在这一时期，国际军事物流的发展呈现出以下几个方向。

1. 国际军事物流协调组织向常规化方向发展

组织形式在一定程度上标志着事物的发展程度。国际军事物流在第二次世界大战中成立了一些协调组织，如1942年上半年，同盟国家以美英两国为基础的5个联合委员会，即联合运输协调委员会、联合原材料委员会、联合军需品分配委员会、联合生产及资源委员会和联合粮食委员会。在东方也成立了中缅印战区航空后期怀念部。但这些机构都是为了解决当时面临的问题迫于形势而临时组建的，战争结束后便自动解散。战后随着国际军事物流的频繁运用，其相应的组织协调机构也逐步完善。例如，北约组织在1999年开发出“盟军部署与调动系统”，在国际军事物流方面主要有补给配套模块、运力模块、部署计划模块等。科索沃战争之后，北约后勤已着手建立多国联勤中心，制定有关条令，开展业务相关训练等。可见，随着一些军事同盟或非集团性安全组织在平时执行安全任务和协同性演练的增多，国际军事物流组织机构将进一步向常规化方向发展。

2. 国际军事物流保障向精确化方向发展

随着信息技术的发展和非传统作战样式的出现，“实时、实地、适量”保障成为各国军队物资保障追求的目标，其核心内容就是实现物流的精确化。从现实的情况来看，实现精确物流保障的条件已初显端倪。首先，信息技术的飞速发展克服了物流地域和时域上的限制。计算机发展的网络化和智能化，便于缩短物资请领、发放时间，使及时掌握物资储运状态成为可能。这些就为军事物资实现跨国流动，达到精确物流保障准备了技术条件。其次，军事物流设备的不断更新、改造，也为国际军事物流精确保障提供了物质基础。例如，军事仓库内的拆码垛、短途运输、站台及码头装卸车、船等高效机械作业，加之各种条形码扫描仪、综合检测仪、电子秤等新仪器和新技术的运用，都提高了物资清点、检查的速度和质量为物流精确化提供了硬件支持。例如，美军在伊拉克战争中，借助其先进的技术条件等硬件设备，在战争前就对所需作战物资进行精确估算，一改海湾战争中物资保障多而杂造成巨大浪费的状况，成功地实现了国际军事物流的精确保障。

3．国际军事物流的标准化程度越来越高

军事物流系统的有效运行离不开统一的标准。军事物流系统运行过程中产生的大量信息必须用统一的标准加以规范，以利于系统内不同子系统之间、军事物流系统与整个后期大系统之间以及军事物流系统在国际间的信息传递与共享。EDI 技术的应用目标之一，正是为系统内各种物流信息提供一个统一的标准。目前，美国与其北约传统盟国已基本实现了物流设施和工具的统一标准，如托盘采用 1 000mm×1 200mm，集装箱采用统一规格以及条形码技术的大量使用，大大降低了军事物流运转的费用和难度。在物流信息传递技术方面，美国及其北约传统盟国不仅实现了企业内部的标准化，而且实现了企业之间及欧洲统一市场的标准化。可以预见，随着军事物流跨国运行机会的增多，各国都会加大与国际军事物流标准接轨的建设力度，国际军事物流的标准化程度越来越高。

4．国际军事物流以远洋运输为主，多种运输方式相结合

国际军事物流运输方式有海上运输、铁路运输、航空运输以及由这些运输方式组合布成的复合运输方式。能否有效地选择国际军事物流运输方式，关系到军事物资运输的速度和成本，直接影响物流保障的军事经济效益。海运特别是远上运输，由于其运量大、运费低等优点，成为国际军事物流中最主要的运输方式。据统计，美军在海外作战所需物资中的 95%都是通过战略海运来输送的。铁路运输则由于其方向不可转移、运输速度慢、易遭到破坏等缺点，在国际军事物流运输中较少采用，但不能完全忽略。例如，美军在科索沃战争中就采用铁路运输方式跨国向科索沃运输装备。航空具有速度快、机动性好等优点，特别适合紧急、优先补充物资的快速运输，但由于其运费较高，在国际军事物流输送中只能承担有限的紧急任务。因此，在国际军事物流活动中，总的原则是：在不贻误战机的前提下，及时、准确、有效、持续地满足作战部队的物资需求。

本章小结

本章主要介绍了国际物流中的非贸易物流的形式及军事物流。国际物流中的非贸易物流重点介绍了国际邮政物流、国际展览和展品物流、国际工程项目物流。

国际邮政物流是在邮政物流网、信息网、绿卡金融网三网合一的基础上，借助现代化的信息手段，在各个国家建立起来的全程全网的物流服务。邮政运输是国际邮政业务的中心环节，关系着国际经济的发展及人民生活的便利程度。国际邮政运输具有国际性、国际多式联运性质、“门到门”运输性质、国际邮政业务性质特殊等特点。

国际快递业务是各国邮政部门开办的一项特殊的邮政服务业务。业务类型主要包括定时业务、特需业务、收件人付费业务、邮政公事邮件。国际特快业务为商业、贸易、金融、科技、交通、工矿等部门或个人用户提供的新型邮政业务。

国际展品物流是伴随国际展览而产生的。国际展览的种类很多。展览的分类考虑两个方面：一是展览的内容，包括展览的性质、内容、所属行业等；二是展览形式，包括展览规模、时间、地点等。根据此分类依据，国际展览可以分为贸易展和消费展、综合展览和专业展览、巡回展览和流动展览、国际展览和虚拟展览等。

展品物流，又称为展览物流，即参展物品与其他辅助用品从参展商处至展览场馆，然后再返回至参展商或直接流向展品购买者处的物理运动过程。根据展览的时间划分和物流服务商的业务流程，展览物流分为展前物流、展中物流及展后物流三个主要作业环节。

展览物流的基本活动包括海关检验、装载、运输、搬卸、仓储和配送，现代物流信息及服务技术和物流装备自动化技术为便捷的通关、高效的装卸、安全快速的运输、经济合理的仓储服务和及时高效的配送提供了有力的信息和技术支持。

国际工程项目物流，是相对国内工程物流而言的，它是国内工程物流的延伸和进一步扩展。从表现上来看，国际工程物流直接表现为货物在国际之间的流动，但是从本质上来讲，国际工程物流的运作是按国际分工协作的原理。

国际军事物流是指服务于军用品在不同国家或地区间的买卖的国际物流，是由国际军事贸易引起的物流活动。国际军事物流的产生与发展经历了四个阶段，其中“冷战”结束后的阶段，是国际军事物流发展依据繁荣的重要阶段。

国际军事贸易的形式主要有补偿贸易，国际军事跨国集团贸易，改进旧设备、设立培训中心、转让武器生产技术及其他长期合作方式三种。其运作模式主要是“美苏模式”及“法巴模式”两种。

国际军事物流具有极强的政治性、服从于特殊需要、军事物流的当事人和流通渠道具有直接性、国家政府对军事物流具有较强的统制性的特殊性等特点。

案 例

厦门外代国际货运有限公司

中国投资贸易洽谈会（简称“投洽会”，英文缩写为CIFIT）由中华人民共和国商务部主办，福建省人民政府、厦门市人民政府和商务部投资促进事务局共同承办，联合国贸发会议、世界投资促进机构协会参与协办，每年9月8日至11日在中国厦门举行。

从第五届投洽会开始，厦门外代国际货运有限公司成为投洽会组委会指定的运输、报关总代理。

厦门外代的物流资源雄厚，拥有10万平方米的自有堆场；近百台物流服务车，其中15部专用集装箱拖车、61个集装箱车架；拥有近万平方米的保税仓库。通过与全国各开放口岸80余家兄弟公司携手共进，厦门外代建立了由近200个货运网点组成的四通八达的外代物流网络体系。其业务范围主要包括：承办国际会展的展览品运输通关业务、国内展品运输业务、国内和国际货物的分拨、集运；签发多式联运提单，办理国际联运业务，提供门到门全程服务；保税仓储、加工、集装箱堆存，代理保管、报关、报检、转关、空箱的报关报检业务；中转业务；大宗货的通过业务；联运通关业务；船舶保税物料报关等综合物流业务。

厦门外代不仅为展商提供全程一站式服务——境外收货、境外运输、展品通过、展馆内装卸、展品回运等；还在展览期间为展商提供现场咨询服务，并对展品进行监管，帮助展商解决了很多实际问题，已成为厦门地区首屈一指的全方位、专业物流服务公司。

厦门外代会展项目部可以为展商提供一站式服务。项目部就整个参展过程建立项目负责人制度，紧密联系组委会以便双方能够及时、方便地沟通、协调，保证信息的畅通，各项工作的顺利进行和对外联络的一致性。

境外展品的物流流程包括以下几个步骤：

（1）外代会展项目部接到组委会确定的参展商的目录和通讯方式后进行核对，并与组委会保持密切联系及时更新展商资料。

（2）会展项目部根据组委会提供的展商名录通过电子邮件、传真、电话等多种渠道在第一时间内与展商取得联系，确保展商知道展品物流方面的有关事项。展商根据自身需要按照要求填写展品清单并传给项目部。

（3）项目部将展商反馈信息进行整理后将相关需求信息第一时间内通知海外代理和国内相关网点，并根据展品清单做好展品通关准备。

（4）国外代理和国内网点根据展商提供的展品清单收取货物（如展商要求可上门收货）；国外代理根据展品内容制作准确的展品清单并传给项目部，项目部根据展品清单向海关报关。

（5）国外代理和国内网点根据项目部的安排采用多式联运的方式将展品在规定时间内运抵厦门口岸，并将展品到达信息，包括到达时间、运输方式、船名、航次等通知项目部。

（6）项目部根据国外代理和国内网点提供的展品到达信息，按照接货流程做好报关工作并根据展商要求提供仓储、运输、拆装箱等服务。

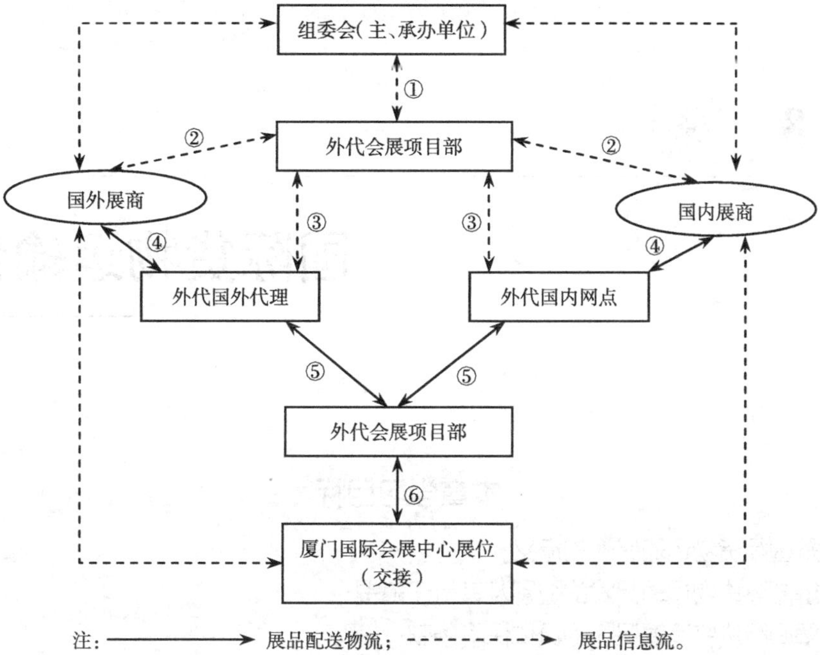

图 7-2 厦门外代展品物流流程

（资料来源：王保仑. 会展经营与管理. 北京：北京大学出版社，2006.）

复习思考题

1. 国际邮政物流的特点是什么？
2. 国际快递业务主要业务类型是什么？
3. 展览会的种类有哪些？每种的特点是什么？
4. 国际展品物流包括哪些环节？
5. 国际工程项目物流的流程是什么？
6. 工程项目物流的特点是什么？与普通产品物流的区别是什么？
7. 国际军事物流的两种模式什么？有何区别？
8. 国际军事物流的特点是什么？
9. 根据厦门外代国际货运有限公司的业务状态，谈谈会展物流的复杂性。

第 8 章

国际货物运输保险

本章学习目标

- 理解国际货物运输保险的意义；
- 了解国际货物运输保险的险别及其责任范围；
- 理解国际货物运输保险的具体保险条款；
- 学习和掌握国际货物运输保险的基本业务。

国际货物运输方式包括海上运输、陆路运输和航空运输，每次运输可能是单一的运输方式，也可能是不同运输方式的组合。由于路途遥远，运输情况复杂，相对于国内运输而言，国际货物运输过程中的风险巨大。因此，开展国际运输的企业需要保险公司为其承保，以分担风险。实际上，国际货物运输保险正是伴随着海上贸易，首先从海上货物运输保险发展开始逐步扩展，形成了今天海上货物运输保险、陆路货物运输运险、航空货物运输保险和邮包险等全方位的国际货物运输保险，有力地促进了国际贸易和国家间的交流。

8.1 概述

8.1.1 国际货物运输保险的作用

国际货物运输环节多，经历的区间和货物的在途时间都很长，因此容易遭受自然灾害和人为因素带来的风险。为了减少货物在运输过程中的风险损失，货主通常会借助保险公司，为货物办理运输保险。具体来说，国际货物运输保险的作用有以下几个方面。

（1）保证企业正常的经营活动。面对激烈竞争的市场环境，企业首先要想方设法为自己谋取生存空间，任何风险都有可能给企业带来灭顶之灾。因此，企业必须运用各种手段，尽可能降低经营风险。企业所面对的风险主要包括系统性风险和非系统性风险。非系统性风险是企业经营活动所带来的风险，企业可以通过正确的决策和有效经营，减少这类风险。在国际货物运输过程中，由于路途遥远，货物在途时间较长，并处于复杂的自然环境中，因此，相对于国内运输，国际货物运输过程中的货物受损概率极大。运输保险可以保证货主以缴纳一定额度的保险费为代价，换取在货物运输过程中因遭遇某些风险时而得到补偿，这就大大降低了企业因远洋运输风险使货物受损而遭受重创的可能性，从而保证企业经营活动的正常进行。

（2）有助于提高企业的经济效益。合理选择投保国际货物运输保险险种，不仅使货物在遭受损失时获得赔偿，最大限度地减少货物损失，而且按照财务管理制度的规定，企业的保费开支计入企业经营成本。将企业风险管理的成本计入企业日常费用开支，不仅降低了企业经营的风险，而且减少了企业的税收开支，有助于企业经济效益的提升。

（3）推动国际贸易和国际物流的发展。国际运输和国际贸易是同步发展起来的，最早是海上贸易和运输，海上保险几乎和海上贸易同步发展。船舶在海上航行，受气候条件和自然条件的影响很大，稍有不慎，就可能招致覆船的风险。早期的海上运输货物损失是由货主和承运商共同分担的。例如，公元前916年《罗地安海商法》就明确规定："减轻船只载重而抛弃船上的货物，如果是为了全体的利益，其损失应由全体受益方分担。"现代海上保险就是保险人把具有相同风险的投保人聚合在一起，一旦发生损失，就由参与保险的具有同类风险的投保人共同分担。这种风险分担的方式使参与国际贸易和国际物流活动的企业风险大幅下降，从而推动了国际贸易和国际物流的发展。

（4）保险公司参与监督，有利于减少风险和损失。保险公司以补偿风险损失为前提获得保费收入，因此，风险发生得越少，保险公司收入越高。为了自身的利益，保险公司通常会参与货物运输的监管过程，监督相关各方做好防灾防损工作，从而减少灾害和损失发生的概率。同时，国际运输保险公司在其长期的业务活动中，积累了大量灾害损失事故案例，它们可以从中加以总结分析，获取经验，进而对客户在货物运输过程中的安全管理提供咨询和主动建议，做好提前预防工作，将货物运输的灾害和损失大幅降低。

8.1.2 国际货物运输保险的起源

国际货物运输保险是从海上保险开始的，发源于中世纪的意大利。当时产生的保险单明确规定了保险标的和保险责任范围，如"海难事故，包括船舶破损、搁浅、火灾或沉没造成的损失或伤害事故"列明"海盗、抛弃、捕捉、报复、突袭"等所造成的船舶及货物损失。1424年热那亚出现了第一个专业的海上运输保险公司，1523年佛罗伦萨颁布的法令，明确规定了海上运输保险单的标准格式。

随着新航线的开辟，国际贸易中心也从地中海逐步转移到北海大西洋沿岸，英国殖民地经济的发展极大地带动了海上贸易和海上运输的发展，海上保险的思想也传到了英国。在政府的支持下，英国很快成为海上保险的中心。1601年英国女王颁布了第一部包含海上运输保险内容的《议会法》，规定在保险商会内设立法庭，负责解决海上保险的纠纷案件。17世纪后半期爆发的两次英荷战争严重地打击了英国和荷兰的海上贸易，1693年史密那商船的覆没给英荷商人和保险业者造成了巨大损失，加深了人们对于海上保险重要性的认识，一些较发达的国家和地区纷纷酝酿成立实力雄厚的保险机构，并进一步完善保险制度。1720年，经英国女王批准，英国成立了“皇家交易”和“伦敦”两家保险公司，在英国垄断经营海上运输保险业务。1906年英国在各国海上保险习惯做法和总结相关法律的基础上，颁布了《海上保险法》。《海上保险法》和伦敦保险协会的保险条例不仅完善了英国海上运输保险的法律制度，推动了海上贸易、航运和海上保险业的发展，而且对以后世界各国的保险立法影响深刻。

随着英法商船在北美大陆登陆开展殖民活动，海上保险也登上了美洲大陆。1721年，约翰科普森在费城设立北美第一家海上保险组织，承保船舶和货物。随着美国的独立和美国政治、经济的飞速发展，美国海上运输保险事业也蓬勃发展起来，在国际海洋运输保险行业中举足轻重。中国的海上运输保险是伴随着20世纪80年代的改革开放、国际经济合作和交流日益频繁而逐步发展起来的。2001年中国加入世贸组织，进一步推动了中国对外贸易、国际航运和海上保险事业的发展，海上保险已经成为中国经济发展中不可缺少的重要部分。然而，对于中国保险公司来说，国际货运保险是一种新兴险种，目前还处于起步阶段，2010年，业务相对较多的上海，海上保险费收入仅占全球的1%。

8.1.3 国际货物运输保险的范围

国际运输保险是依靠法律，保险人和被保险人之间通过合同，明确规定国际运输过程的保险标的、保障范围、保险费率，以及保险双方的责任和义务。保险标的是指保险事故发生是可能遭受损失而需要予以保障的对象，是保险事故发生的承受体。保险人按照约定的方式和范围，对被保险人因保险标的受损或灭失而遭受的损失承担赔偿责任，被保险人则依照合同对保险人进行索赔。国际运输保险的标的主要包括运输工具、运输的货物、承运人的运费及合同执行过程中的违约责任和侵权责任等，承保的风险涉及实物损失和合同责任风险等。

国际货物运输所涉及的海上、航空和陆路运输都需要相应的保险，主要包括海上货物运输保险、陆路货物运输保险、航空货物运输保险和邮包险。各种险别的保险责任范围大体相似，但由于使用不同运输工具，所面对的风险环境存在差异，因此保险的责任范围略有差别。

1. 海运货物保险

海运货物保险主要承担的标的有船舶、运输货物、运费和保赔责任等，其承担的主要危险不仅包括因海洋运输而发生的危险（如恶劣的气候、雷电、流冰、地震等自然灾害带来的危险），还包括各种人为因素造成的船舶搁浅、触礁、倾覆、船上的火灾、爆炸引起损害，遭遇海盗、船长和船员的非法行为等海上风险造成的各种损失和危险，同时与海洋运输相连接的路上或内河运输过程是国际海运的前后延伸。这些运输过程中发生的风险也包括在海上货物运输保险范围内，如货物在此过程中遭受雨淋、碰撞、受潮受热、玷污、钩损、锈损，因战争、罢工、货物拒收和交货不到或提不着货等造成的损失。

以海洋为界，国际海运货物保险分为海上风险和外来风险。海上风险是海上固有的风险和海难，是指船舶、货物在海上运输过程中发生的风险，包括自然灾害和意外事故两种。外来风险一般指海上风险以外的其他因素造成的风险，这些因素难以事前预料，不是必然但却经常发生，外来风险又分为一般风险和特殊风险。如表 8-1 所示。

表 8-1 国际海运货物风险

海上风险		外来风险	
自然灾害	意外事故	一般风险	特殊风险
• 恶劣气候 • 雷电 • 流冰 • 地震 • 火山喷发 • 海啸 • 洪水 • 其他人力不可抗灾害	• 船舶搁浅、触礁 • 船舶沉没 • 碰撞 • 船上火灾、爆炸 • 遭遇海盗袭击 • 暴力盗窃 • 投弃 • 船上工作人员的恶意行为	• 偷窃提货不着 • 短量 • 破碎 • 淡水雨淋 • 受潮受热 • 串味 • 玷污 • 渗漏 • 钩损 • 发霉 • 锈损	• 交货不到 • 拒收 • 战争 • 罢工

海运保险习惯上根据因海运风险导致的国际货物运输损失程度，将海上损失分为全部损失和部分损失。全部海损是被保险的运输船舶、整批货物全部受损，或者其中不可分割

的部分货物全部遭受损失，包括实际全损和推定全损。后者是指货物尽管没有丧失全部其价值，但要恢复货物原状，需要的耗费超过货物在进口地的售价。部分损失是指被保险货物没有达到全部损失的程度。按照部分损失的性质不同，可区分为单独海损和共同海损。共同海损是指船舶在货物运输途中遭遇海难，为保证船舶和货物安全，船方采取合理的救助措施而产生的直接损失和额外费用，因此，共同海损是一种人为损失，这种损失是为保护处于危险状态下的货物而采取的主动施救措施，因此而发生的任何合理牺牲和费用，都由利益保全各方进行分摊。单独海损是共同海损以外的损失，是指被保险货物在运输过程中因自然灾害或意外事故而遭遇海难后，由有关各方单独承担的损失。例如载货船舶在海上航行时，因恶劣天气造成的货物损失，属于货方或托运人自己的损失，船主或承运人对此不承担责任。保险人对单独海损的承保以承保责任范围为限，如果单独海损是由保险人承保风险责任意外的因素造成的，保险人则不负责赔偿。

2. 其他保险

在国际物流活动中，除了大量使用海上运输以外，还有陆路运输、航空运输和邮包运输。由于运输路线长而复杂，为有效防范风险，这些货物运输也需要保险，并有其相应的保险责任范围。

陆运险，顾名思义，是对陆地货物运输的保险，其责任范围是被保险货物在运输途中因遭受暴雨、雷电、地震、洪水等自然灾害造成的损失，火车和汽车等碰撞、倾覆、出轨，驳运工具的搁浅、触礁、沉没、碰撞，以及隧道崩塌、崖崩、失火、爆炸等意外事故，以及短量、偷窃、渗漏、碰撞、破碎、钩损、雨淋、锈损、受潮受热、发霉、串味和玷污等造成的全部或部分损失等。

航空运输货物保险是以飞机为运输工具的货物运输保险。承保的范围包括因自然灾害和意外灾害造成的被保险物资在运输途中遭受损失，如雷击、火灾、爆炸及恶劣气候原因，或者因其他危难事故而抛弃货物，飞机遭受碰撞、倾覆、坠落或失踪等。此外，与海上运输和陆路运输不同的是，航空运输保险可以应被保险人要求，在投保基本险的基础上，加缴保险费，申请航空货物运输战争险，以避免因战争造成的损失。

邮包保险是专门针对邮包的保险，它除了与海上运输保险的责任范围基本相同以外，还包括在运输过程中，由于战争、敌对行为或武器冲突所造成的邮包损失。

8.1.4 国际货物运输保险的险别

根据各种运输方式所面对的特殊环境和风险，保险公司对不同运输工具设计了不同的保险险别。海上货物运输保险是国际货物运输保险的基础，其他形式的保险则是在海上货物运输保险的基础上设计的，因此，我们将详细介绍海上货物运输保险的险别，在此基础上，简要介绍航空运输、陆路运输和邮包险的险别。

根据海上货物运输面临的风险性质，海上货物运输承保的风险包括基本风险和特殊风险两大类。针对海上货物运输的基本风险的险种有两种：基本险别和普通附加险别；针对特殊风险的险别被称为特别附加险别。

1. 海上货物运输的基本险别

基本险别是可以单独投保的保险险种，又称主险，是海上货物运输的主要险别。我国沿用原伦敦协会货物保险条款的划分，现行海运货物运输保险条款规定，基本险别包括平安险（Free from Particular Average, FPA）、水渍险（With Particular Average/With Average，WPA/WA）和一切险（All Risks, AR）三种。

平安险在海上运输保险中承担的责任范围是最小的，其英文原意是指单独海损不负责赔偿，即不负责单独海损的赔偿。但是需要特别指出的是，它只是不对自然灾害所造成的单独海损进行赔偿，但对意外事故造成的单独海损是会按照保险责任范围承担赔偿责任的。

水渍险比平安险承保的范围大，它不仅包括平安险承保的各项责任，还包括由雷电、海啸、地震和洪水等自然灾害直接造成的全部或部分损失，因此，客户购买了水渍险，就无须再购买平安险。

一切险的保险范围更大，它除了涵盖平安险和水渍险的所有责任意外，还包括普通附加险的责任范围，是平安险、水渍险和普通附加险的全部总和。

2. 海上货物运输的附加险别

附加险别是不能单独投保的险别，它依附于主险险别，只有在投保了主险险别后才可以投保附加险别，根据保险责任范围，附加险分为普通附加险、特别附加险和特殊附加险。

普通附加险，又称一般附加险，包含在一切险的责任范围内，其保险责任是在自然灾害和意外事故之外的外来风险造成的货物损失，如偷窃、提货不着、短量、混杂玷污、渗漏、碰损、破碎、受潮受热、钩损、锈损、包装破损、串味等给货物造成的损失。这一险种在航空和陆路运输中的保险责任范围是一致的。

特别附加险与普通附加险的区别在于：特别附加险不属于一切险，因而不包括一切险的责任范围，它承担的责任主要是由国家政治、行政管理因素和其他特殊因素造成的风险，如交货不到、进口关税、拒收货物、黄曲霉素、出口货物到香港或澳门存仓失火等造成的风险。

特殊附加险承保的责任范围主要包括战争和罢工等政治原因引起的风险责任。

此外，海上货物运输还有对特殊运输货物的专门保险，它是对特殊货物的运输保险，不同于上述的附加险，专门保险可以单独承保，如海上冷藏货物运输保险和海上散装同游运输保险等。

3．其他险别

根据中国人民保险公司的规定，陆路运输货物保险只承保汽车和火车运输的货物，分为陆运险和陆运一切险。陆运险承保的范围和海运水渍险的范围大致相同。陆运一切险承保的范围不仅包括陆运险承保的范围，而且包括由于外来原因造成的货物短少、损毁等部分或全部损失，如偷窃、渗漏、碰损、钩损、雨淋、生锈、发霉、串味、玷污等。

航空运输保险是以飞机为运输工具的货物保险，分为航空运输险、航空一切险和航空货物战争险。航空运输险的承保责任与海上运输中的"水渍险"基本相同。航空运输一切险的保险责任范围除航空运输险以外，还负责被保险货物在运输途中由于偷窃、短少等一般外来原因造成的全部或部分损失；航空运输货物的战争险属于航空运输货物险的附加险，必须在投保基本险的基础上，由被保险人申请并加缴保费，才能承保。

邮包险分为邮包基本险和附加险。基本险包括邮包险和邮包一切险，两个险种的保险责任范围基本与海上运输的"水渍险"和"一切险"一致，而邮包附加险——邮包战争险则相当于航空运输货物保险的战争附加险，其承保的责任范围包括在邮包运输过程中由于战争、敌对行为或武器冲突，如水雷、鱼雷爆炸所引起的损失[①]。

上述国际货物运输保险的所有险别可以归纳如图 8-1 所示。

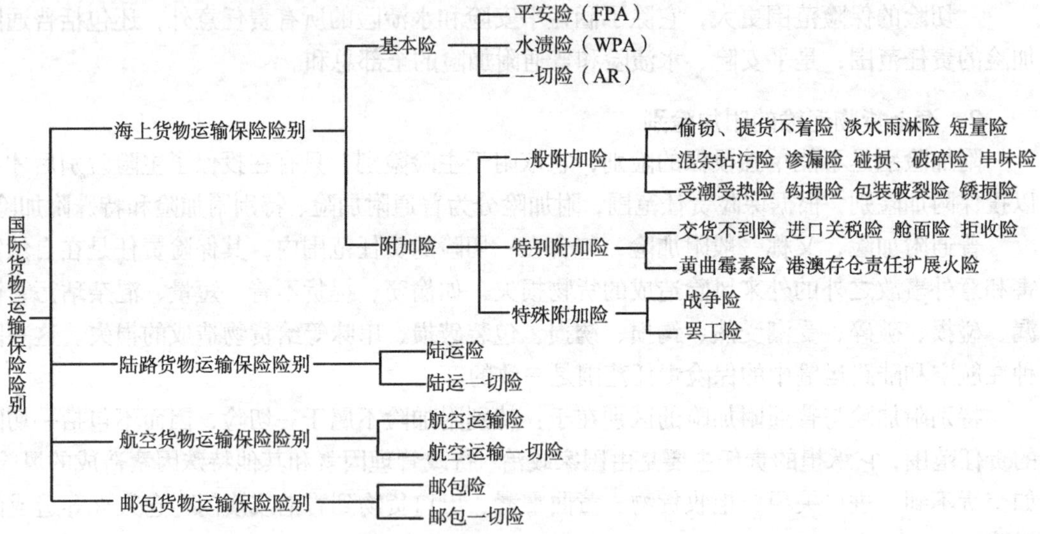

图 8-1　国际货物运输保险险别

① 使用原子弹或热核制造的武器所造成的损失不在邮包战争险的承保范围内。

8.2 国际货物运输保险条款

海上运输与国际贸易同步产生，因此，海上运输保险的历史最早，制度和体系最完善。其他运输方式的保险大多参照海上运输保险而设计。因此，我们重点详细介绍海上运输保险的保险条款和承保责任。

目前，我国使用的是中国人民保险公司1981年1月1日修订的“海洋运输货物保险条款”，进出口企业按照中国人民保险公司的保险条款进行投保，但为了更好地服务商户，推动国际贸易互动，如果外国客户要求按照“伦敦协会货物条款”投保，中国人民保险公司也会接受。

8.2.1 海上货物运输基本险承保责任条款

海上货物运输保险条款主要包括保险的责任范围、保险期限以及被保险人的义务和索赔期限等。根据《中国人民保险公司海洋运输保险条款》的规定，我国海上货物运输的基本险包括平安险、水渍险和一切险。为防止争议，保险单上必须注明双方约定的险别。

1. 平安险

平安险（Free from Particular Average，FPA）在基本险中的责任范围最小，具体有八个方面：

（1）被保险货物在运输过程中，由于恶劣天气、雷电、海啸、地震、洪水等其他自然灾害造成的整批货物的全部或推定全损[①]。所谓整批货物，是指在同一保险单证下的全部货物。但是，平安险对于由自然灾害造成的单独海损不负责赔偿。

（2）由于运输工具遭受搁浅、触礁、沉没、互撞、与流冰或其他物体碰撞，以及火灾、爆炸等意外事故造成货物的全部损失或部分损失。

（3）在运输工具已经遭受搁浅、触礁、沉没、焚毁等意外事故的情况下，货物在此前后又在海上遭遇恶劣气候、雷电、海啸等自然灾害所造成的被保险货物的部分损失。在此情况下，被保险人并不需要证明损失一定来自后者，保险人必须负责赔偿。

（4）在装卸或转运过程中，被保险货物整件落海所造成的全部或部分损失。本项承保的风险仅限于在装卸或转运过程中发生意外，如吊钩脱落、吊绳断裂或吊杆折断等导致货

① 推定全损是指虽然保险标的在遭遇保险事故时尚未达到全部灭失或全部损毁，但完全灭失已不可避免，或者恢复、修复该标的物或运送货物到达原定目的地所耗费用，估计已达到或超过其实际的价值或保险价值。

物落海带来的货物损失。

（5）被保险人对遭受承保责任内风险的货物采取抢救、防止或减少货物损失而支付的合理费用，但支付最高不超过该批被救货物的保险金额。

（6）运输工具因遭遇自然灾害或意外事故，在中途的港口或者在避难港口停靠引起的卸货、装货、存仓及运送货物所产生的特别费用。若发生问题后，所运输货物在运输中途需要换船续运货物至目的地而支付一定的续运费用，这些续运费用可以看做施救费用。有时候续运不仅费用很高，而且涉及承运人责任，因此，保险人应积极参与，保证为被保险人解决问题。

（7）发生共同海损所引起的牺牲、分摊费和救助费用。尽管该条款没有明确规定保险人应对货物共同海损牺牲先行赔偿，但在实际的保险业务过程中，保险人通常会对已经损失的保险货物先赔付，之后再进行共同海损理算。

（8）运输契约中有“船舶互撞责任”条款，应根据该条款规定由货方偿还船方的损失。根据国际惯例，货船若在海上运输途中和其他船发生碰撞导致货物损失，该货船可以免除责任。保险条例中规定货主可以向非载运船索赔全部损失。而互相碰撞的双方船都有责任，因此，各自分担货物损失的50%，非承载船在向货主支付赔偿后，会向载货船讨要50%的赔偿。由于载货船享有免责权，这部分费用实际由货主承担。设置本条款后，货主支付给载运船主后可以从保险人处取得这部分补偿（见图8-2）。

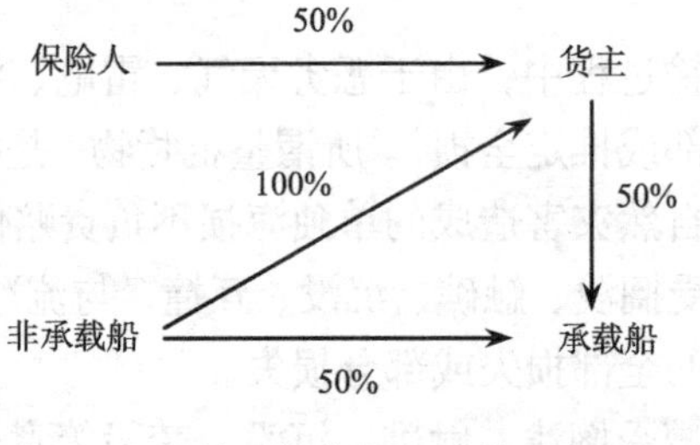

图8-2 “船舶互撞责任”赔偿示意图

2．水渍险

除包括上列平安险的各项责任外，水渍险（With Particular Average, WA或WPA）的责任范围还包括被保险货物由于恶劣气候、雷电、海啸、地震、洪水等自然灾害直接造成的部分损失。也就是说，水渍险包含了平安险的一切责任范围，它是在平安险的基础上，对因自然灾害直接造成的被保险货物的全部或部分损失进行赔偿，即负责单独海损的赔偿。按照平安险条款的第一项规定，它只对由自然灾害造成的整批货物的全部损失进行赔偿，而水渍险对于部分损失也予以赔偿。按照中国人民保险公司的规定，保险人对于保险货物发生责任范围内的损失均予以赔付。同时，水渍险对于施救费用的赔偿范围也比平安险要广。国际上不同国家的水渍险赔付责任略有不同。例如英、美等国规定，水渍险对部分货物损失的全部赔偿，仅限于保险单规定的货物损失百分比范围内；而欧洲大陆国家则规定，保险人仅对超过保险规定百分比的损失负责全部赔偿。

3. 一切险

一切险（All Risks）的责任范围最广，是平安险、水渍险和普通附加险的总和，它在水渍险承保的责任基础上，增加了11种普通附加险，不仅囊括了平安险和水渍险的所有责任，还包括货物在运输过程中由一般外来原因所造成的被保险货物的全部损失或部分损失。外来原因，主要指除政治性、社会性以外的原因，如偷窃提货不着、淡水雨淋、短量、混杂玷污、渗漏、碰撞破碎、串味、受潮受热、钩损、包装破裂和锈损等因素造成的货物损失和费用。

4. 海上运输货物基本险的除外责任

海上货物运输保险条款不仅给定了保险人的保险责任，同时对保险人的除外责任做了详细的规定。所谓除外责任（Exclusion），是指保险条款明确规定保险人不予承保的损失或费用。《中国人民保险公司海洋运输货物保险条款》规定，保险人对下列九项不承担赔偿责任：

（1）被保险人的故意行为或过失所造成的损失。被保险人是指被保险人本人或其代表，不包括一般的底层的工作人员或其代理人。

（2）属于发货人责任所引起的损失。如贸易商未按照合同规定行事，因包装不当或标志不清等造成的损失，保险人不承担赔偿。

（3）在保险责任开始前，被保险货物已存在的品质不良或数量短差所造成的损失。如生锈的钢材和二手机械设备等。

（4）被保险货物的自然损耗、本质缺陷、特性、市价跌落、运输延迟所引起的损失或费用。例如，粘连、渗漏、扬尘、水分挥发、易碎品破损等保险货物的自然损耗；自燃和易腐烂等货物本身特性导致的货物损失；投机性风险导致的因市价跌落而发生的损失。运输延迟造成的损失和费用，包括季节性货物延期运输而市价大跌、水果和蔬菜等因延期运输而腐烂变质等。

（5）海洋运输货物战争险条款和货物运输罢工险条款规定的责任范围和除外责任。

（6）由于船主、管理人、船舶承租人或经纪人破产或不履行债务责任引起的损失或费用。

（7）因海上欺诈行为、整批货物交货不到而引起的损失和费用。

（8）被保险人明知船舶或集装箱等运输工具不适宜安全运载货物而使用，因此而造成的损失或费用。

（9）因虫咬、鼠啃以及黄曲霉素造成的损失。

8.2.2 海上货物运输保险的附加险承保责任条款

附加险分为普通附加险、特别附加险和特殊附加险三大类。

1. 普通附加险

普通附加险（General Additional Risks）包含在一切险的责任范围内，所承保的风险是自然灾害和意外事故之外的外来风险所造成的货物损失，有下列 11 种险种。

（1）偷窃、提货不着险（Theft，Pilferage and Non-Delivery Risk，TPND）。偷窃不包括使用暴力手段的公开抢劫。所谓“提货不着”，是指由于偷窃性质的行为导致没能在目的地将全部货物或整件货物交给收货人。保险人按照保险价值负责赔偿因偷窃和提货不着而造成的损失。但若货物中途被扣押、抛弃或承运人误交给他人或其他港口，保险人不能按此条款赔付。

（2）淡水雨淋险（Fresh Water and/or Rain Damage Risk，FWRD）。被保险货物直接遭受淡水、雨淋或冰雪融化而产生的损失。其中，淡水造成的损失包括因船上的淡水仓和淡水管渗漏或船舱内其他货物渗出的水等给被保险货物造成的损失。水渍险只赔偿因海水意外进入船舱导致的损失，因此，淡水雨淋险可以看做水渍险的扩展。

（3）短量险（Shortage）。除因货物本身特性导致的货物在运输途中的正常损耗外，保险人根据装船重量和卸船重量的差额，赔付因外包装破裂或散装货物发生数量或重量的短缺损失。

（4）混杂玷污险（Risk of Intermixture and Contamination）。被保险货物因船舱不清洁而掺进杂质或被玷污而受到损失，如散装谷物掺进了沙子，铁矿石掺进石块，布匹、服装等沾上油渍，食品被弄脏等。

（5）渗漏险（Leakage）。被保险货物在运输途中因容器损坏而发生渗漏，或者因运输货物的保护性液体渗漏而造成的货物损失，如酱菜由于盐浸水泄漏而导致酱菜变质。

（6）碰损、破碎险（Risk of Clash and Breakage）。被保险货物在运输途中因震动、碰撞、受压而变形受损或破碎。例如，金属或金属制品、家具、漆器木器等在运输途中受震受压而出现凹痕、表面脱漆、划痕等；玻璃及玻璃制品、陶瓷、大理石、各种工艺品等在运输途中因装卸运输振动时货物碎裂等，保险人对所保险货物承担赔偿责任。

（7）串味险（Taint of Odour）。食品、中药材、化妆品原料等在运输途中因串味儿而遭受的损失。若因船方配载不当而受损，保险人赔付后可向船方追索赔偿损失。

（8）受潮受热险（Sweat and Heating）。因温度骤升而导致被保险货物受热受潮而变质所造成的损失，如黄豆水气过大就会发霉变质。

（9）钩损险（Hook Damage）。袋装货或捆装货在装卸过程中，因使用手钩或吊钩操作，不慎扯破包装，导致保险货物破损、短缺和包装损失。所谓钩损，是指在保险期内所有的装卸活动中的钩损，不仅包括启运港和卸装港的装卸钩损，而且包括中途转运及此转运装卸过程中的钩损。

（10）包装破裂险（Breakage of Packing）。因不慎搬运和装卸对被保险货物及其包装造成的损失，包括包装的修补和调换费用。例如，袋装、相撞、桶装的块、粉、粒状货物在搬运和装卸过程中，因不当操作导致包装破裂，造成物品短缺、玷污和受潮而损失，为继续安全运送，对破损包装进行修补或更换而发生费用。

（11）锈损险（Rust）。被保险货物在运输过程中因生锈而遭受的损失。保险人的责任仅限于保险期内货物生锈损失，对于原装就有锈、易于生锈的裸装金属或零部件则不予保险，因此，锈损险需要专业检验人员的鉴定。

由于保险公司对一般附加险的承保责任范围均已包括在一切险的承保责任范围内，因此，投保人如已投保了一切险，就无须再加保一般附加险。

2. 特别附加险

和普通附加险一样，特别附加险（Special Additional Risk）也不能独立投保，而只能在一种基本险的基础上加保。源自政治、国家行政管理等特殊风险，不在一切险的责任范围内，因此需要额外保险。按照中国人民保险公司条款，特别附加险包括以下六项。

（1）交货不到险（Failure to Deliver Risk）。无论何种原因，只要被保险货物装上船，在预定到达日期后的6个月内不能交货，保险公司都会按照货物全损予以赔偿，偿付后，该货物的一切权益都归保险人所有。被保险人必须保证获得了一切进口许可证，并办妥有关进口手续。

（2）进口关税险（Import Duty Risk）。被保险货物损失在保险人责任范围内，但被保险人仍需按照货物完好价值缴纳进口税，由此而形成的进口税损失由保险人偿付。在实际的国际贸易活动中，有些国家规定，一律按照货物发票所载明的价格或海关估价征收进口货物关税，无论货物是否有损失；有些国家则会根据货物损失发生的时间（进口前还是进口后）区别对待。进口关税损失是在货物损失之外的赔偿，它以货物本身损失在保险人责任范围内为前提，否则不予赔偿。

（3）舱面险（On Deck Risk）。针对通常必须装在舱面上的体积大、有毒或有污染、以及易燃易爆物品的保险。保险人承保因货物被抛弃或风浪冲击落水而造成的货物损失，而舱面上装载的集装箱货物则等同于舱内货物，因此需要增加此类保险。

（4）拒收险（Rejection Risk）。包括被保险货物进口时被进口国政府或有关当局拒绝进口或没收而造成的损失，或者货物起运后，进口国宣布禁运而必须运回国内或转口其他目的地所增加的运费。被保险货物必须在生产、质量、包装和商品检验方面符合进口国的有关规定，被保险货物必须具备一切有效许可证。

（5）黄曲霉素险（Aflatoxin Risk）。黄曲霉素是致癌毒素，存在于发霉的花生、油籽、大米等物品中，各国卫生当局都有严格的限制标准。若不符合标准，货物就会被拒绝进口、被没收或被要求改变用途，保险人负责赔偿因此而造成的货物损失。但若在保险责任开始之前就已经存在超标现象，保险人将不予赔偿。

（6）出口货物到香港（包括九龙在内）或澳门存仓责任扩展火险（Fire Risk Extension Clause—for storage of cargo at Destination HongKong，Including Kowloon or Macao，F.R.E.C）。保险人承保中国大陆出口到港澳地区的货物，直接卸货到押汇银行指定的仓库，期间存仓的火灾责任。由于被保险货物通过银行办理押汇，在货主未向银行赎单前，货物的权益属于银行，收货人无权提货，因此，此条款保障了押汇银行的利益。

3．特殊附加险

本保险是主险以外的附加险，包括战争险和罢工险。

（1）战争险（War Risk）。保险人承保直接由于战争、类似战争行为和敌对行为，如武装冲突或海盗行为造成的损失。包括因此而引起的人员被捕、拘留，货物被扣押、因水雷、鱼雷和炸弹造成的损失，以及由此引起的共同海损的牺牲、分摊和救助费用。但保险人不负责因使用原子弹或热核武器所致的损失，以及航程丧失或受挫引起的损失或费用。

战争险承保的责任是从货物装上轮船开始到货物卸离船舶止，若运输中途转靠，无论在当地是否卸载，保险责任都以此地点当日午夜算起，满15天止，待再次恢复海运时恢复保险效力。若运输过程中改变航程或承运人在合同权限内改变海上航行，被保险人需及时通知保险人，并在必要时加缴保费，才能保证原保险合同有效。

（2）罢工险（Strikes Risk）。保险人承保由于罢工、工人被迫停工、工潮、暴动、民众斗殴等，以及任何人为的恶意政治行为造成的共同海损牺牲、分摊和救助费用。保险人不承担为避免上述行为而产生的卸货和转运费用，以及与罢工有关的其他间接损失，如保险期间，因劳动力短缺或无法正常履行职责而导致保险货物损失、由于动力缺乏使冷藏机无法工作导致的冷冻货物损失等。若被保险人在投保基本险的基础上，投保了战争险，再加保的罢工险时无须增缴费用。

此外，除上述海上运输货物的基本险和附加险以外，中国人民保险公司还对冷藏货物和散装桐油等特殊货物的运输设计了保险，如冷藏险、冷藏一切险以及海洋运输散装桐油险等，并对特殊货物的运输保险条款进行了详细说明。

8.2.3 海上运输货物基本险的承保责任期限

保险期限是指保险人承担保险责任的起止时限。根据《中国人民保险公司海洋运输货物保险条款》的规定，我国海上货物运输基本险的保险期限均采用国际保险业中惯用的“仓至仓”条款（Warehouse to Warehouse Clause，W/W）。货物保险人的责任不仅包括货物装船过程，还包括出发港装货前从发货人仓库和到港卸货后，从港口到收货人仓库的陆上运输过程。这使得国际海洋运输情况更加复杂，整个运输过程面临着各种各样的变化，因此，保险人不愿意也不可能无条件承担全过程的风险。为避免因此而造成的保险纠纷，中国人民保险公司做了非常详细的规定。

1．“仓至仓”保险责任

本保险责任的生效始于被保险货物运离保险单所载明的起运地仓库或货物储存地，包括整个运输过程中正常的陆路运输、内河运输、海上运输和驳船运输，终止于该货物保险单载明的收货人最终仓库或储存地。即保险公司所承担的保险责任，是从被保险货物运离保险单所载明的起运港(地)发货人仓库开始，一直到货物到达保险单所载明的目的港（地）收货人的仓库时为止，即被保险货物一进入收货人仓库，保险责任即行终止。

如果到港货物未抵达最终仓库或存储地，则以被保险货物最后全部卸离海轮后满60天为止。若在60天内被保险货物需要运往其他非保险单所载目的地，则以该货物开始转运为责任终止时间。当货物从目的港卸离海轮时起算满60天，不论保险货物有没有进入收货人的仓库，保险责任均告终止。但如果由被保险人无法控制的因素导致运输过程延迟、被迫卸货、重新装载、转运以及承运人在合同范围内的对航程的任何变更或终止运输，使被保险货物无法运送到保险单载明的目的地，在被保险人及时向保险人说明并在必要时加缴保费，保险将继续有效。

2．正常运输和非正常运输情况下的保险人的责任起讫期限

（1）正常运输情况下的保险责任期限。正常运输情况下，保险责任从保险单载明的被保险货物起运地开始。正常运输过程是指所使用的运输工具符合特定的运输货物，货物转运属于航程需要的正常运输范围，在保单没有明确规定运输线路的情况下，运输工具的运行路线遵从习惯，运输速度正常，包括被保险人无法控制的正常等待、检查、航行、装卸和仓储。

正常运输情况下，保险责任的终止期限为被保险货物卸港后，货物：A．运抵收货人仓库；B．运抵被保险人选择的用于非正常运输的存储仓库；C．货物分发前先行存入的仓库；D．开始转运至其他目的地。上述保险责任以到港后60天为限。

例如，40个集装箱从天津出口运往德国汉堡。海轮于9月1日抵达吉隆坡港，并开始卸货，9月2日全部卸在码头货棚，而未运往收货人仓库，那么该保险责任到11月2日即告终止。当然，如果在11月2日前这批货物运进了收货人仓库，则不论在哪一天进入该仓库，保险责任也告终止。如在上述保险期限内，10月5日货物转运到非保险单所载明的目的地，则以该货物开始转运的10月5日起终止。另外，若9月25日被保险货物运至保险单所载明的目的港或目的地以前的某一仓库，进行货物的分配和分派，则该仓库就是保险责任终止的最后仓库。

（2）非正常运输情况下的保险责任期限。非正常运输是在被保险人无法控制的情况下发生的，包括以下两类情况：第一，运输延迟、绕道航行、被迫卸货、重新装载、被迫转运，以及承运人在合同权利范围内改变航行等，导致货物在中途卸货、转载；第二，运输在中途终止，货物无法到达目的地港。上述案例中，若该货物因不可控因素从新加坡港口卸货转运，无法在保险条款规定的保险期限内到达目的地，则被保险人可申请扩展保险期限，经保险公司同意，加收一定保险费，该保险仍然有效。

由于近年来一些港口拥挤，船舶滞留港口等待卸货的时间比较长，伦敦保险协会制定了“码头延迟条款”，规定保险责任的期限为，自海轮到达货物最后卸载港当天午夜起，满60天止，只要被保险货物从海轮卸载完毕，保险责任就终止。海轮到港时间以在港口第一次抛锚、停泊为准，包括在港区内和港区外等待卸货。

8.2.4　海上运输货物保险中被保险人的义务及索赔期限

海上运输货物保险条款不仅规定了保险人的责任范围，也明确规定了被保险人的责任和义务，以及索赔期限。在特殊情况下，运输航线改变、货物不能及时抵达目的地时，被保险人有责任即时告知保险人，并在必要的时候加缴保费。货物到港后被保险人应及时提货，发现货物有损失，应按照保险合同要求，要及时向有关方申请检验理赔等。被保险人如果不能履行自己的责任和义务，导致保险人的利益损失，则保险人有权拒绝赔偿被保险货物的损失。同时索赔期限直接关乎交易双方的利益，因此，保险条款也对此做出规定。

1. 被保险人的义务

根据《中国人民保险公司海上运输货物保险条款》的规定，被保险人的责任和义务包括以下四个方面。

（1）及时提货。货物到港后，在卸货码头或海关仓库存放时间越长，损失就会越大，因此当被保险货物运抵保险单载明的目的地港后，被保险人应及时提取货物；当被保险货物出险后，在设法防止损失扩大的同时，无论发现货物遭受任何损失，被保险人都应立刻向保险单所载明的检验、理赔代理人申请检验，以确定责任的归属；若发现被保险货物整件短少，或者有明显残损，被保险人应立即向有关方面（如承运人、受托人、海关、港务局等）索要货物损失差额证明。没有此类证明，法律将认定货物完好无缺地实现交货；如果货物损失是由承运人、受托人或者其他有关方面造成的，被保险人要以书面申请的方式向有关方提出索赔。由于港口责任货物索赔的时效期为180天，而货物保险索赔处理时间较长，因此，在保险人做出保险赔付之前，只能以被保险人的名义先向第三方责任人追索损失赔偿。待保险理赔结束后，由保险人对第三方进行诉讼追偿或索赔。由于海上货物运输合同的有效诉讼期为一年，因此，必要的时候，被保险人还要取得延长追索赔偿的时效认证，以保证保险人有足够的时间向第三方索赔。

（2）施救及更正保险单证内容。当被保险货物在保险责任范围内遭受损失时，被保险人有义务采取合理、必要的措施进行施救，以防止或减少货物损失。施救所发生的合理费用可由保险人给予补偿。若被保险人不得已改变航程，或者发现保险单所载货物、船名、航程等有遗漏或错误，被保险人应立即通知保险公司，并在必要的时候加缴保险费用。

（3）提供索赔单证。被保险人进行保险索赔时，必须出示相应的单证，如保险单正本、提单、发票、装箱票、磅码票、货损货差证明、检验报告以及索赔清单，以及向第三方责任人追偿的相关函电和必要的单证、文件等。因此，被保险人必须妥善保管有关单证和文件证明。

（4）及时通知保险人“船舶互撞责任”发生的实际责任。由于互撞船舶首先要承担各自的责任，然后由保险人补偿承运船，对其免责赔偿。因此，船舶互撞事故发生后，被保险人一旦获知两船的责任划定，就必须马上告知保险人，使保险人可以迅速采取有效措施，确保自身利益。

2. 被保险人的索赔期限

所谓索赔期限，是指债权人向债务人提出赔偿要求的最长时限。在海上货物运输过程中，货物损失涉及保险人的责任和保险第三方的责任主要是承运人的责任。一般地，索赔期限越长，对债权人越有利。《中国人民保险公司海上运输货物保险条款》规定：被保险货物到港后，从货物全部卸离海轮开始，保险索赔时间最长不超过两年，否则被保险人将丧失向保险人索赔的权利。对于向承运人索赔的时限，按照国际货物运输的有关管理，一般为从承运人交货日算起一年。对于共同海损分摊责任，则需要等共同海损理算完成后才能确定。一般地，被保险人向保险人索赔共同海损分摊的期限为，从共同海损理算结束之日算起一年。

陆路、航空货物运输保险险别及邮包运输险各险种的保险条款与海上货物运输相应险别基本相似，保险公司的保险责任和起讫期限同样遵循“仓至仓”条款。例如，陆路运输险种规定，保单责任从保险货物运离保险单所载明的起运地发货人仓库或储存所在地开始生效；若未运抵保单指定地，则被保险货物到最后卸载车站后，保险责任以60天为限。航空货物运输战争险是自被保险货物在保险单所载明的机场被装上飞机起开始生效，货物卸离保险单所载明的目的地飞机止。邮包保险承保的责任起讫期限略有不同，但实质是一致的，也遵循“仓至仓”原则，只是在到达目的地邮局后，保险责任期限是从票据签发通知书当日午夜开始算起，满 15 天终止保险责任。在此期间内，邮包一经交至收件人手中，保险责任即终止。

8.3 国际货物运输保险业务

国际贸易借助国际物流实现货物在不同国家间的转移。一般情况下，货物从出口国到进口国的运输过程都需要办理运输货物保险。海上货物运输保险是国际贸易正常进行的必要保障，因此，国际贸易合同中通常都会约定关于运输货物的保险事宜，包括由谁投保、投保险种、保险金额及适用的条款等，它们在国际贸易中已经形成了标准化的贸易术语。例如，CIF 和 CIP 明确规定卖方必须按照相关保险条款中的最低险别办理海运货物保险，若买方提出额外的要求，则必须在条款中明确险别和保险责任范围，由买方承担保险费用。

国际货物运输保险的业务流程通常从货主选择保险险别开始，货主需要根据自己所运输的货物特点、货物到达目的地、需要的运输工具等选择合适的保险险种进行投保，计算保险金额和保险费用，完成相关保险手续和单证，一旦货物运输出现问题，则要及时向保险人索赔等，以最大限度地降低运输风险，确保货物能够安全抵达目的地。具体说，国际货物运输保险的基本业务包含以下几个方面。

8.3.1 国际货物运输保险险别的选择

国际货物运输的保险险别很多，不同险别的保险责任范围和保险费各不相同，选择保险险种，实际上就是平衡保险范围和保险费。多投险别无疑可以增加货物运输的安全度，但相应地，需要更多的保费支出；同时，保险责任范围越大，保费相应越高，例如，在海运货物保险的三种基本险种，平安险责任范围最小，保险费相对最低，而水渍险保险范围次之，一切险的保险范围最大，相应地，一切险的保险费率最高，而水渍险的保险费率则介于平安险和一切险之间。因此，合理选择投保险别和险种，不仅可以最大限度地减少货物运输风险，而且可以节约保险费用。为此，国际货物运输保险险别的选择需要考虑以下几个因素。

1. 运输货物的性质和特点

不同货物在运输途中可能遭受的风险和发生的损失往往不同。有些货物遭受损失的可能性较大，有些则较小。例如，棉、毛、麻等制成的纺织品类货物无论在港口和装卸过程中，还是在运输过程中都容易被玷污、钩损、雨淋后损失惨重，而矿石、钢材、铁钉、铁丝、螺丝、一般零部件等金属类制品则不容易出现这些问题。因此，纺织品类的商品往往需要投保一切险，而一般金属制品则没有必要投保一切险，而选择平安险、外加舱面险等附加险就足够了；而花生、油菜子等食品类货物，由于含有黄曲霉素，超量会受到进口国限制，就必须特别投保黄曲霉素险；玻璃制品、陶瓷类制品、石棉瓦、水泥板以及大理石等容易破碎，需要在基本险的基础上投保碰损、破碎险。可见，通过考虑主险和附加险配合投保的方法，可以在降低保费的同时，减少货物的运输风险。

2．货物的包装

由于包装材料和包装方式的差别，货物在运输过程中遭受损失的可能性是不同的。有些货物常常因为包装破损而造成损失，因此，在险种的选择上，不仅要考虑货物的性质和特点，还必须结合因货物包装在运输途中使货物受损的可能性进行投保。例如，散装货在运输过程中若不妥善处理，容易短量；袋装小麦、大米等在使用吊钩装卸时，若不谨慎操作，容易发生外包装破损。当然，保险人不会对因包装不良或不当而使货物遭受损失进行赔偿。

3．货物的运输情况

运输情况包括运输方式、运输工具和运输线路及停靠港口等方面。运输方式和运输工具的选择有时是和运输货物的性质相关的，货物到起运港前和离开卸货港后的运输存在较大的差距，不仅受货物性质的影响，而且会受到当地交通状况、运输装备的影响。此外，尽管国际间大宗货物的运输主要是海上运输，但所使用的船舶也会有所不同，其在海上能够承受的风险也不相同。同时，运输线路的选择会受到运输工具、目的地的影响，这些都和货物运输的安全性直接相关。港口的服务质量、治安秩序等直接关乎货物的安全性。例如，菲律宾、印尼和印度等地的码头相对混乱，货物的风险较大，短量险与偷窃、提货不着险等的投保是必要的。而非洲和阿拉伯地区的不安定和各种武装冲突连绵不断，运往这些地区或途经这些地区的运输货物，就须要投保战争险。因此，必须根据具体的运输方式、运输工具和运输线路来选择投保险种。

4．运输季节

冬季选用船舶运输，会因为海上风浪大，或者在高纬度地区运行，发生船舶颠覆、冰川碰撞的可能性极大，而夏季运输则对于易腐、容易变质的粮食、新鲜食物、蔬菜、水果等极为不利。因此，不同的运输季节，货物容易遭受的风险不同。

5．目的地市场的价格变动趋势

由于国际贸易中的交易和交货时间间隔较长，在此过程中当地市场上的交易价格很可能发生变动。而国际货物运输保险的保费往往是在货物价格基础上，另加一定数量的预期费用和利润进行计算的。如果预期货物在到达目的地后，当地价格浮动很大，要想使运输货物在遭受损失后能够按照上涨的市场价格进行赔偿，货主一般会在投保时加保增值险。因此，对目的地相关货物市场价格变动的了解，有助于合理选择保险险种和保险费用，确保自己的最大利益不受损失。

此外，还要考虑目的地的社会政治及安定状态。社会治安、政治经济秩序状态等，尤其是激烈的武装冲突和罢工等，都会直接威胁到货物运输的安全性。货物到港后，无论需要在港口存储一段时间，还是卸船后运往客户指定仓库，都需要当地服务公司和部门的员工执行。武装冲突和罢工导致货物无法及时安全卸货或运出港口，对于货物运输造成的损失是显而易见的，因此，要根据当地社会稳定状况确定是否应该投保战争险和罢工险。

8.3.2 保险金额的确定和计算

保险金额是被保险人的实际投保金额，也是保险人承担保险责任的标准和计收保险费的基础，是保险人对发生在保险责任范围内的被保险货物损失的最高赔偿金额。因此，保险金额一般由国际贸易买卖双方确定，投保人在投保运输货物时向保险人进行申请。

1. 保险金额的确定

原则上，保险金额应与保险价值相等。按照国际保险市场习惯，出口货物的保险金额通常按 CIF 发票金额或 CIP（运费和保险费付至目的地）总值加 10%，以保证运输货物遭受损失时，被保险人的货物价格损失、被保险人所支付的各种费用（如运费、保险费、开证费、借款利息、税款），以及进口商的预期利润都能够得到补偿。在实际的国际运输货物保险中，保险金额和保险价值常常不一致，据此可以分为足额保险、不足额保险和超额保险。

关于加成投保的问题，不同条款的规定略有差别。例如，1993 年国际商会出版的修订版《跟单信用证统一惯例》中规定，最低保险金额为“货物的 CIF 或 CIP 金额加 10%”，《2000 年国际贸易术语解释通则》中规定的最低保险金额为“合同规定的价格另加 10%”，因此，按照后者的规定，当买卖合同采取贸易术语为 CIF 时，保险金额会在高于 CIF 价格上另加 10%，即在成本、运费、保险费及佣金的基础上另加 10%。同时，保险费率也不是一成不变的，保险人和被保险人可以根据具体的货物、目的地市场的进口货物价格、不同的经营费用和预期利润水平等约定加成率。我国出口业务一般按照 CIF 加成 10%计算。若外国商人要求加成 20%或 30%，则保险费的差额由外国商人承担，若超出 30%，则必须征得保险公司的同意。

2. 保险金额的计算

保险金额的计算公式：

$$保险金额=CIF或CIP价\times(1+投保加成率)$$

如果我国出口商报 CFR（成本加运费）或 CPT（运费付至目的地）价，客户要求改报 CIF 或 CIP 价，则 CIF 或 CIP 价格可按下列公式换算：

$$CIF=\frac{CFR或CPT价}{1-保险费率\times(1+投保加成率)}$$

为简化计算程序，中国人民保险公司制定了一份保险费率常用表。将 CFR 或 CPT 价格直接乘以表内所列常数，便可计算出 CIF 或 CIP 价。

我国进口货物的保险金额以进口货物的 CIF 价格为准，原则上不再加成。但目前进口合同大多采用 CFR、FOB 或 FCA 条件。为方便计算，一些外贸企业与保险公司会签订预约保险合同，确定特约保险费率，或者共同议定平均运费率（也可按实际运费计算）。保险金额计算公式如下。

按照 CFR 时：

$$保险金额=CFR货价\times(1+特约保险加成率)$$

按照 FOB 和 FCA 时：

$$保险金额=FOB或FCA价\times(1+平均运费率+特约保险费率)$$

这里，在估算 CIF 或 CIP 价基础上的保险金额也不会另加成。当然，如果投保人要求加成投保，保险公司也可以接受。

8.3.3 投保的办理与保险费的交付

1. 投保的办理

投保是被保险人选择适当的险种，经保险人同意，按照保险人的要求填写保险单，并向保险人缴纳保险费的行为过程。国际货物运输保险应该由卖方还是买方办理投保手续，主要取决于贸易合同中采用的贸易术语。例如，我国出口货物采用 CIF 或 CIP 术语时，由我方出口商办理保险手续，而采用 FOB、FCA、FAS、CFR、EXW 或 CFR、CPT，则由外国进口商办理保险事宜。进出口货物的投保方式一般有两种：逐笔投保的方式和订立预期保险合同的方式。

我国出口货物一般采用逐笔投保的方式，即投保人逐笔填写投保书或投保单，向保险人提出投保申请，经保险人同意后保险开始生效。紧急情况下，投保方也可以先口头或电话申请投保，再补填保险单，只要保险人同意，保险即可生效。为了简化手续，有时候保险人还会同意被保险人（出口公司）用发票副本替代保险单证。被保险人在投保时应尽可能投保到内陆目的地，以确保货物全程运输安全。

出口合同采用 CIF 或 CIP 条件时，保险由卖方办理。在 CIF 和 CIP 条件下，出口货物应在运离装运地仓库、进入码头准备装船前办理保险。在 CFR 和 FOB 条件下，保险应在装运港装船前自行安排办理。卖方根据买卖合同或信用证规定，在备妥货物并确定装运日期和运输工具后，填制保险单，具体列明被保险人名称、被保险货物名称、数量、包装及标志、保险金额、起讫地点、运输工具名称、投保险别等，送交保险公司投保，并交付保险费。

进口货物的保险既可以预约投保，也可以逐笔投保。预约投保是对在一定期间内分批装运的进口货物，从事进口贸易的公司和保险公司签订进口货物运输的预约保险合同，并由保险公司签发保险单证，由保险人在合同责任范围内自动承保。进口公司不需要填写保险单证，只需在获知货物在国外港口装运时通知保险人，包括告知保险人装运货物的船名、货物名称和数量、货物价值和保险金额等。如果分批装运分别签发的保险单证内容和预约保险单证载明的内容不一致，则以分别签发的保险单证为准。预约投保可以简化投保手续，防止进口货物在装运后发生漏保或投保不及时。

对于不经常有货物进口的投保人，一般采用逐笔投保的方式投保。进口商在接到国外的发货通知后，立即向保险人索取并填写货物启运通知书，然后交付保险人，只要保险人加盖公章，被保险人就完成了投保。

需要特别指出的是，填写保险单证时，投保人必须如实填写保单内容，保证保单内容与买卖合同以及信用证上的有关规定和内容是一致的。

2. 计算和交付保险费并领取保险单据

保险费（Premium）是保险公司向被保险人收取的费用。它是保险人经营业务的基本收入，也是保险人所掌握的保险基金（损失赔偿基金）的主要来源。投保人向保险人交付保险费，是保险合同生效的前提条件。只有当被保险人承诺或实际交付了保险费，保险人才承担相应的保险责任。

保险费是按照一定的保险费率计算出来的。保险费率（Premium Rate）是计算保险费的依据，一般由保险公司规定或者由保险双方商定。

保险费的计算公式为：

$$保险费=保险金额\times保险费率$$

如按 CIF 或 CIP 价加成投保，上述公式可改为：

$$保险费 = CIF 或 CIP 价 \times (1+投保加成率) \times 保险费率$$

保险费率是在货物损失和赔偿率基础上，按照国际保险市场的保险费水平确定的。保险费率的高低取决于保险标的发生风险的危险性大小、损失率高低及经营费用多少等因素，同时受到来自保险市场的供求关系，保险代理人、保险经纪人佣金水平，以及以往的赔偿率影响。我国出口货物保险费率分为一般货物费率和指明货物费率两大类。一般货物费率适用于所有出口货物，是货物运输基本险的费率计算标准；指明货物费率是针对某些易损货物加收的附加费率，如粮油、土畜、轻工类产品，由于易腐或易碎，在货物投保时，不论使用什么交通工具，其保险费率都需要按照附加费率表的规定，在一般货物费率基础上向上浮动。

投保人在交付保险费用、保险人承诺保险后，必须领取和妥善管理保险单据。因为保险单据是保险人和被保险人之间订立的保险合同，其中详细记录了被保险人、被保险货物及其运输、保险人、理赔代理人、承保险别、保费、保险金额、有关理赔的规定、保单签发日期等详细信息，以及保险人和被保险人之间的权利和义务，它是保险人出具的保险承诺，也是被保险人在保险责任范围内进行保险索赔和理赔的主要依据。

8.3.4 保险索赔与理赔

国际物流中的保险索赔是指在被保险责任范围内，被保险货物遭受损失后，被保险人在保险有效期内向保险人要求赔偿的行为；理赔是指保险人接受被保险人的索赔要求，对货物损失进行赔付处理的行为。

1. 被保险人的保险索赔

按照保险的原则，要求索赔的被保险人必须对保险标的拥有可保利益。例如，按照 CIF 交易条款，若货物损失发生在起运港货物装上轮船之前的运输途中，应由卖方向保险人索赔，而装船后的货物损失，则应由买方进行索赔。受损货物的索赔必须按照有关保险条款，在索赔期内进行。被保险货物损失索赔包括下列程序：

（1）损失通知。若发现保险责任范围内的货物损失，被保险人必须及时向保险单指定的检验机构或理赔代理人发出损失通知，以保证保险人尽快提出施救方案和核定损失，避免因时间过长造成货物的更大损失，或者无法确定造成货物损失的责任。若有特殊情况使被保险人无法在规定的期限内发出损失通知，被保险人要及时申请延期通知。保险人或保险理赔代理人应及时提出施救意见并实施施救，同时要对货物损失进行检验，核查发货人和承运人，以核实货物损失的原因，确定损失责任。

（2）申请检验。货物损失检验对于清查损失原因、审定责任归属至关重要，因此，被保险人应及时向保险人指定的代理人或机构申请检验，并要求检验机构出具检验报告，或者向承运人、受托人及有关当局（如海关、商检局、理货公司及港务局等）索取货损货差证明，以及时确定货物损失的原因和损失程度。否则，保险人将难以确定货损是否发生在保险有效期内，也可能因耽误时间而无法查明原因，从而影响责任的确定。若涉及第三方责任人，被保险人应及时以书面形式向其提出索赔，保留追偿权利，必要的时候还要向第三方责任人索取关于延长追索失效期的证明，确保保险人的代位追偿权。①

（3）必要的施救。被保险货物遭受损失后，被保险人有义务对正在遭受损失的货物积极施救，防止损失的扩大。被保险人因积极施救而付出的费用，由保险人补偿。否则，如果被保险人没有采取积极的施救措施，保险人将不负责因此而造成的扩大损失的补偿。

（4）提交有关单证，申请索赔。被保险人向保险人进行索赔时，必须提交相关单证，包括货物损失检验报告或证明、保险单证本、商业发票、提货单、装箱单、运单、磅码单、向第三方请求追偿的函电或其他单证和文件、海事报告摘要、其他相关单证以及索赔清单等一切相关的单证和文件。

2．保险人的理赔

保险人对保险赔偿的处理是保险业务中的重要工作环节，对运输货物的损失提供经济赔偿是保险人对被保险人履行自己所承担的责任。保险人必须遵守契约在被保险人提出索赔请求后，及时勘查检验和定损，对损失进行检验和必要的调查研究，确定损失的原因和损失程度，审定责任归属，并根据国际公约和保险惯例，按照“先赔后追”②的原则，计算保险赔偿金额，并进行赔款，不能无故拖延。保险人也必须遵循严格管理原则，明确自己的责任和责任范围，在保险责任范围内履行保险责任，并在有效期范围内积极向第三方责任人追偿。只有这样，才能有效发挥保险职责，促进相关各方在国际贸易活动中积极谨慎行事。

对损失的检验和审核目的在于确定损失的程度和区分责任，这是保险人理赔工作的关键。根据近因原则，保险人只对近因属于承保风险而导致的损失负责。由于被保险货物发

---

① 如前所述，如果涉及第三方责任，被保险人必须首先向责任方提出异议，以保留追偿权利。虽然赔款一般先有保险人赔付，但任何第三方责任人都不能因为保险人负责赔偿而推卸责任，被保险人也不能因此获得双重赔偿。保险人在履行完被保险人的赔偿责任后，会要求被保险人转让其对第三方责任人要求赔偿的权利，这种转让的赔偿权叫做代位求偿权或代位权。被保险人在取得保险人的赔偿的同时，签署对第三方责任人的追索损失的权益转让书，保险人就可凭此向第三方责任人进行追偿。

② 即向第三方责任人追偿。

生损失的情况多种多样，造成损失的原因也十分复杂，因此保险人首先必须找出造成被保险货物损失的近因，然后才能确定是否属于自己保险责任范围内的损失。保险人应根据保险条款，确定自己的承保责任，并审查保险事故发生的时间，确定其在自己的责任期限范围内。对于非责任范围内或超出责任期限范围而发生的货物损失，应坚决拒绝赔偿。

海上保险的追偿是保险人根据其代位求偿权向第三方责任人进行索赔的行为。保险人赔偿被保险人的损失之后，可以在其赔付的金额限度内向导致损失的第三方要求赔偿。如果追回的款项大于保险赔偿金，保险人则应将超出的部分还给被保险人。

海上保险追偿比较复杂，必须注意在确保有效诉讼时效的同时，依靠专业律师，选择合适的起诉地点和诉讼法律。由于货物运输具有流动性，可以在不同国家依据不同法律条款进行诉讼，而各国对货物诉讼的立法不统一，因此选择不同地点和诉讼法律，对于合理行使代位求偿权意义重大。我国保险人应根据合同和有关单证内容，尽可能选择与我国关系较佳的国家和地区作为起诉地点，并选择有利的追偿法律。为防止责任人转移财产，导致判决不能执行，必要的时候，保险人应向法院申请财产保全和诉前保全，扣留或扣押第三方财产，或者要求第三方对索赔提供足够的担保。同时，要收集足够的追偿和诉讼证据，以符合诉讼中的举证责任要求，确保最大限度地实现自己的权益。

货物运输保险中代位求偿条款的设置对于提升保险效果、确保各方利益、推动国际贸易发展具有重要的现实意义。首先，它有效地保护了被保险人的利益，特别是当被保险人向第三方责任人求偿未果或第三方责任人无力支付时，保险人按照“先赔后追”的原则，对被保险人先行赔偿，保证了保险人的利益。其次，代位求偿条款可以有效地防止被保险人因保险事故发生而获得保险人和第三方责任人的双重赔偿，造成额外利益而滋生道德风险。第三，代位求偿条款有效地保护了保险人的利益。当涉及第三方责任人时，保险人可以依法向第三方责任人追偿，从而使保险人在为被保险人提供保险责任的同时，保护了自己的利益，这在一定程度上维护了社会的公平和国际贸易秩序。

本章小结

国际货物运输保险是开展国际贸易和交流的基础，是国际物流的重要组成部分，它对于确保企业的正常经营和发展，降低企业在开展国际贸易和国际物流互动中的风险，从而促进国际贸易的发展具有重要的意义。国际货物运输保险是伴随着国际贸易的发展而产生和发展起来的，最早诞生的是海上货物运输保险，它诞生于意大利，在英国逐渐发展，19 世纪初形成了完备的海上保险制度。

国际货物运输保险分为国际海上货物运输保险、国际航空货物运输保险、国际陆路货物运输保险和邮包保险四大类。国际海上货物运输保险制度是国际货物运输保险的基本制度，其他形式的国际货物运输保险都是在海上货物运输保险的基础上发展起来的。海上货物运输保险涉及的范围很广，主要险别包括海上货物运输基本险、普通附加险、特别附加险和特殊附加险。基本险是可以独立投保的险别，包括平安险、水渍险和一切险；普通附加险属于一切险的范围，因此不需要单独投保，特别附加险和特殊附加险是投保人在投保基础险的基础上，根据货物的性质特点、具体运输情况和市场情况等，选择投保的险种。国际航空货物运输保险的险种包括航空运输险、航空运输一切险和航空运输货物战争险。国际陆地货物运输险分为陆运险和陆运一切险。与航空险和陆运险类似的邮包保险分为邮包险、邮包一切险和邮包战争险。航空险、陆运险和邮包险相应险种承保的责任范围与海上货物运输保险对应的险种基本相似。

海上货物运输保险条款对保险险别、各险别保险责任范围及被保险人的索赔期限等都有详细的说明和规定。中国人民保险公司规定，从事国际贸易的公司，只要按照 CIF 和 CIP 合同方式进行交易，都可以向保险公司投保，保险责任范围按照保险条款进行。保险费和保险责任是呈正向关系的，即保险责任范围越广，保险金额越大，保险费越高。因此，投保人在投保具体运输货物时，应在平衡保险费成本和保险责任的基础上选择投保。一般地，投保人选择险别时，要注意基本险和附加险的搭配投保，主要考虑的因素包括运输货物的性质和特点，货物的包装情况，具体的运输方式、运输工具、运输线路等运输情况，运输季节以及目的地市场货物价格的波动情况等，以确保以较低的保险费成本，获得最大的货物运输安全保障。至于保险金额和保险费用的计算则是按照相关的规定或双方协商确定的，一旦被保险人按照保险合同规定缴纳了保险费，保险人承诺进行保险，则保险合同责任就立即生效。投保人必须妥善保管有关文件和合同，确保索赔时必要的材料支持。当投保人发现被保险货物出现损失时，应立刻告知保险人，并采取必要的施救措施，保留向第三方责任人的追索权利，保险人则应积极展开损失调查和施救，及时定损并支付赔偿。

尽管国际货物运输保险业务为国际货物运输的安全性提供了一定的保障，但它不过是对国际货物运输风险进行了一定的分散，而且国际货物运输保险成本不菲。例如，中国人民财产保险公司制定的《物流责任保险》第十二条规定：“保险人以本保险期间内被保险人预计发生的物流业务营业收入为基础计收预付保险费。”因此，要降低成本、减少风险，从事国际贸易和国际货物运输的企业在经营过程中也必须注意安全运营，尽可能减少人为风险。只有这样，才能真正减少国际货物运输过程的风险程度，提高企业经营效益。

案 例

案例一

中国抽纱公司上海进出口公司与中国太平洋保险公司上海分公司（简称保险公司）于1997年7月4日签订了海上货物运输保险合同2份，约定：被保险人抽纱公司，保险标的物9 127箱玩具，保险金额计550 508美元，险别为中国人民保险公司海上货物运输保险条款及海上货物运输战争险条款（1981年1月1日）规定的一切险和战争险，保险费率按1.01%计，共5 560.13美元；开航日期根据提单，航程为上海至圣彼得堡，责任起讫期间为仓至仓，即自被保险货物运离保险单所载明的起运地仓库或储存处所开始运输时生效，包括正常运输过程中海上、陆路、内河和驳船运输在内，直至货物到达保险单所载明目的地收货人的最后仓库或储存处所或被保险人用做分配、分派或非正常运输的其他储存处所为止；如未抵达上述仓库或储存处所，则以货物在最后卸载港全部卸离海轮后满60天为止。保险公司据此签发了保险单，抽纱公司按约定支付了保险费。

本案货物于1997年7月15日装船，华夏船务有限公司作为承运人银风公司（Silver Wind Corporation）的代理，为抽纱公司签发了上海至圣彼得堡的全程提单（Through Bill of Lading）。提单载明：托运人抽纱公司，收货人凭指示，通知人为与抽纱公司签订贸易合同的Linstek公司（简称买方）。货物由上海运至韩国釜山，后转装二程船运至俄罗斯东方港，再由东方港改由铁路运输，9月初运抵目的地圣彼得堡。9月13～14日，买方持二程海运提单（釜山—东方港）和铁路运单（东方港—圣彼得堡）要求提货。因买方是这两个单证上的收货人，承运人便在未收回全程正本提单的情况下放货，买方办理完清关手续后将货物提走。

抽纱公司在贸易合同中与买方的约定付款方式是付款寄单（T/TATSIGHT；PAID BE FORESENDING THE SHIPPING DOCUMENTS），因见买方迟迟没有支付货款，遂派人持正本提单至圣彼得堡提货。抽纱公司因提不着货物，于1998年8月10日向被告保险公司提交了索赔单据和涉案货物在圣彼得堡报关的材料，要求赔偿。此后双方经多次协商不成，抽纱公司向上海海事法院提起诉讼。请求判令保险公司按约定赔偿原告的货物损失550 508美元和延迟理赔期间的利息损失，诉讼费由保险公司负担。现抽纱公司尚持有本案货物的全套单证，包括正本全程提单、装箱单、商业发票。

根据保险公司的主要险种条款汇编介绍，中国人民保险公司的海上货物运输保险条款中的一切险，在保险公司业务习惯上包括“偷窃、提货不着险”在内的11种普通附加险，“提货不着”指“整件提货不着”。

上述事实，有保险合同、保险单、保费收据、保费清单、保险公司的主要险种条款汇编、销货确认书、正本全程提单、装箱单、商业发票、我国驻圣彼得堡总领事馆的函件、圣彼得堡海关给我国总领事馆的函件、涉案货物在圣彼得堡报关的材料、抽纱公司申请赔偿书、抽纱公司和保险公司之间的信函等证据证明，双方均无异议。另外，抽纱公司已收取买方预付货款 100 076.51 美元，这一事实有抽纱公司和买方的销货确认书、买方的付款凭证证明。

（资料来源：根据 http://wl.100xuexi.com/view/otdetail/20120408/e5812b56-b27b-4fb7-b942-ab3141785d0a.ht 网络资料整理。）

案例二

2000 年 9 月 27 日，某技术进出口公司代理某通信公司与阿尔卡特网络（亚洲）有限公司签订了一份数字数据网络设备国际货物买卖合同，约定的总价款为 851 108 美元，以 FOB 加拿大渥太华离岸价为价格条件。合同签订后，技术进出口公司与某运输公司联系运输事宜，某运输公司委托海外运输商 Secure 公司负责海外运输。2000 年 11 月 15 日，技术进出口公司与某保险公司签署了一份“国际运输预约保险启运通知书”，载明：被保险人是技术进出口公司；保险货物项目是一套数字数据网络设备，包装及数量是纸箱 48 件；价格条件是 EX—Work；货价（原币）851 108 美元；运输路线自 Ottawa Canada 至中国湖北武汉；投保险种为一切险；保险金额为 978 774 美元；保险费为 3915 美元；落款栏中盖有某保险公司业务专用章和技术进出口公司发票专用章；备注栏载明（公路运输）Kanata（阿尔卡特公司工厂所在地）—渥太华机场；空运：渥太华机场—北京机场—天河机场（货物离开机场及武汉市内通知保险公司）。2000 年 11 月 15 日，技术进出口公司向保险公司支付了保险费人民币 32 417 元，并收到保险公司出具的收据。渥太华时间 2000 年 11 月 15 日 19 时即北京时间 2000 年 11 月 16 日 08 时，被保险货物在渥太华 Secure 公司仓库被盗。2000 年 12 月 7 日，技术进出口公司将出险情况告知了保险公司。同年 12 月 21 日，技术进出口公司向保险公司提出索赔，保险公司以技术进出口公司不具有保险利益而主张合同无效并拒赔，技术进出口公司遂向法院起诉。

（资料来源：根据 http://wenku.baidu.com/view/001a467b5acfa1c7aa00cc5d.html 网络资料整理。）

复习思考题

1. 简述国际货物运输保险的意义。
2. 解释“仓至仓”条款的含义。
3. 国际货物运输保险包括哪些险种？

4. 解释基本险和附加险的含义。
5. 分别解释“共同海损”和“单独海损”。
6. 国际货物运输保险有哪些基本业务？
7. 投保国际货物运输保险时，应如何选择保险险种？
8. 投保人在发现被保险货物出现损失时应该怎么做？为什么？
9. 解释并说明在国际货物运输保险中设置“代为求偿条款”的意义。
10. 仔细阅读案例，谈谈法院应如何判决。

第 9 章

国际物流货运代理

本章学习目标

- ◇ 了解国际货运代理的功能、分类及内涵；
- ◇ 了解国际货运代理的业务范围；
- ◇ 熟悉国际货运代理的责任；
- ◇ 掌握国际海运代理的业务流程；
- ◇ 掌握船舶代理业务管理的内容；
- ◇ 熟悉国际空运货运代理的业务流程；
- ◇ 了解并熟悉国际多式联运代理的一般流程。

9.1 国际货运代理概述

随着国际物流运输的发展，国际物流运输代理行业也迅速发展起来，并逐渐成为国际货物运输领域的一个独立行业，是国际货物运输过程中不可缺少的重要组成部分。

国际货运代理（International Freight Forwarding Agent）是指国际货运代理组织接受进出口货物收货人、发货人的委托，以委托人或自己的名义，为委托人办理国际货物运输及相关业务，并收取劳务报酬的经济活动。

运输代理是以完成客货全过程位移为目的，为一种或多种运输方式的衔接提供各种运输中介服务。国际货物运输的中间环节多、涉及面广、情况复杂，任何一个承运人或货主都不可能亲自处理每项具体的运输业务，许多工作需要委托代理人代为办理。在整个国际物流过程中，货物所有者的实际托运人通过其代理人进行运输业务活动。对委托人来说，将国际物流运输委托给代理需要支付必要的费用，但由于代理人的专业化操作，提高了国际物流运输效率，因此这部分支出可以从代理人提供的服务中得到补偿。

9.1.1 国际货运代理的功能

国际货运代理在国际贸易和国际物流中具有重要的地位，国际货运代理人的具体权限来源于委托人的委托，它受货主委托，代表货主进行国际货物运输活动，依据委托人授权的权限办理业务，代理托运人、收货人办理运输，也可代理承运人揽货。从国际货运代理的基本性质看，货运代理主要是接受委托方的委托，代理有关货物运输、转运、仓储、装卸等事宜。代理人一方面与货物托运人订立运输合同，对货物托运人来说，它是货物的承运人；另一方面它又与运输部门签订合同，是货物的托运人。所以，国际货运代理是“货运中间人”，它既代表货主，维护货主的利益，又协助承运人进行承运工作。随着国际物流和多种运输形式的发展，国际货运代理的服务范围不断扩大，国际货运代理人的角色也发生了很大的变化。目前，相当部分的货物代理人掌握各种运输工具和储存货物的库场，在经营其业务时办理包括海陆空在内的货物运输，所以代理人不仅可以以委托人的名义，也可以以自己的名义从事业务活动，但本质上代理人的身份还是“中介人”。

国际货运代理的功能主要表现在以下几个方面。

1. 提供专业服务

国际运输远隔重洋跨国界或地区运输，涉及各种运输方式和多个物流节点，整个流程的情况复杂多变。进出口商一般不具备国际运输的知识和能力，对港口或空陆运口岸及其管理和程序、对运输工具等缺乏了解，这就使他们在进行具体的运输业务时，在运输工具、运输线路的选择，运输衔接，协调港站承运人关系，报关，收货结汇等方面存在很大的局限性。而代理商具有丰富的专业知识，能够熟练地处理相关业务；依靠代理商代理各种货运业务，是对分工的有效利用。同时，代理商长期从事代理业务，与相关的港口或空陆运口岸建立了良好的关系。他们经验丰富，既了解港站程序惯例，又精通运输领域各项操作技能，又同各自不同运输方式的承运人之间保持着密切的合作关系，能够为委托方组织和安排最安全、最迅速、最便捷、最经济的运输方式和路线，选择最适合的承运人，为客户节约成本。因此，依靠代理商代理各种货运业务，是对分工的有效利用，能够提高国际贸易的整体经济效益。

2. 组织协调国际物流环节

国际运输承运人大多是专业的交通、铁路运输机构，它们熟悉交通工具及其组织、安排和使用，往返于世界各地和国内不同地区港站。但是，由于整个物流过程中存在着不同运输流程在多个港站交替衔接，环节多、风险大、关系复杂，再加上烦琐的海关、商检、卫检、动植物检等程序，任何承运人都不可能在世界和国内各地广设分支机构，独立地完成运输、交接、行政管理等各项具体业务。而货运代理同各进出口商的关系密切，掌握着货源渠道，精通外贸程序、运输流程、港站衔接，能集零为整，把分散的不同出口商的货源集中起来批量托运。例如，承运人往往只关注车、船、机周转，货物和单证交接等核心业务，尽可能地多运多装，而将揽货、船舶进出港、装卸、船务单证、船舶报关、货物中转、签提单、收取运费等挂港业务委托给船舶代理办理，订舱配载，收发货、货物集散运输、货物交接、运输单证周转、报关报验、取送提单等业务交由货运代理完成。这样，承运人不仅能够通过代理揽货，取得稳定、均衡货源，而且能集中精力从事自己擅长的业务，借助代理商的代理活动高效率地组织物流，将货物源源不断地输送到目的地。

3．充当沟通控制和信息咨询的角色

国际货运代理人拥有广泛的业务关系、发达的服务网络、先进的信息技术手段，可以随时保持货物运输关系人之间、货物运输关系人与其他有关企业、部门的有效沟通，对货物进行运输的全过程进行准确跟踪和控制，保证货物安全、及时运抵目的地，顺利办理相关手续，准确送达收货人，并应委托人的要求提供全过程的信息咨询服务及其他相关服务。

国际货运代理人通晓国际贸易环节，精通各种运输业务，熟悉有关法律、法规，了解世界各地有关情况，信息来源准确、及时，可以就货物的包装、储存、装卸和照管，货物的运输方式、运输路线和运输费用，货物的保险、进出口单证和价款的结算，领事、海关、商检、卫检、动植检、进出口管制等有关当局的要求等向委托人提出明确、具体的咨询意见，协助委托人设计、选择适当处理方案，避免、减少不必要的风险、周折和浪费。

9.1.2 国际货运代理的分类及其业务范围

国际货运代理通常是接受客户的委托完成货物运输的某个环节或与此有关的各个环节，可直接或通过货运代理及其雇用的其他代理机构为客户服务，也可以利用它的海外代理人提供服务。根据其从事的具体活动的不同，其业务范围和责任也有差别。

1．国际货运代理的分类

国际货运代理的分类有两种方式：按照业务性质划分和按照运输方式划分。按照业务性质，国际货运代理主要分为以下四种类型。

（1）租船代理。又称租船经纪人（Ship Broker），以船舶为商业活动对象而进行船舶租赁业务的人。主要业务是在市场上为租船人寻找合适的运输船舶或为船东寻找货运对象，以中间人身份使租船人和船东双方达成租赁交易，从中赚取佣金。因此，根据它所代表的委托人身份的不同又分为租船代理人和船东代理人。

（2）船务代理（Ship Agent）。接受承运人的委托，代办与船舶有关的一切业务的人。主要业务是船舶进出港、货运、供应及其他服务性工作等。船方的委托和代理人的接受以每船一次为限，称为航次代理；若船方和代理人之间签订有长期代理协议，则称为长期代理。

（3）货运代理（Freight Forwarder）。接受货主委托，办理有关货物报关、交接、仓储、调拨、检验、包装、转运、租船和订舱等业务的人。也可作为独立经营人，其业务范围有大有小，大的兼办多项业务，如海陆空及多式联运货运代理，业务齐全；小的则专办一项或两项业务，如某些空运货运代理和速递公司。较常见的货运代理主要有租船订舱代理、货物报关代理、转运及理货代理、存储代理、集装箱代理和多式联运代理。

（4）咨询代理（Consultative Agent）。专门从事咨询工作、按委托人的需要，以提供有关国际贸易运输咨询情况、情报、资料、数据和信息服务而收取一定报酬的人。

以上各类代理之间的业务往往互相交叉，如船务代理有可能也兼营货运代理，有些货运代理也兼营船务代理等。

按照运输方式，国际货运代理可分为以下几种类型。

（1）陆运代理。提供公路、铁路、管道运输等货物运输服务及相关服务的货运代理。

（2）水运代理。提供水上货物运输服务及相关服务的国际货运代理。具体又可划分为海运代理和河运代理两种类型。

（3）空运代理。提供航空货物运输及相关服务的国际货运代理。

（4）联运代理。提供公路、铁路、管道运输等货物运输服务及相关服务的国际货运代理。这种代理又可以进一步划分海空联运代理、海铁联运代理、空铁联运代理等类型。

2. 国际货运代理的业务范围

国际货运代理的服务范围非常广泛，包括为收发货人、承运人、港口、多式联运及特殊项目等提供的多种服务。其服务范围主要包括以下几点。

（1）面向发货人的业务。主要包括：选择运输路线、运输方式和适当的承运人；提取货物并签发有关单证；研究信用证条款和所有政府的规定；包装；储存；称重和量尺码；安排保险；将货物放到港口后办理报关及单证手续，并将货物交给承运人；做外汇交易；支付运费及其他费用；收取已签发的正本提单，并付发货人；安排货物转运；通知收货人货物动态；记录货物灭失情况；协助收货人向有关责任方进行索赔。

（2）面向收货人的业务。包括：报告货物动态；接收和审核所有与运输有关的单据；提货和付运费；安排报关和付税及其他费用；安排运输过程中的存储；向收货人交付已结关的货物；协助收货人储存或分拨货物。

（3）面向承运人的业务。包括：向选定的承运人提供揽货、订船、订机、订舱、订车皮、订车辆和配载，并议定费率、代收代结运费和其他杂费等。为方便集装箱运输，代理人有时还负责拼箱拆箱，集零为整或化整为零，方便运输和销售。

（4）面向港口的业务。包括：争取船舶在货代所在地港口装卸；为港口承揽货源；在港口进行货物和单证正常交接、外贸集港、疏运、协助港船做好集装箱管理和日常的车、船、货、港衔接组织工作。

（5）作为多式联运经营人，代理人的主要业务。包括：收取货物并签发多式联运提单；承担承运人的风险责任；对货主提供一揽子的运输服务。

此外，代理人还可向客户提供特殊服务，如成套设备、大型工程运输、超大重件运输、军火运输、非贸易涉外物资运输和展览品运输等。

3．国际货运代理的责任

国际货运代理的责任主要是指根据代理业务合同，在责任期限内履行相关的职责，主要包括以下几点。

（1）以代理人的身份出现时的责任。货代公司作为代理人，在货主和承运人之间牵线搭桥，由货主和承运人直接签运输合同，货代公司收取服务佣金；当货物发生灭失或损坏的时候，货主可以直接向承运人索赔。

（2）以当事人的身份出现时的责任。货代公司以自己的名义与第三人（承运人）签订合同，在安排储运时使用自己的仓库或运输工具，安排运输、拼箱集运时收取差价等。对于托运人来说，在以上这三种情况下，货运代理人就是实际的承运人，因此，它承担着承运人的责任。

（3）以无船承运人的身份出现时的责任。货运代理从事无船承运业务，并签发自己的无船承运人提单，它本身属于无船承运经营人，在法律上它是承运人，但它实际上是托运人，因此兼有承运人和托运人的性质。

（4）以多式联运经营人的身份出现时的责任。当货运代理负责多式联运并签发提单时便成了多式联运经营人，被看做法律上的承运人。

（5）以混合身份出现时的责任。货运代理人从事广泛的业务活动，除了作为货运代理代委托人报关、报检、安排运输外，还用自己的雇员，以自己的车辆、船舶、飞机、仓库及装卸工具等来提供服务，或者陆运阶段为承运人，海运阶段为代理人。对于货运代理的法律地位的确认，不能简单化，而应视具体的情况具体分析。

（6）以合同条款为准的责任。在不同国家的标准交易条件中，往往详细规定了货运代理的责任。通常，这些标准交易条件被结合在收货证明或由货运代理签发给托运人的类似单证里，因此，代理人按照合同条款承担相应的责任。

9.2 国际海上货运代理及船舶代理

国际海运代理是指那些得到政府批准，专门从事进出口国际海运代理业务或接受委托后以自己名义处理海运相关业务的专业海运代理公司。而从事国际贸易货物运输的船舶穿梭往来于世界各个港口之间，当它停靠在船舶所有人或船舶经营人所在地以外的其他港口时，船舶所有人或船舶经营人将无法亲自管理与船舶有关的营运业务。委托代理机构代理船舶在港口的运营既经济又实惠，因而在航运实践中被普遍采用。

9.2.1 海上进出口货运代理业务

海上货运代理按权限分为国际海运代理和国内海运代理。国内海运代理是指从事国内海运业务的专业海运代理公司，这类代理与本地区内贸厂商联系密切，以沿海运输为主兼营其他方式的运输，也是国际海运代理分包运输商。按运输方式，海上货运代理分为海运代理、班轮代理和液散船舶代理。海运代理主要办理有关海运货物航线选择、订舱配载、集装箱的分拨与集运、安排货物到港运输、办理保险结关手续、将货物安全交给承运人，并获取提单提货等业务。班轮代理包括杂货运输班轮和集装箱运输班轮，是指为固定航线上船期、航班确定的有规则运行船舶，进行货运及相关业务服务的专业代理和代理人。液散船舶代理是指为油轮、液化气船和液散化工品船等提供货物进出口运输、装卸、仓储和分拨等事项服务的专业代理和代理人。此外，还可以按照委托项目和业务过程分类，如订舱揽货代理、货物报关代理、航线代理、货物进出口代理、集装箱货运及拆装箱代理、货物装卸代理和转代理等。

1. 国际海运代理出口业务及管理

国际海运代理业务主要包括订舱配载和出口代运。

（1）订舱配载。订舱配载业务管理的重点是加强订舱配载的计划和组织工作，做到证货对应，单船按月计划，提前掌握舱位和货证情况。突出落实大宗货物的订舱配载工作，合理组织和安排，使船和货在数量、时间、挂港与船种之间配合，充分利用船舶运输能力。同时，加强订舱配载的现场操作管理，做好月份之间的衔接工作，以船期表作为船货衔接的依据，掌握好船期动态。以结载单作为船只安排泊位的依据，落实进口船只卸毕日期、空船船期、大宗货集港方式存货地点、船货存在主要问题等情况，及时办理各种装载手续，催促港口货运部门做好出口发货安排，督促并监督港船按计划装船，防止发生甩装错装。

（2）出口代运。一个合格的代理应具备为客户服务的条件和能力，代运范围几乎无所不包，从进站进港货车计划、货物验收接收、储存保管、短途运输、订舱配载、集港、报关报验、寄送发货通知、代理包装、加工备货、申领出口许可证、投保、审证、改证、代理制单结汇等一系列出关和港口装运的一系列业务和手续，到办理公路、铁路、水运、航空、联运的托运、接取中转、送达和退货业务，再到结算和向责任方提出索赔。

出口代运业务管理的重点是向委托方催收委托书和所需单证，并逐一核对，保证单证交接的准确无误；然后按实际情况落实货源，及时安排仓库接货。根据信用证的时间要求，选择合理运输方式、航线，向船公司挂港提出租船、订舱、配载要求，办理订舱配载手续后交船代签收。做好装船前的集装箱装箱和货物检查，及时做好报关报检工作，在货物的装船过程中进行现场监督，发现问题及时处理。若出现因故不能装船的货物、退关货、散装货回收的空包装，应及时联系委托人并按委托人指示办理。

2. 国际海运代理进口业务及其管理

国际海运代理的进口业务在许多环节上与进口代理业务相似，如货物的交接、报关、港口里的搬运、储存和加工等，但具体的业务内容存在很大的差异。进口业务管理包括以下几个环节。

（1）掌握进港船舶动态，及时收集相关单证。准确掌握进口船舶的到港时间是搞好进口货物交接准备的首要工作。为此，应密切注意船舶动态，及时了解其变化情况，以便联系港务局合理安排泊位，尽早地落实装卸工具，组织接卸疏运。对外贸易海运进口货物的各项单证资料，如商务单据、货运单证、装船电报等，是买卖双方凭以交货验收的凭据，也是各海运港口货运代理凭以办理报关、报验、接交、疏运的依据。因此，应根据进口船舶的具体情况，提前收集进口单证收集，整理分发。

（2）进口接货和理货。对于进口整船的接货，应在船未靠岸前审阅单据、核对舱单。根据货类实际情况，积极准备船放条件。船靠岸后应及时登轮了解航行和装载情况，并做好一切详细记录，同时与港方协商作业进度。在卸货过程中注意隔垫和港方使用工具及操作方法是否妥当，如有问题及时向港方反映，并针对重点物资向港方提出特殊的卸货要求，全船卸毕后应做详细记录。

进口理货是在卸货时把进口货物按提单、唛头，区分清楚，点清件数，分别码垛堆放，以便点交收货人。一般由船方通过港口代理委托理货公司，由理货公司与港务公司的仓库办理交接，进行理货，货运代理作为货主的代表，派员在现场监卸。

（3）货物的检查和验收。在卸货地对货物检查验收是发运整备和对外索赔的基础。应了解每票货卸货质量，清点件数，核对标记，残损核对签证，做好各项记录，防止漏验，并做好对残损、混乱货物的处理。如发现货物残损，分清原残和工残，及时向理货和验残人员取得有效签证，以便申请商检出证，向责任方索赔。一般来说，对于由港方装卸、搬运不当、保管不善等造成的残损必须向港方索取商务记录，并在规定日期内向港方办理提赔，否则丧失对港务局的索赔权。

（4）进口代运。进口代运的代理关系是通过收货人向货运代理人提出委托，货运代理人接受委托后，签订“海运进口国内接交、代运协议”建立的。委托协议可以是长期的，也可以是临时的。长期协议的有效期一般为 3 年。临时委托协议为一次性的，以委托协议中指明的合同为限，合同项下的进口货物转运完毕，协议即行终止。

进口代运可以解决用货部门在到货港口无机构和人员的困难，并使进口货物得以及时提离港口，保证港口畅通，防止压船、压港、压货现象的出现。货运代理人与货主交货的方式一般有两种：一是货主自提。进口货物卸船报关后，经海关验放，并在提货单上加盖海关放行章，货运代理人将该提货单交给货主，即交货完毕，称单证交货。二是实际交货。货运代理人除完成报关手续外，还需负责向港口办理提货，并负责将货物运至货主指定地点，交给货主。

9.3 船舶代理和船舶代理人

船舶代理（Shipping Agent）是指接受承运人（船舶所有人、船舶经营人或承租人）的委托，代表委托人办理船舶相关业务，提供有关的服务或进行与在港船舶有关的其他法律行为的代理行为。

船舶代理机构或代理行业可以接受与船舶营运有关的任何人的委托，既可以接受船舶所有人或经营人的委托，代办班轮船舶的营运业务和不定期的营运业务，也可以接受租船人的委托，代办其所委托的有关业务。

船舶代理业务的范围很广，主要业务有办理船舶进出港手续、租船代理业务、船舶现场管理、进口货运业务、出口货运业务等。后文将主要论述与国际物流有直接关系的租船代理业务、进口货运业务和出口货运业务三个方面的实务内容。不同的船舶营运方式所涉及的当事人以及各个当事人所委托代办的业务各不相同。根据委托人和代理业务的范围，船舶代理人可分为班轮运输船舶代理人和不定期船运输代理人两大类。

1. 班轮运输船舶代理人

班轮运输船舶代理人包括班轮运输船舶总代理人和订舱代理人。班轮运输船舶总代理人即在班轮运输中，班轮公司在船舶停靠港口的委托总代理人，其权利与义务通常由班轮代理合同的条款予以确定。代理人通常应为班轮公司制作船期广告，为班轮公司开展揽货工作、办理订舱、收取运费工作，为班轮船舶制作运输单据、代签提单、管理船务和集装箱工作，代理班轮公司就有关费率及班轮公司营运业务等事宜与政府主管部门和班轮公会进行合作。

班轮公司为充分利用自己所经营的班轮运输船舶的载重和舱容，除了在班轮船舶挂靠的港口设立分支机构或委托总代理人外，还会委托订舱代理人，以便广泛地争取货源。订舱代理人通常与货主和货运代理人有着广泛和良好的业务联系，因此能为班轮公司创造良好的经营效益，同时能为班轮公司建成立起一套有效的货运程序。

2. 不定期船运输代理人

不定期船运输代理人包括船东代理人、船舶经营人代理人、租家提名代理人、船务管理代理人、不定期船总代理人和装船代理人。

（1）船东代理人。受船东的委托，为船东代办与港船舶有关的诸如办理清关、安排拖轮、引航员及装卸货物等业务，此时，租约中通常规定船东有权在装卸货港口指派代理人。

（2）船舶经营人代理人。作为租家的船舶经营人，根据航次租约规定，有权在装卸货港口指派代理人。该代理人受船舶经营人的委托，为船舶经营人代办与在港船舶有关的业务。

（3）租家提名代理人。根据航次租约规定，租家有权提名代理人，而船东（或船舶经营人）必须委托由租家所指定的代理人作为自己所属船舶在港口的代理人，并支付代理费及港口的各种费用。在港口的代理人是由租家提名的情况下，船东或船舶经营人为了保护自己的利益，会在委托由租家提名的代理人作为港船舶代理人外，再另外委托一个代理人来监督租家提名代理人的代理行为，该代理人即保护代理，或称监护代理人。

（4）船务管理代理人。主要为船舶代办补充燃料、修船、船员服务等业务，而这些代理业务是与船舶装卸货物无关的。若船东没有船舶经营人代理人办理那些与装卸货物无关而仅仅与船务有关的业务，就需要委托一个船务管理代理人办理相关业务。

（5）不定期船总代理人。不定期船总代理人的业务很广，如代表不定期船船东安排货源、支付费用、选择、指派再代理人发出有关指示等。租家有时也会指派总代理人，或在租期中规定由租家指派代理人或提名代理人时，租家有权在一定地理区域选定总代理人。当租家指派甲代理人，而船舶不停靠甲地时，则可由甲代理人为其委托人选择、指派再代理人，并由再代理人代办与在港船舶有关的业务。委托人授予代理人代理权是建立在对代理人的信任上的。而船东选用总代理的优点在于委托方和代理人之间有信任感，业务上具有连续性，一旦委托则船舶在所有港口的代理业务都由总代理人办理或由其选择、指派的再代理人完成。

（6）装船代理人。除了不定期船运输中由委托人自行委托装卸公司将送至船边的货物直接装船外，定期船的承运人和不定期船舶所有人通常都需委托装货代理人代办有关收货、保管和装船的业务。这个接受承运人或船舶所有人的委托代办收货、保管和装船业务的企业或法人，就是装船代理人。装船代理人可以由船舶代理人兼营，也可以由装卸公司兼营。

9.3.1 租船代理业务

在租船代理业务中，代理人接受委托方的委托，代办与租船运输有关的业务，除要办理船舶进出口手续及有关货物的出口、进口货运业务外，还包括航次租船的船舶装卸准备就绪通知书的递接手续，缮制装卸时间事实记录和定期租船的交船、还船工作等。

1．接受船舶装卸准备就绪通知书

装卸准备就绪通知书（Notice of Readinese）不仅起着通知准备装卸作业的作用，而且是起算装卸时间的重要依据。船长向承租人或承租人的代理人递交装卸准备就绪通知书后，经过一定的时间，即起算装卸时间，所以递交的接受装卸准备就绪通知书，直接涉及速遣费或滞期费的计算。作为代理人，既可接受承租人的委托，代表承租人接受船长递交的装卸准备就绪通知书，与船长办理递接手续，也可以代表船方与承租人办理递接手续。

2．缮制装卸时间事实记录，结算速遣费或滞期费

装卸时间事实记录是订有滞速时间计算的船舶在港装卸作业的实际情况的记录。它反映船舶自抵港时起到装卸货完毕时止的全面情况，是船、租、港、货各方计算滞期或速遣费的重要依据。缮制装卸时间事实记录，一般是应承租人或收货人或发货人的委托，由代理人的外勤业务人员在现场进行的，它是代理人的外勤业务人员的主要工作之一。在装卸开始前，外勤业务人员必须熟悉租约、贸易合同和有关运输合同的规定，以便按照规定实事求是地做出记录。

3．定期租船的交船和还船

代理人接受承租人或船东委托代办定期租船的交船、还船工作，必须有书面的委托，并及时提供船舶合同才能办理。如果委托方是国外承租人，在接受委托时应电告委托方在船舶抵港前寄达租船合同。如果时间紧迫，也可要求委托方先电告有关内容。交船必须在租船合同规定的地点和时间内办理，并且只有船舶已抵达规定的地点，办完进口检验手续后才能办理。船舶所有人必须在规定的时间内将船舶交给承租人使用，如果超过解除合同日期（Canceling Date）未能交船，承租人有权解除合同。如果船舶提前或超过解除合同日抵达交船港是否可提前或逾期办理交船，由承租人选择。

为了分清船东与承租人对租船损坏所应承担的责任，在交船（和还船）时，还须申请船舶检验机构对船舶进行检验，并做出详细检验报告，其费用由申请方负担。办妥交船前的各项工作后，船东和代理人（代表承租人）或承租人和代理人（代表船东）即可共同签署交船证书，这是日后承租人按交船时相似完好状态还船时据以比较的依据，还船程序与交船程序基本相同。

9.3.2 船舶代理的进口货运业务

船舶代理人为班轮公司代办的进口货运业务主要包括收受、分发进口货运单证，催提，签发提货单，进口货物理赔及集装箱管理等业务工作。进口货运关系到船、货、港各方的利益，做好此项工作有利于港口安排作业、提高泊位和库场使用率，有利于收货人及时提取货物，也有利于船舶速遣。

1. 收受、分发进口货运单证

进口货运单证主要有载货清单、载货运费清单、副本提单、积载图、危险货物清单、重大件货物清单、集装箱装载清单、货物残损单等。载货清单和载货运费清单是卸货港船舶代理人在船舶抵港前据以为船舶先行安排泊位、卸货、驳运、仓库、堆场并通知收货人准备提货和支付到付运费的单证。装货港的船舶代理人在船舶起航后，应及时将货运单证寄交卸货港的船舶代理人。卸货港的船舶代理人在收到载货清单和载货运费清单后，应参照货物积载图，按货物装货港逐港逐票核对，审核是否有漏寄情况。如发现漏寄，应及时与船方或漏寄港的船舶代理人联系，索取漏寄的单证。

副本提单不具法律效力，但在进口货运业务中却起着重要作用。卸货港的船舶代理人应按副本提单逐票审核载货清单和载货运费清单所载货名、件数、标志、收货人、到付运费等项内容。如发现有误，应向船方或装货港的船舶代理人查询。

货物积载图必须在船舶抵港前寄达卸货港的船舶代理人，以便安排卸货和供理货人理货时参考。如果进口货物分别由航线上几个装货港口装船，则卸货港的船舶代理人所收到的将是分别由几个港口寄来的货物积载图。为了便于卸货，卸货港的船舶代理人必须将几张积载图合并为一张。在拼图时，一定要注意装货港顺序，分清货物在舱内的层次，以便安排卸货和接运工具。进口货物积载图是否正确，直接关系到装卸效率的高低和杂项费用的增减。如果货物积载图能正确地标明货物的装舱位置，就有利于卸货工作的安排。反之，如果货物的实际积载情况与货物积载图不符，而船方又未事先通知，则由此而造成的时间损失和其他杂项工作费用开支的增加都应由船方负责。

危险货物清单、重大件货物清单、集装箱装载清单以及货物残损单等都是进口货运业务所需要的重要单证。例如，进口危险货物在装货港装船前，应将危险货物的名称、性质、类别、数量、联合国编号等内容通知卸货港的船舶代理人，以便联系港务局和作业区确认危险货物的卸货作业工作。当危险货物装船后，卸货港的船舶代理人根据危险货物清单及时填写申报单向港口当局（港监）申报及申请监卸。再如，重大件货物抵港卸货前，卸货港的船舶代理人根据重大件货物清单所列内容以及港口作业区的卸货能力，可以及时联系安排浮吊或通知货主安排直接在船边提取货物。

租船代理人在收受进口货运单证并核对无误后，应及时将各有关单证分发送至港口作业区、外轮理货等单位，以便各有关单位据以安排船舶的靠泊、卸货等各项工作。

2. 催提

船舶抵达卸货港申报进境起14天内，收货人或其代理人应向海关报关，超过这个期限，则由海关征收滞报金。货物从船上卸下之后，根据各港口的规定，为保证港口的畅通和正常作业，对于超过一定时间仍未提取的货物，港口可以根据需要对货物进行疏港，因疏港作业而产生的费用由提货人承担。同时，各港口的堆场、仓库等都规定有一定时间的货物免费堆存期，超过期限将由收货人支付相应的堆存费。另外，通常提单条款规定对在一个合理时间内无人认领的货物，则承运人如果没有及时办理进口货物的申报、检验等手续，就不能及时提取货物，并要支付额外费用、承担额外风险。

在航运实践中，船舶代理人在船舶抵达卸货港之前，应事先通知收货人做好提货准备；货物运抵目的港后，应向收货人发出通知，以便使收货人能够及时办理提货。如果收货人未及时提取货物，则应继续催提。但是，船舶代理人在货物抵达卸货港时逐个向提单上记载的收货人或（通知人）发出到货通知，这只是为了使货物交付及收取到付运费等工作能够及时顺利地进行。当然，因此也可以避免货物积压在码头仓库，影响港口的正常作业。然而，这种通知并不是承运人或代理人根据提单条款规定而对收货人所应承担的一项合同中的法定义务，这种通知只是从承运人的信誉以及货物的安全考虑，为收货人尽快提取货物创造条件的一种航运上的习惯做法。收货人（通知人）不能以没有及时收到通知为理由而向承运人提出任何有关损失赔偿的请求。除非托运人与承运人在托运货物时已就通知事项做出了特别规定，规定了承运人的通知责任，或者在承运人和船舶代理人之间签订的船舶代理合同中有船舶代理人发放到货通知的条款。

3. 签发提货单

提货单，俗称小提单，是收货人或其代理人据以向现场（码头仓库、船边、堆场或货运站）提取货物的凭证。它的性质与提单完全不同，仅起到船公司或其代理人指令仓库、堆场或装卸公司向收货人交付货物的凭证作用，不具备流通或其他作用，提货单上应记有“禁止流通”（Nonnegotiable）字样。

目前，我国使用的提货单有两种格式：一种适用于件杂货运输和散货运输；另一种适用于集装箱运输。提货单的主要内容有船名、航次、起运港、提货单签发日期、船舶靠泊日期及地点、收货人全称、提单号、标志、货名、件数、包装形式、货物重量和体积。集装箱运输中使用的提货单（交货记录）还增加有集装箱箱号、货物的交接条款等内容。

收货人或其代理人提取货物以正本提单作为交换条件，但在实际业务中采用的交付货物的方法是，由收货人或其代理人先向承运人在卸货港的代理人交出正本提单，再由船舶代理人签发一份提货单给收货人或其代理人，待办妥有关手续后到现场提取货物。船舶代理人除凭正本提单签发提货单外，当收货人因故暂时无法取得正本提单或在使用海运单或在“电放”情况下，船舶代理人应根据不同情况签发提货单。不同情况下的提单发票的种类不同，主要有以下几种。

（1）凭正本提单签发提货单。船舶代理人在凭提单签发提货单时，应确认提单格式正确且有“正本”字样。审核提单与其他批注（主要是载货清单）中的相关项目，如船名、航次、提单号、装货港和卸货港、货名、件数、包装、标志、重量、体积以及有关收货人名称等。记名提单不得转让，只能由记名的收货人背书；空白提单不需背书即可转让；而指示提单则可通过背书转让。变更卸货港时（在提单上所记载的卸货港以外的其他港口卸货和交付货物），应收回全套正本提单，并将提单上的批注转批到提货单上，收回提单并予以登记。

（2）凭保函签发提货单。收货人要取得提货单提货应以提单交换作为前提条件。但有时因提单邮寄延误，或提单遗失或被窃，或作为押汇的跟单票据的提单已到达进口地银行，由于汇票的兑现期限的关系收货人暂时拿不到提单等，收货人无法在船舶已抵达卸货港时，用提单换取提货单提取货物。为了使收货人和船公司双方能迅速完成货物的交付工作，按照航运习惯，可由收货人出具保证书，以保证书交换提货单，然后凭提货单提取货物，这种交付货物的方式称为凭保证书交付货物。保证书的内容应包括收货人保证在收到提单后立即向船公司或其代理人交加提单，对因未凭单提货所产生的一切损失承担责任，并表明对于上述保证内容由有关银行与收货人一起负连带责任。收货人应在提单到达、支付货款取得提单后，立即将提单交船公司或其代理人换回保证书，称为解除保证。船公司虽然可以在收回提单以前，将因凭保证书交付货物而发生的损失转嫁给收货人或保证银行，但作为违反运输合同的义务，它对正当的提单持有人仍负有赔偿一切损失责任的风险。因此，船公司应尽早收回提单。租船代理人在凭保证书签发提货单以前，应与船公司取得联系以得到明确的指示，避免因越权签发提货单而承担责任，并在凭保证书签发提货单后的规定期限内负责向收货人收回正本提单。

（3）使用海运单情况下签发提货单。集装箱运输方式的出现和普及，极大地缩短了货物运输所需要的时间，特别是集装箱货物多式联运方式的出现以及集装箱船的不断更新换代，使货物运输所需要时间进一步缩短，尤其是我国至日本、韩国等近洋航线货物运输所需时间更短。为了使收货人在货物运抵卸货港时能及时提取货物，人们开始使用海运单，以此来满足货物运输单证上的需要。海运单（Sea Way Bill）是托运人和承运人之间的货物运输合同的凭证；是承运人收到由其照管的货物的收据，但它不是物权凭证，故不得转让，因此它必须载明收货人。

（4）“电放”情况下签发提货单。“电放”是指托运人在货物的装船港将承运人或其代理人签发的全套正本提单交回承运人或其代理人，并由承运人或其代理人使用电传、电报等通信方式通知卸货港承运人的代理人，明确该提单号项下的货物在收货人不出示正本提单的情况下，即可凭收货人出具的保函放货。在国际贸易货物的海运实践中，这种与海运单类似的“电放”提货方式，使收货人不需要正本提单即可取得提货，从而为收货人在卸货港及时提取货物提供了保障。

船舶代理人在签发提单时应注意以下问题，以避免交错货物而承担责任。在“电放”情况下，承运人签发正本提单，托运人应将全套正本提单交回承运人并指明收货人。一旦承运人在装货港收回全套正本提单，即可根据托运人的要求，以书面形式通知承运人在卸货港的代理人，明确提单已收回。卸货港代理人可凭收货人出具的公司保函放货。收货人提货时应出具保函，该保函除声明提货人就是“电放”中的收货人外，还应保证对错提货物所造成的一切后果承担责任。另外，收货人提货时应附以提单复印件。但是，提单复印件不具法律效力，不得转让，不能通过转让提单复印件来达到转让货物请求权的目的。

4．进口货物理赔

除一些较复杂和数额较大的索赔案由承运人自行受理和处理外，承运人对一些小额的索赔案往往授权代理人受理和处理。船舶代理人对承运人（委托人）委托办理进口理赔工作通常都会予以接受。

船舶代理人在接受代办进口货物理赔委托、接到索赔人提出的索赔案后，应立即对该索赔案进行认真审核，包括对索赔单证的完备性和对索赔单证内容正确性的审核。

（1）对索赔单证完备性的审核。审核索赔人所提供的、作为举证证明的单证，具备能证明索赔人是合法的索赔人、证明承运人负有赔偿责任、证明索赔人提出的索赔金额合理三个方面的基本要求。一般来说，有权对货运事故提出索赔要求的人应该是货物所有人，通常可以是收货人或提单持有人，或他们取得了“权益转让证书”的保险人。只有在承运人运输或保管的过程中发生的货运事故，承运人才对货运事故负有赔偿责任。而证明并核定索赔金额的单证，应包括证明货物受损程度和将已确定的受损程度换算成所提出索赔金额的依据。

（2）对索赔单证内容正确性的审核。索赔人提出索赔要求时应负举证责任，即要举证证明他所收到的货物不是在提单上所记载的良好状态下接受的。索赔单证要能够充分确定发生货运事故的原因、损失程度、索赔金额，并有说服力地明确承运人负有责任。这些单证主要有提单、过驳清单、卸货报告或货物溢短单、残损单等卸货单证，重理单，货物残损检验证书，商业发票，装箱单，修理单等。船舶代理人索赔人提供的索赔单证齐全后，应对所有单证的内容进行审核，即审核索赔人提出索赔的时间，是否已超过提单条款或有关国内法和在本国生效的国际公约所规定的诉讼时效。审核各种索赔单证上记载的日期、船名、航次、提单号、货名、件数、标志、重量、体积等内容是否一致，并且这些内容应与载货清单等运输单证所记载的内容相一致。审核货物残损或短缺是否在承运人掌管下的期间发生。审核货物残损是否批注在货运单证上，以及是否有大副或船长的签字。审核理货计数单据，查明货物在装卸时的理货数字是否正确。在确认承运人应承担责任时，还要审核索赔清单中所列的货物到岸价格与发票中所列价格是否相等。

如果经审核确认损害不是由承运人的责任引起的，则应将承运人对货物受损不承担责任及理由及时通知索赔人。在索赔人尽到了索赔举证责任而承运人拒赔时，举证责任就转移到了承运人一方，即承运人一方应举证货物的损失或灭失不是因承运人责任而引起的，也不是承运人和其代理人或其雇佣人员对货物的保管、照料过程中有过失而引起的，并且已尽到了谨慎处理的责任。

根据提单条款规定，由于承运人的责任造成货物灭失或损害，每件或每一计费单位赔偿金额最高不超过提单条款规定的金额。按从价计收运费的货物，则按装货前申报的价格赔偿。对那些虽不是从价货物，但在装船前已申报价值并已支付为了特殊装载和照料所需的额外费用的货物，也不受最高限额赔偿的限制，而按实际价值赔偿。

船舶代理人在接到承运人同意赔偿的函电或索赔人同意以承运人提出的赔付结案的确认书，并在收到承运人应支付的赔款后，向索赔人拨款结案，赔款收据应交承运人。短卸货物发在本港或其他港口，但后期查到交收货人又已收妥后，应要求索赔人撤销提赔申请。如已赔偿结案，则应向收货人追回赔款，退还承运人。

9.3.3 国际船舶代理出口货运业务

船舶代理的出口货运业务主要指船公司的订舱代理、代为办理货物承运、缮制单证、签发提单、计收运费和信息传递等工作。就进出口货运代理业务的内容与程序而言，船舶代理与货运代理的工作基本相同，在此仅对国际船舶代理办理班轮运输出口货运业务中的几个环节做简要说明。

1. 受理托运

受理托运包括审单、接受订舱及订舱更正等环节。订舱业务员代表船公司受理托运时应特别注意以下几点。

（1）只能在船公司分配的舱位限额内接受货主或其代理的订舱。若船公司所分配的舱位不足或过剩，应及时向船公司通告。

（2）对于“截止签单”日期后临时托运的“加载货物”，接受订舱前应获取船公司和港方的批准。

（3）当装货港、卸货港和过境港分属不同国家或地区的货物时，应事先向船公司或卸货港、过境港船公司代理汇报、咨询，以掌握该航线上有关国家的法律规章和港口习惯或管理办法。

（4）要认真审核托运人递交的托运单，审核无误后才予以出具提单号。

2．制作预装船单证并分送有关方

单证业务员应制作相关单证，并分送有关单位。

（1）将订舱委托书中的有关数据和内容及时录入计算机，并在全船截载后打印出单船订舱明细表，一式两份。一份转交给单证业务员，以便缮制相关单证；另一份连同订舱委托书转交给运费业务员，以便计费收费。

（2）在船舶到港前48小时左右制作预配清单若干份，并发送EDI录入、船代船务部、箱管、港区配载等有关部门，同时将每天各航线预配箱量情况报船公司及各挂靠港代理。对于危险货物和冷藏货物，单证业务员要根据船公司的要求，及时缮制“危险货物清单”和“冷藏货物清单”，并递交有关方。EDI录入人员将单证人员提供的预配舱单数据录入计算机，与原数据核对后形成EDI数据形式传送至海关系统中。预配舱单数据应保存至船舶离港。

（3）对于需要箱检及签发准运单的货物，应向有关商检申请集装箱适货检验，向港监办理船舶危险货物准运单，并分送船务、港区等部门。

（4）在船舶到港前24小时左右制作预配舱单若干份，并连同集装箱装箱单等分送船务等有关部门，最后制作集装箱入港清单，并传送到港区检查口，以便箱子顺利入港。

3．审核货方或其代理提交的样本

单证业务员根据订舱业务员转来的单船订舱明细表，督促货方或其代理提交提单样本，认真审核货方或其代理递交的提单，包括提单样本、发货人、收货人、船名、航次、提单号、目的港、件数、品名、包装、毛重等内容是否正确、完整。如果发现提单样本使用错误或提单内容缺项时，单证业务员要及时与货方或其代理联系，要求其重新递交提单样本。

4．制作已装船单证，并分送船务部与结算部

单证业务员运用操作程序将提单上的有关内容录入计算机，缮制完船舱单，将各个装箱场地转来的集装箱清单与提单进行比较核对。如有不符，应查明原因并做出修改。在船舶离港前一天，应将全船出口舱单、危险货物清单、冷藏货物清单等有关货运单据及时转交给船务部，以便船务部办理船舶离港手续。如果船舶代理业务交由其他船公司代理，则单证业务员应按要求将上述单据转给相应的船代公司，同时要做好交接记录。船舶离港当日，单证业务员要将提单副本、舱单各一套转交给运费业务员以便进行运费计算，同时应对舱单等单据进行复核，以确保单单相符，减少差错率。

5．签发提单，业务归档

适时签发提单是船公司的一项义务。在船舶离港后，单证业务员应以正本场站收据为依据，在得到财务人员确认预付运费、港杂费已付的前提下，仔细与待签发的正本提单、舱单相核对。如无不符合项目，应立即签发正本提单并交付给货方或其代理。船舶离港 1 天后，单证业务员通过 EDI 系统将舱单发送海关。应随船的单证随船带走；应发往卸货港的邮寄单证，近洋的一般于船离港后 3 天内寄出，远洋的于船离港后 5 天后寄出。在船舶离港 1 个月后应将每个航次的舱单、提单、清单、场站收据、客户保函、船公司确认书等单据进行整理，保存在船舶资料袋中统一归档。

9.4 其他运输形式的国际货运代理

国际物流活动中的运输形式多种多样，除了海上运输外，还有航空运输、陆路运输和多式联运等形式。与此相对应，除了海上货运代理以外，还有航空货运代理和国际多式联运代理，它们也是国际货代领域的重要组成部分。

9.4.1 国际航空货运代理业务

航空货运代理可以给进出口空运客户和航空公司带来极大的便利。一般情况下，航空公司只负责从一机场到另一机场的运输，而揽货、接货、报关订舱及在目的地机场的提货和将货运交付收货人等方面的工作，则由航空货运代理代办。

航空货运代理在国际空运货物进出口活动中具有重要的作用，是货主和航空公司之间的桥梁和纽带。航空货运代理主要具有三种功能，与海上货运代理的功能相似，也是为货主提供服务，即代替货主向航空公司办理托运或提取货物，出口货物在始发地交航空公司承运前的订舱、储存、制单、报关、交运等，进口货物在目的地机场的航空公司或机场接货、监管储存、制单、报关、送货及转运等。同时，它代表航空公司接受货主的货物并出具航空分运单。当货物在航空公司责任范围内丢失、损坏时，航空货运代理可代表货主向航空公司索赔，并专门为航空公司组织成批货源，承揽大批客户办理集中托运，为航空公司获利。

1. 国际空运代理出口业务管理

空运业务代理的主要业务流程：从发货人那里接受委托书并将货物集中起来，报关后按时将货物交到机场，并向航空公司订舱；按委托代理合同或空运委托书的要求，缮制航空货运单，并计算好运单上列明的各项费用，保证商业发票及其他单证符合航空运输及目的地海关的要求；代发货人办理航空运输货物保险、结汇等有关业务，以及查询服务；监督货物运输的全过程，包括转运和二程运送，直到最终在目的机场将货物交付收货人。其中比较典型的活动如下。

（1）集中托运和包机运输。这是空运代理的主要业务。空运代理把若干托运人单独发运的货物组成一批货物，集中向航空公司托运，用同一份总运单发运到同一目的地，由其在当地的代理负责接货，报关后分拨给实际收货人。这种运输方式可以从航空公司争取到较低运价，航空货运代理公司和委托人都可以从这种服务中得到益处。同时，方便了货主，使他们能及时托运和查询，并跟踪运输的货物。空运代理制作的单证包括主运单和分运单、航空货物清单、空运出口业务日报表、航空公司主标签和空运代理分标签、出库仓单、制作装箱单（集装箱）和国际货物交接清单。

（2）空运代理出口订舱。需要根据发货人的要求和货物本身的特点而定。一般来说，大宗货物、紧急物资、鲜活易腐物品、危险物品、贵重物品等，必须预订舱位。

航空货运代理公司订舱时，依照发货人的要求选择最佳航线和最理想的承运人，同时争取最低、最合理的运价。订舱后，航空公司签发舱位确认书（舱单），以表示舱位订妥。但预订的舱位有时会由于货物原因、单证原因、海关原因使得最终舱位不够或者空舱，这将影响代理人的信誉，所以应尽量避免。

（3）空运出口报关。将出口物报关单、航空货运单、装箱单、发票等以及按规定要求应随附的其他有关证明文件全部准备齐全后，交由报关员向海关进行申报。经海关初审通过后，交由审单部门审核，由海关关员在“航空货运单”上加盖章放行，同时在“出口货物报关单”和“出口收汇核销单”上加盖放行章，另在发货人用于出口产品退税的单据上加盖验讫章，粘上防伪标志，完成出口报关手续。

根据相关部门的规定和货物种类，填制相应的“进出境动植物检疫报验单”和“国家卫生检疫申报单”。非动植物及其制品类要求填制“国境卫生检疫申报单”，加盖卫检放行章。动植物类货物除填制“国境卫生检疫申报单”外，还须填制“动植物检验报验单”并加盖放行章。化工类产品则须到指定地点检验证明是否适合空运。

2. 国际空运代理进口业务管理

（1）受进口商委托的空运代理业务。空运代理在进口空运中向收货人提供的服务包括：从航空公司接受到货单证和货物，并缮制进口货物报关单，代收货人报关；垫付到货运费及其他有关费用，办理进口货物的提货和转运业务；从事国内运输，并提供送货上门服务，以及信息查询服务；为进口货物办理转关运输；在进口货物接交时，发现货物外包装有破损或件数短少，应在接货同时，取得航空公司的商务记录，届时凭此可代表委托人向航空公司办理索赔。空运进口货物的残损和短少的检查、签证、索赔是空运代理的主要业务。代理人必须对到港货物进行严格检查，认真记录货物的破损和短缺，并办理相关的证明，分清责任对象，及时向有关方面索赔。

（2）空运进口代理报关业务。空运进口代理办理报关的过程是先制单、后将报关单的各项内容输入计算机，打制出报关单一式三份（一般进口货物）。完成计算机预录入后，在报关单右下角加盖报关单位的“报关专用章”。报关时将报关单连同有关的运单、发票订成一式二份，并随附批准货物进口的证明和批文，正式向海关申报。进口货物报关期限为自运输工具申报进境之日起的 14 日内。超过这一期限报关的，由海关征收滞报金。滞报金的计征时间为自运输工具申报进境之日起的第 15 日到货物报关之日。由于货物原因或单证晚到引起的滞报由委托人负担，由于空代原因漏报、迟报引起的滞报罚金由航空货运代理人负担。由于单证不全而无法报关时，应及时通知收货人补齐单据或通知收货人自行处理，以免承担延期报关而缴滞报金的责任。

9.4.2 国际多式联运代理

1. 国际多式联运代理及其代理人

国际多式联运是在集装箱运输基础上发展起来的以实现货物整体运输的最优化效益为目的的一种国际货物运输组织形式。它打破了过去海、陆、空等单一运输方式互不连贯的传统做法。国际多式联运一般以集装箱为媒介，把海上运输、铁路运输、公路运输、航空运输和内河运输等传统的单一方式运输有机地结合起来，加以有效地综合利用，构成一种连贯的过程来完成国际间的运输活动。

国际多式联运很少由一个经营人承担全部运输，往往是接受货主的委托后，联运经营人自己办理一部分运输工作，而将其余各段的运输工作再委托其他的承运人。这些接受多式联运经营人负责转托的承运人，依照运输合同关系对联运经营人负责，与货主不发生任何业务关系。因此，国际多式联运中的货运代理人身份比较复杂。

多式联运经营人是在货运代理人的基础上逐步发展起来的，货运代理人也可以作为国际多式联运经营人。伴随着国际多式联运的发展，货运代理人的业务范围也在不断扩大，其性质也发生了本质的变化。它不但可以作为代理人为货主等代办货物报关、保险、仓储等业务，还可以以本人身份作为运输合同的当事人，也就是说，它可以以货运代理人自己的名义订立多式联运合同，充当国际多式联运经营人，并作为事主承担全程运输的责任。

2. 国际多式联运代理的一般程序

（1）接受托运申请，订立多式联运合同。多式联运经营人根据货主提出的托运申请和自己的运输线路等情况，判决是否接受该托运申请，发货人或其代理人根据双方就货物的交接方式、时间、地点、付费方式等达成协议并填写场站收据，并把其送至多式联运经营人进行编号。多式联运经营人编号后留下货物托运联，将其他联交还给发货人或其代理人。

（2）空箱的发放、提取及运送。多式联运中使用的集装箱一般由多式联运经营人提供，其来源可能有三种：一是多式联运经营人自己购置使用的集装箱；二是向租箱公司租用的集装箱；三是由全程运输中的某一分运人提供。如果双方协议由发货人自行装箱，则多式联运经营人应签发提箱单或租箱公司或分运人签发提箱单交给发货人或其代理人，由他们在规定日期到指定的堆场提箱并自行将空箱拖运到货物装箱地点，准备装货。

（3）出口报关。若多式联运从港口开始，则在港口报关；若从内陆地区开始，则应在附近内陆地海关办理报关。出口报关事宜一般由发货人或其代理人办理，也可委托多式联运经营人代为办理，报关时应提供场站收据、装箱单、出口许可证等有关单据和文件。

（4）货物装箱及接受货物。若发货人自行装箱，发货人或其代理人提取空箱后在自己的工厂和仓库组织装箱。装箱工作一般要在报关后进行，并请海关派员到装箱地点监装和办理加封事宜。如需理货，还应请理货人员现场理货并与其共同制作装箱单。

对于由货主自行装箱的整箱货物，发货人应负责将货物运至双方协议规定的地点，多式联运经营人或其代表在指定地点接受货物。如果是拼箱货，则由多式联运经营人在指定的货运站接收货物。验收货物后，代表多式联运经营人接收货物的人应在场站收据正本上签章并将其交给发货人或其代理人。

（5）订舱及安排货物运送。多式联运经营人在合同订立后，应立即制定该合同涉及的集装箱货物的运输计划。该计划应包括货物的运输路线、区段的划分、各区段实际承运人的选择、确定各区间衔接地点的到达和起运时间等内容。

（6）办理保险。在发货人方面，应投保货物运输保险。该保险由发货人自行办理，或者由发货人承担费用而由多式联运经营人代为办理。货物运输保险可以是全程投保，也可以为分段投保。在多式联运经营人方面，应投保货物责任险和集装箱保险，由多式联运经营人或其代理人向保险公司或以其他形式办理。

（7）签发多式联运提单，组织完成货物的全程运输。多式联运经营人的代表收取货物后，多式联运经营人应向发货人签发多式联运提单，在把提单交给发货人之前，应注意按双方议定的付费方式及内容、数量向发货人收取全部应付费用。

多式联运经营人有完成和组织完成全程运输的责任和义务。在接受货物后，要组织各区段实际承运人、各派出机构及代表人共同协调工作，完成全程中各区段的运输、各区段之间的衔接工作，并做好运输过程中所涉及的各种服务性工作和运输单据、文件及有关信息等组织和协调工作。

（8）海关相关业务。该环节工作主要包括货物及集装箱进口国的通关手续，进口国内陆段保税运输手续及结关等内容。如果陆路运输要通过其他国家海关和内陆运输线路时，还应包括这些海关的通关及保税运输手续。

如果货物在目的地港交付，则结关应在港口所在地海关进行。如果在内陆地交货，则应在口岸办理保税运输手续。海关加封后方可运往内陆目的地，然后在内陆海关办理结关手续。

（9）货物支付。当货物运往目的地后，由目的地代理通知收货人提货，收货人需凭多式联运提单提货。多式联运经营人或其代理人需按合同规定，收取收货人应付的全部费用，收回提单签发提货单，提货人凭提货单到指定堆场和地点提取货物。如果是整箱提货，收货人要负责至掏箱地点的运输，并在货物掏出后将集装箱运回指定的堆场，此时，运输合同终止。

本章小结

国际物流业务活动环节多、业务复杂、渠道广泛，再加上许多进出口商贸企业并不熟悉国际物流的运作，因此在这个领域一些货运代理服务性机构应运而生，并在国际贸易及国际物流中起到越来越大的作用。国际货运代理通常是接受客户的委托完成货物运输的某个环节或与此有关的各个环节，可直接或通过货运代理及他雇佣的其他代理机构为客户服务，也可以利用他的海外代理人提供服务。根据其从事的具体活动的不同，其业务范围和责任也有很大差别。

国际货运代理在国际贸易和国际物流中具有重要的地位，国际货运代理人的具体权限来源于委托人的委托。它受货主委托，代表货主进行国际货物运输活动，依据委托人授权的权限办理业务，代理托运人、收货人办理运输，也可代理承运人揽货。随着国际物流和多种运输形式的发展，国际货运代理的服务范围也在不断扩大。

本章所论述的海运代理、船舶代理、空运代理及多式联运代理都是国际货运代理的主要形式。国际海运代理是指那些专门从事进出口国际海运代理业务或接受委托后以自己名义处理海运相关业务的专业海运代理公司。从事国际贸易货物运输的船舶穿梭往来于世界各个港口之间，当它停靠在船舶所有人或船舶经营人所在地以外的其他港口时，船舶所有人或船舶经营人将无法亲自管理与船舶有关的营运业务。委托代理机构代理船舶在港口的运营既经济又实惠，因此在航运实践中被普遍采用。

另外，除了海上运输外，由于国际物流活动中的运输形式多种多样，还包括航空运输、陆地运输和多式联运等形式。与此相对应，除了海上货运代理以外，还有航空货运代理和国际多式联运代理，它们也是国际货运代理领域的重要组成部分。

案 例

[案例 1]

轻工公司与加拿大 R & G 公司签订不锈钢联结器购货合同，货物总价 1.8 万美元。轻工公司委托联环海运中国公司办理海运出口手续，委托单证上显示货物件数为 2 个铁箱，但实际发货时，轻工公司通知联环海运中国公司，实际装箱为 3 个铁箱，联环海运中国公司回函称，货物已通关再更改件数已来不及，因此将到库的其中 2 个铁箱拼绑在一起，标为 1 箱，提单上仍载明为 2 个铁箱，并称与船代公司交代清楚了，不影响提货，并向轻工公司签发提单，载明 2 个铁箱（52 个纸箱）。

远中货代公司作为拼箱承运人将货物拼成整箱，运往温哥华港。货物到达后，发现短少 17 个纸箱。轻工公司向联环海运中国公司和远中货代公司查询，确认远中货代公司在目的港代理短交 1 铁箱货物。轻工公司同意补发 1 铁箱货物，并支付合同规定的违约金。后来远中货代公司在目的港代理称，已经找到丢失的货物，但轻工公司称已补发货物，不再回运，经与收货人协商，降价 40%，收货人将索赔权转让给轻工公司。轻工公司即向海事法院起诉，要求联环海运中国公司及远中货代公司，赔偿轻工公司延期交货和降价损失及违约金共计 5.8 万元。

[案例 2]

时运货代公司接受南方进出口公司的委托办理一个 40 集装箱自新港运往波斯湾某港口仪器的运输业务。货物于 2008 年 12 月备妥。南方进出口公司要求货物必须于 2009 年 2 月底运抵目的地，以便与先期到达的整套设备一起安装调试。时运公司查核了承运货物船公司的船期表，从船期表上显示，预配的船舶所装货物最终预计于 2 月中旬即可抵达目的地。从理论上推算，根据装卸港地理位置之间的距离，即使是中间需要中转，两个月时间也没问题。因此时运公司承诺了发货人的要求，于 12 月底办理了装船手续并取得提单转交给南方进出口公司。

到了 1 月底与承运船公司联络后得知，货物仍然停留在新加坡等候中转。由于船公司的货箱量锐减，许多航班合并或取消，因此在中转港停留时间拖长。使得该批货物还要等待一段时间才能转运出去，承运人不能保证货物在 2 月底运抵目的地。为了保证贸易合同的按期执行，南方进出口公司决定在新加坡拆箱改空运。同时向时运货代公司提出了索赔，要求时运货代公司按照双方委托合同赔偿违约金 50 万元和空运费及杂费 1 万余美元。由于委托合同双方并没有签字，因此赔偿违约金一项不成立。经双方协商由时运公司赔偿空运费及杂费的一半，并承担自新港到中转港的海运费及人民币杂费。

（资料来源：天津国际货代协会）

复习思考题

1. 国际货运代理的功能有哪些？
2. 简述国际货运代理的业务范围。
3. 当以不同身份出现时，国际货运代理的责任有什么差别？
4. 国际海运代理实务中涉及哪些活动？
5. 船舶代理业务涉及哪些内容？
6. 国际空运代理的功能有哪些？
7. 为什么在国际多式联运中，代理人的身份比较复杂？

第 10 章

中国国际物流的发展

本章学习目标

- ◇ 了解中国国际物流的发展环境；
- ◇ 掌握中国国际物流的发展历程；
- ◇ 掌握中国国际物流的发展现状；
- ◇ 了解几个主要的中国国际物流企业；
- ◇ 掌握中国企业的国际物流运作模式；
- ◇ 了解中国国际物流企业的竞争态势；
- ◇ 了解中国国际物流面临的新挑战。

10.1 开放经济与中国国际物流

物流业的发展水平是一个国家和地区综合国力的重要标志之一。随着经济全球化的深入和科学技术的飞速发展，物流业在世界范围内受到了广泛的关注。受本国经济发展的影响，中国物流业的发展起步较晚。但是随着中国经济的崛起，中国制造业迅速发展，对外贸易额逐步增加，中国国内出现了主要从事国际化生产和国际贸易服务的物流企业，其整体规模在不断发展壮大。

10.1.1 中国国际物流的发展环境

1．经济全球化与区域经济一体化给中国国际物流的发展带来了广阔的前景

经济全球化使越来越多的生产经营活动和资源配置过程在世界范围内进行，这是国际物流发展的重要基础。在市场机制的推动下，以开放性和多样性为特征的区域经济一体化得到了加速发展，同一地理区域的国家通过广泛对话、协商和政策合作引导，积极开展包括政治、经济、贸易、科技等方面的合作，刺激竞争和投资，促进国际分工，生产要素在更广阔的范围内流动，使地区经济关系日益密切。目前，三大贸易区域（欧洲、北美和环太平洋地区）已成雏形，区域贸易协定鼓励和促进了区域内贸易。通过降低关税、缩减海关所要求的通关货运单证，以及支持公共运输和搬运系统等来便利区内贸易，使区内的运输待遇如同在一个国家内一样。经济全球化和区域经济一体化已经成为一个地区融入跨国生产网络、发挥区位优势、促进当地经济发展的重要条件。随着中国基础设施和投资环境的不断改善，国外大型制造企业纷纷在国内落户，物流需求进一步增加，为中国国际物流的发展带来了新的发展活力和广阔前景。

2．全球供应链管理理念推动国际物流业向纵深发展

如今，主要工业化国家的人口增长率已基本稳定，传统的营销战略已无力再支持大多数厂商的收入和赢利持续增长。在经济增长率下降的同时，由于新技术的开发，制造业和物流业的生产率开始提高，生产能力严重过剩，向其他发达和发展中国家和地区扩展以增加收入和利润成为各发达国家的必由之路。

全球供应链管理理念是追求在全球范围内的分工合作，这极大地推动了国际物流业的发展。在竞争日益激烈的市场条件下，企业可以利用企业外部资源，通过合作确定竞争优势。因此，生产商、供应商愿意与物流商一起在全球范围内发展联盟，以合理的成本在诸如国际联合运输和转运、国际运输、物流单证以及便利作业等方面获得专门知识和物流服务。供应链管理把物流、信息流、资金流、业务流和价值流的管理贯穿于价值链的全过程，覆盖了从原材料和零部件的采购与供应、产品制造、运输与仓储到销售各节点，它要求将顾客所需的产品在正确的时间，按照正确的数量、正确的质量和正确的状态送到正确的地点（6R），并使总成本最小，这极大地拓展了专业化的国际物流业发展空间。

3．中国经济及进出口贸易的持续增长为中国国际物流发展奠定了基础

随着中国经济的快速发展和对外开放的稳步推进，中国物流需求总体规模不断扩大。据统计，从 1999 年开始，中国货物运输量和货物周转量表现出逐年稳步上升的态势，到 2012 年 11 月，货物运输量和货物周转量分别达到 369.57 亿吨和 155 126 亿吨公里。如果货物运输量和货物运输周转量间接地反映了中国物流市场的需求状况，那么进出口贸易额则直接反映了经济发展给企业国际物流运作带来的空间。中国自2010年起，国民生产总值（GDP）赶超日本成为世界第二大经济体。根据国家统计局的报告，2003—2011 年，中国货物进出口贸易年均增长21.7%。2011年，中国货物贸易进出口总额达到36 421亿美元，比上年增长22.5%，跃居世界第二位，连续3年成为世界最大出口国和第二大进口国。

2008年国际金融危机爆发后，在世界经济大幅下滑、国际市场需求严重萎缩的严峻形势下，中国对外贸易经受住了考验。2009年进出口贸易额虽下降13.9%，但中国依然是全球对外贸易表现最好的国家或地区之一，降幅远小于全球贸易降幅，当年中国出口总额跃居世界第一位。

此外，随着中国改革开放和国际贸易多元化等战略的实施，我国与陆上邻国的进出口额也在逐年增长。我国与周边邻国的经济互补性较强，开展经济合作，实现互利多赢，已成为各国普遍共识。中西部地区的向西开放形成了大量的陆上跨境物流需求，进一步增强了中国国际物流的发展。

4．国家政策推动中国物流业转型升级

2006年国家“十一五”规划中，明确了中国物流在国民经济中的产业地位，首次提出了“大力发展现代物流业”。2011 年是国家“十二五”的开局之年，国家颁布了国民经济和社会发展第十二个五年规划纲要，明确了新时期国家发展的总体思路和工作重点，提出“十二五”时期，中国将大力发展现代物流业，建立社会化、专业化、信息化的物流服务体系，加强物流基础设施的建设和衔接，推动农产品、大宗矿产品、重要工业品等重点领域物流发展，优化物流业发展的区域布局，提高物流智能化和标准化水平。从构建综合交通运输体系，全面提高信息化水平，积极发展电子商务，到大力发展粮食、商贸、外贸、军事等专业物流，对全面促进物流业转型升级和科学发展进行了总体规划，对物流业转型升级的主要内容和重点任务进行了布置。

为鼓励和引导物流业的快速健康发展，着力解决制约物流业发展的突出问题，国家出台了“国九条”指导意见。从税收、土地资源、公路收费、物流管理体制、行业资源整合、技术创新应用、资金扶持以及农产品物流九大方面，对当前中国物流业发展面临的重点突出问题进行具体指导，是综合调控中国物流业发展的又一项宏观指导性政策。同时，多项行业专项规划和区域发展规划的陆续出台，为中国物流业发展起到了积极的引导作用。

10.1.2 中国国际物流的发展历程

1949年新中国成立以后，为了发展国际商品运输业，中国政府组建了中国远洋和中外运两大公司，负责国际商品运输。中国海运事业在20世纪70年代经历了一个快速发展时期，1976年开辟了中日、中美、中澳等海运集装箱运输航线。但是在传统的计划经济体制下，国家对生产资料和主要消费品实行计划生产、计划分配和计划供应，铁路、航空等专业运输部门各自拥有储运企业，按计划储存和运输。因此，中国在这一时期的物资运输、保管、包装、装卸、流通加工等活动还不是真正意义上的物流。

自20世纪80年代，世界上知名的跨国快递公司（如敦豪、联邦快递、联合包裹服务以及TNT等）都通过与中外运建立合资企业进入中国快递市场，新的物流理念和技术也随之引入国内。20世纪80年代后期，伴随着中国对外贸易的发展，中国在集装箱运输和港口建设方面突飞猛进，并逐步同世界先进水平接轨。

应该说明的是，1993年以前，中国国际贸易物流处于完全的国家垄断阶段，中国外运集团作为中国政府制定的唯一对外贸易运输代理单位，垄断着中国国际货物代理业。中国所有进出口商品的运输必须由中外运代理和安排。1993年外贸体制改革后，许多国内分销商和制造商获得了经营自主权，可以办理进出口业务。到1993年下半年，外国投资者零售业可在某些内陆城市投资，合资企业在将产品销售到国内市场方面获得了更多的灵活性。但是外商独资物流服务供应商在2001年以前一直受到严格的管制，海运和货运代理受到中国民用航空总局、国家对外经济贸易部和交通部的高度管制。

在国际贸易、国际投资和跨国公司全球战略实施的推动下，原材料、能源、在产品和产成品在全球范围内频繁流动，国际物流无论是从内容上还是从数量上都在以全所未有的速度向前发展，物流设施、物流技术、物流服务、货物运输及包装和流通加工的国际化进程明显加快。2000年以后，全球国际物流迅速发展，并逐步走向标准化、信息化的时代。这一阶段也是中国国际物流逐步走向世界的发展阶段。信息技术的发展为国际物流标准化和国际物流管理提供了强大的技术支撑，网络技术、条形码技术以及卫星定位系统（GPS）在物流领域得到了普遍应用。2001年12月中国加入WTO后，外国物流公司开始进入中国，给中国传统物流业以巨大的冲击。为适应新的市场环境，中国在交通运输、仓储设施、信息通信、货物包装与搬运等物流基础设施和装备方面加大建设力度。与此同时，相关的国际物流标准、物流保险、物流法规以及技术协定等已成雏形，并在实践中得到不断的完善和发展。马士基、德国邮政、日本通用、新加坡海王等外国物流企业陆续进入中国，不仅带来了新的物流理念，而且带来了先进的物流管理人才、经验和物流技术。与此同时，中国国有物流企业加快重组转型，民营物流企业也加速成长，形成了“三足鼎立”共同发展的繁荣局面。

10.2 中国国际物流的发展现状

目前国际金融危机的影响仍在持续，世界经济复苏进程艰难曲折。中国继续加快转变经济增长方式，国民经济总体上保持了平稳较快的发展，投资、消费和进出口总额进一步增长。中国物流业整体上呈现出与国民经济同步调整的态势，实现了产业自身的平稳增长。

10.2.1 国际物流市场规模增势减缓

受金融危机的影响随着进出口贸易总额增速下降以及国际大宗商品价格的上涨，中国国际物流市场规模增势放缓。2011 年，全国规模以上港口完成货物吞吐量达到 90.7 亿吨，比上年增长 11.9%，增速同比下降 3.1 个百分点。其中，外贸货物吞吐量为 27.5 亿吨，比上年同期增长 10.8%，增速同比下降 2.8 个百分点；规模以上港口集装箱吞吐量为 1.6 亿标准箱，增长 11.4%，增速下降 7.4 个百分点[①]。中国民航机场货邮运输量完成 552.8 万吨，比上年同期下降 1.8%。其中，港澳台航线完成货邮运输量为 20.7 万吨，比去年同期下降 4.3%；国际航线完成货邮运输量为 176.38 万吨，比去年同期下降 8.4%[②]。

2011 年中国内贸物流市场整体表现要好于外贸物流市场，国内物流市场增速普遍高于国际物流市场。以港口货物吞吐量为例，2011 年中国港口完成内贸货物吞吐量为 72.6 亿吨，占港口全部吞吐量的 72.3%，同比增长 12.8%，增速比外贸货物吞吐量高 1.4 个百分点；国内航线完成货邮吞吐量为 750.2 万吨，占全部机场货邮吞吐量的 64.8%，同比增长 3.9%，增速比国际航线高 3.8 个百分点；国内快递量增速实现 60.2%的高速增长，但国际及港澳台快递量却下降了 1.5%。2009—2011 年港口内、外贸货物吞吐量及增速情况如表 10-1 所示，2009—2011 年国内、国际航线货邮吞吐量情况如表 10-2 所示，2009—2011 年国内、国际快递业务量情况如表 10-3 所示。

表 10-1 2009—2011 年港口内、外贸货物吞吐量及增速情况

年　份	内贸货物吞吐量		外贸货物吞吐量	
	绝对值（亿吨）	增速（%）	绝对值（亿吨）	增速（%）
2009	54.8	8.8	21.8	9.8
2010	64.3	17.4	25.0	14.7
2011	72.6	12.8	27.9	11.4

资料来源：根据中华人民共和国交通运输部《公路水路交通运输行业发展统计公报》（2009—2011 年）相关数据整理。

① 国家统计局.中华人民共和国 2011 年国民经济和社会发展统计公报. 2012-2-22.

② 中国民用航空局. 中国民航 2011 年 12 月份主要运输生产指标统计.
http://www.caac.gov.cn/I1/K3/201201/t20120120_45524.html，2012-01-20.

表 10-2　2009—2011 年国内、国际航线货邮吞吐量情况

年　　份	国内航线		国际航线	
	绝对值（万吨）	增速（%）	绝对值（万吨）	增速（%）
2009	625.1	10.9	320.5	0.3
2010	721.9	15.5	407.1	27.0
2011	750.2	3.9	407.6	0.1

资料来源：根据中国民航局《全国机场生产统计公报》（2009—2011 年）相关数据整理。

表 10-3　2009—2011 年国内、国际快递业务量情况

年　　份	国内同城及异地		国际及港澳台	
	业务量（亿件）	增速（%）	业务量（亿件）	增速（%）
2009	17.47	24.8	1.13	13.0
2010	22.10	26.5	1.30	15.2
2011	35.41	60.2	1.28	–1.5

资料来源：根据国家邮政局《邮政业运行情况》（2009—2011 年）相关数据整理。

10.2.2　行业内部资源整合力度加强

2011 年，在政府政策、市场竞争、外部资本等多重因素共同推动下，中国物流行业并购整合出现提速态势，从而促进物流行业集中优势资源，提高企业业务经营效率和市场竞争力。

2010—2011 年上半年，中国物流市场共出现 20 起并购案例，其中披露具体金额的 15 起案例，并购总额为 7.32 亿美元。从细分行业看，2010—2011 年上半年发生的并购案例主要分布在配送及仓储、物流管理和其他二级行业，其中配送及仓储行业最多，共发生 14 起案例。2010—2011 年上半年中国物流行业并购情况如表 10-4 所示。

表 10-4　2010—2011 年上半年中国物流行业并购情况统计

细分行业	案例数量	披露并购金额案例数量	并购金额（百万美元）	平均并购金额（百万美元）
配送及仓储	14	9	68.93	7.66
物流管理	3	3	585.68	195.23
其他	3	3	77.68	25.89
合计	20	15	732.3	48.82

资料来源：清科研究中心. 并购暗流涌动 物流业整合潮爆发指日可待. 2011 年 8 月.

2011 年亚洲最大物流地产商普洛斯在中国完成了对中国港航发展有限公司、上海宇培（集团）有限公司、维龙公司及浙江传化物流基地公司四笔收购，进一步巩固了其在中国物

流地产市场上的龙头地位。

2011 年 5 月，中国东方航空公司旗下的中国货运航空有限公司、上海国际货运航空有限公司、长城航空有限公司二家货运航空公司引入新股东，增资 20.5 亿元人民币合并成立"新中货航"。"新中货航"的成立，一方面使东航一方面集三家货运航空公司优势资源于一体，运营实力大增；另一方面可以依托合作伙伴开拓国际市场，构建一个从中国内陆延伸至欧、美、澳、日、韩、东南亚的货运体系，为货主提供更加优质的货运服务。

中远集团曾在 1998 年将经营散货船运输业务的公司从 9 家重组为主要的 3 家，2011 年 12 月，将余下的各自运营的散货企业整合为一体运营，成立中远散货运输（集团）有限公司。在全球散货运输市场供需关系严重失衡、处于周期性低谷的市场环境下，中远散货运输集团的成立，进一步理顺了中远散货业务管理架构，形成了统一决策、统一经营、统一市场操作、发挥协同效应和系统集成的规模优势，提升了中远的竞争实力和抗风险能力。

2012 年 2 月，中海发展开始实施内部散货资源整合，将公司干散货船和油轮相关业务和资产分别逐步注入两家新设立的全资子公司，分别负责专业经营干散货和油品运输业务，以理顺内部管理体系，提高公司专业化管理水平与业务经营效率。

同一时间，中外运长航集团物流业务整合工作正式启动。以上市公司中国外运为平台，将外运集团中原存续在上市公司之外的从事综合物流业务的公司，注入上市公司或由上市公司托管，涉及近 30 个地区，共 200 多家企业，资产规模近 50 亿元。同时，中外运长航集团加大全球布局设点力度，以 2.28 亿港元收购了液态、干散货运输全球物流解决方案供货商——英保客集团部分股份，以及迪拜的一家物流公司，成为名副其实的跨国物流公司。

10.2.3 国际物流服务范围不断延伸

根据国家发改委经济运行调节局和南开大学现代物流研究中心对全国物流市场的问卷调查统计，中国物流企业中从事跨国境业务的企业约占全部物流企业的 26%。从地域上看，中国国际物流企业的业务辐射范围非常大，达到了世界五大洲。例如，中国远洋控股股份有限公司在欧洲、亚洲、美洲、非洲和大洋洲都有自己的分支机构，航线主要有亚洲—美洲航线，亚洲—欧洲航线，大西洋航线，亚洲—澳大利亚、新西兰航线，亚洲—海湾航线，亚洲—南非、南美航线，华北—东南亚周班航线，东南亚区域航线，中韩航线，中日航线，形成了全球性的网络。

2011 年 4 月，"渝新欧"国际铁路联运大通道[①]全线开通，该通道的运行将使重庆成为

① 渝新欧国际铁路大通道从重庆始发，经达州、安康、西安、兰州、乌鲁木齐，到达边境阿拉山口，进入哈萨克斯坦，再转俄罗斯、白俄罗斯、波兰，至德国的杜伊斯堡，全程 10 003 千米，运行时间约为 16 天。它是重庆笔记本电脑、机电产品、汽车配件快速运往欧洲的新的战略通道。

中国向欧洲出口商品的重要集散中心。2011 年 12 月，我国与哈萨克斯坦在新疆霍尔果斯口岸举行了铁路对接仪式，标志着继 20 世纪 90 年代阿拉山口铁路对接之后，第二条中哈铁路国际大通道正式开通。通过对长距离跨境铁路和现有铁路线路进行优化组合，中国铁路网络能够实现与周边国家铁路网络的对接与联运，从而提高我国国际物流中陆路运输的效率，并有力地带动中国内陆省份外贸与物流的发展。

2011 年，我国东北亚国际运输通道和南亚国际运输通道建设取得重要进展。牡丹江至绥芬河高速公路是我国《综合交通网中长期发展规划》中提出的东北亚国际运输通道建设中的重点建设项目之一，也是国家《东北地区振兴规划》确定的 6 条综合运输通道中的重要一段。2011 年 9 月该高速公路建成通车，这对于改善东北亚地区国际物流环境具有重要战略意义。另外，东北亚国际运输通道建设重点之一——巴彦淖尔天吉泰机场也于 2011 年 12 月正式通航运营。2011 年 6 月，历经近 10 年建设、总投资 82 亿元的中尼公路拉萨至樟木口岸沥青（水泥）路改建工程全线贯通，改善了拉萨通往南亚陆路口岸的通行状况；2011 年 7 月，西藏日喀则机场正式投入运营，进一步完善了南亚国际运输通道布局。

“十二五”期间，中国将继续推进贸易多元化战略，重点开拓资源储量丰富、人口规模较大、双边贸易基数小、战略地位重要的 30 个新兴市场。这些新兴市场广泛分布于亚洲、欧洲、非洲和美洲，俄罗斯、印度、南非等一些资源丰富、战略地位重要的国家都包含在内。欧美等主要经济体对中国国际物流市场增长的贡献可能将进一步减弱。印度、巴西、俄罗斯、澳大利亚、沙特、阿联酋等是近年中国对外投资集中、对外工程承包和对外援助的重点地区，物流发展空间很大，有望成为促进中国国际物流市场增长的新亮点。

10.2.4 物流业成本压力进一步加大

近年来我国社会物流成本居高不下，物流运行效率远远低于发达国家。这不仅影响了商品的流通效率，制约了我国物流业的发展，降低了生产企业的竞争力，也进一步推动了基础生产和生活资料价格的上涨，成为制约民生的重要因素。

2011 年，全国社会物流总费用增长较快，达到 8.4 万亿元，较上年增长 18.5%。社会物流总费用与 GDP 的比率为 17.8%，与上年持平，表明中国物流业继续保持高成本运行态势。从构成上看，保管费用增长最快，与上年相比增长了 22.6%，达 2.9 万亿元，占社会物流总费用的比重为 35.0%，较上年提高了 1.1 个百分点。运输总费用为 4.4 万亿元，增长了 15.9%，占社会物流总费用的比重为 52.8%，下降了 1.2 个百分点。管理费用为 1.0 万亿元，同比增长 18.7%，所占比重为 12.2%，提高了 0.1 个百分点。目前，中国社会物流总费用与 GDP 的比率基本上是美国、日本的 2 倍左右。其中，运输费用比例是 1.8 倍左右，保管费用比例是 2 倍左右，管理费用比例是 5 ~ 6 倍。可见，中国物流业成本压力持续增加，物流运行效率亟待提高。

尽管物流成本大幅上涨，但由于国内外物流企业竞争激烈，国际贸易不景气，海运、空运及公路货物运价却并没有随之上涨。例如，波罗的海干散货综合运费指数2011年全年均值为1 548点，同比下跌56%；中国出口集装箱运价指数（CCFI）全年跌幅16.4%，仅相当于2006年水平；中国国际航空货运价格在14～17元/千克之间波动，[①]此价格仅相当于2004年、2005年的价格水平。在运力增加以及行业竞争激烈等因素影响下，国内水运以及国内公路货运市场运输价格也一直处于低位波动状态。调查显示，在物流成本上升和物流服务价格偏低的双重影响下，中国物流企业经营困难不断加大，一些中小物流企业由于不堪重负而倒闭。

2011年，全国规模以上快递服务企业业务量同比增长57.0%，但业务收入只同比增长了31.9%。[②]国内快递公司的利润率已从几年前的30%以上快速下滑到目前的5%左右，部分企业已接近零利润。2011年6月，唯一一家经营国内快递业务的外资快递企业敦豪因持续亏损，将2009年收购的三家中国国内快递公司的全部股权转让给中国民营物流企业深圳市友和道通实业有限公司，从而退出国内快递市场。

2011年1～8月，国内重点物流企业主营业务收入同比增长29.6%，主营业务成本同比增长31.4%，主营业务成本增幅高于主要业务收入增幅1.8个百分点。[③]另据中国物资储运协会对60个大型会员单位的统计，2011年样本仓储企业主营业务收入比上年增长16%，但利润只增长了12%。

虽然中国物流业的发展较快，但是相对于发达国家的物流产业而言，中国的物流产业尚处于起步阶段。如何降低成本，提高利润，是摆在中国物流企业面前的一道长期性的课题。

10.3 中国国际物流企业

10.3.1 中国国际物流企业的类型

按照物流企业的形成方式，中国物流企业可以分为三类。

---

① 邹建军. 2011年航空货运回顾与2012年展望[J]. 空运商务，2012(1):45-49。

② 国家邮政局. 2011年邮政行业运行情况. http://www.spb.gov.cn/folder87/2012/01/2012-01-20100943.html.

③ 中国物流与采购联合会. 2011年前三季度物流运行情况分析. http://www.chinawuliu.com.cn/lhhkx/201110/21/173501.shtml.

1. 大型制造业和商业企业自己建立的物流企业

在国内现有物流企业规模小、物流成本高、可靠性低、竞争力较差的情况下，为保证自己的生产顺利进行、满足客户的需要、提高自己的市场竞争力、适应业务需要，大型制造业和商业企业逐步建立起自营的物流体系，专门为本企业生产服务。如青岛海尔集团，在对本企业进行全方位流程再造基础上，建立起具有国际水平的物流体系，被中国物流与采购联合会授予中国物流示范基地；上海宝钢在实施其国际加工配送中心的设想，并在欧洲、美洲、东南亚、日本和韩国等地建立了销售贸易中心，形成了巨大的国际钢铁分销网络体系。它们将国际合作范围扩大到钢材加工配送领域，2005 年，“宝钢国际”与日本三井物产合作组建了“上海宝井”，对国内的钢材加工配送中心进行整合，在全国范围内建立钢材加工基地。广钢股份也利用广州中心城市的辐射功能和广州作为钢材高消费区的优势，计划在 2015 年退出钢铁冶炼领域，发展物流业务，在广州芳村区建设中国南方现代国际物流中心。大型连锁电器销售商国美和苏宁也建立了自己的物流配送中心。随着物流市场的开放，外国企业也加入中国物流行业。2004 年，诺基亚中国投资有限公司就在苏州建立了诺基亚亚太区第一、全球第三的全球集成配送中心。沃尔玛公司继深圳蛇口配送中心之后，又在天津建立了中国北方地区的物流配送中心，以完善其全球配送体系。

2. 过去从事仓储、运输业务的企业转变为综合物流服务企业

这类企业随着中国经济体制的改革，逐渐由国有企业转变为股份制企业，它们在市场竞争的压力下逐渐成长壮大，经营业务不断扩展，物流网络从国内市场延伸到国际市场，成为国际物流领域中的重要组成部分。同时，这些企业为提高自己的国际竞争力，积极加强国际间的合作。例如，2004 年，中国国际货运航空有限公司通过对货机回程市场进行统一调控来提高国际回程航线的货邮运输吞吐量。同时，它和德国汉莎货运公司、日本货运航空有限公司及韩国货运公司建立了合作关系，通过合作扩大市场份额，提高销售收入。中国储运公司集中为生产资料供应商和工业生产制造商提供物流服务，在转型过程中，它找到了自己的盈利点，如国际货代、现货市场、仓单质押及传统的储运业务等。中外运集团公司也与德国敦豪（DHL）合作成立了中外运敦豪。中铁现代物流科技公司与日本伊藤忠商事株式会社共同出资建立中铁一同物流有限公司，注册资金 1.4 亿日元，主要提供汽车和零部件的铁路和公路运输。中邮物流与澳大利邮政物流合资在上海成立赛诚国际物流有限公司，利用各自的运营能力共同为客户提供中澳之间的“一站式”国际物流服务。

3. 以现代物流思想为指导而新成立的物流企业

它们观念新颖，一开始就确立了专业物流服务的经营方向，成为单纯从事第三方物流服务的专业公司。其主要代表有宝供物流、南方物流、上海大通物流等。这类企业产生于 20 世纪 90 年代，它们主要以民营企业为主，采取物流代理模式，凭借其灵活的经营模式

迅速成长，经历了由小到大、从弱到强的发展过程，在业务规模、设备投资和价格等方面，逐步具备了与其他第三方物流商竞争的能力。部分公司通过与国际物流公司的合作，获得了资金、技术和管理等方面的支持，其整体的市场占有份额不断扩大。例如，1999年大田集团与联邦快递合资组建了大田—联邦快递有限公司。为提升企业的运作水平、吸引优秀的物流专业人才，2004年，大田物流将管理总部从天津迁移到北京空港，并与法国捷富凯物流公司合资组建了汽车物流企业。2005年年初，上海申通快递通过与加盟公司换股，扩大了企业经营规模，增强了企业的控制力，为企业引进国际战略伙伴奠定了基础。宝供物流通过进入保洁等跨国企业的产业链，学习先进的物流管理理念和运作方法。但是，总体上看，这类公司中的绝大多数目前还处于初级发展阶段，与上述两个起源的物流企业相比，无论在规模、实力和经营范围上还是在经营水平和技术设施装备等方面的技术水平上，都存在一定的差距。

10.3.2 中国企业的国际物流运作模式

1．制造企业与物流企业联动发展

物流企业与制造企业发挥各自优势，达成战略合作，共同提升双方主业优势，逐步形成共识。例如，中远集团先后与海尔集团、长虹集团、中核集团、TCL公司等结成战略合作关系，与日立公司签署了物流总包合同，与东风悦达起亚汽车有限公司形成紧密的合作关系；中邮物流责任有限公司与雅芳公司在运输、仓储、配送、流通加工、信息和代收货款等基础上建立战略合作伙伴关系，并延伸到联合开办专卖店等新领域；中国海运集团与宝钢集团签订《战略合作协议》，建立长期国际海上运输和国内江海运输合作，提升双方主业竞争力；重庆长安汽车责任有限公司与民生轮船公司成立长安民生公司，负责长安汽车散件进口和汽车出口销售、配送、包装、储存及运输。

在两业联动发展过程中，许多制造企业由简单的运输（仓储）外包逐步向企业物流整体外包发展，物流企业也由单一物流服务向一体化物流服务转变。其中，上海通用汽车有限公司将汽车物流单业务外包给安吉汽车物流有限公司；上海家化联合股份有限公司与上海惠尔物流公司合作，实行多业务外包和管理权自营；三星公司全球分拨中心与苏州得而达物流公司合作，将全部物流业务外包给得而达物流公司；江苏海隆国际贸易有限公司与淮安市海隆冷链物流有限公司的联动，表现为制造企业单独成立下属的物流公司；青岛啤酒与招商局物流公司共同成立合资的物流公司；中铁快运与西藏冰川矿泉水公司的“5100”矿泉水联动项目属于制造企业物流系统剥离。

2．大型领袖企业实施物流一体化服务经营

在两业联动过程中，物流企业不断深入了解制造企业供应链生产模式和物流模式，积

极开发综合物流服务能力。许多物流企业，如中铁快运、上海惠尔物流、浙江中捷环洲供应链集团、山东立晨物流等公司，针对行业客户需求，设计一体化物流解决方案，使企业自身从简单的规模扩张向能力升级模式过渡，从运输、仓储、配送等单一业务环节向流通加工、物流信息服务、库存管理、物流成本控制等供应链管理的各个领域渗透，实现物流服务的一体化运作。例如，上海华谊天原化工物流公司在承担拜耳材料物流外包服务中，不仅为其提供生产前端的原材料仓储管理和入场运输服务，而且大力拓展生产线后端的物料掺混、除尘去杂、产品包装等增值服务，以及产成品储存、出场运输等服务，业务范围已实现对拜耳材料整体供应链的覆盖。山东立晨物流有限公司在与临工—沃尔沃公司合作中，也逐步将业务范围拓展到原材料入厂物流、国际采购物流、金融物流及部分产成品物流领域，并带来企业效益的明显改善。戴尔公司的直接经营模式使戴尔与供应商、客户之间构筑了一个称为“虚拟整合”的平台，保证了供应链的无缝集成，正是其高效运作的供应链和物流体系使戴尔公司在全球 IT 行业不景气的情况下逆市而上。

3．物流企业单一业务的专业化运作

目前，国外物流企业通过各种可能的途径，纷纷占领了中国的物流市场战略高地。在投资方式上，国外物流企业将更多地选择独资的形式或通过增资扩股取得合资企业的控股权；在服务对象上，将不再局限于国外企业，会逐步向本土企业渗透；在投资地域上，将立足于长三角、珠三角和环渤海地区等经济发达地区，逐步向东北和中西部地区扩展。进入我国物流市场的跨国物流公司基本上可分为两类：一类是在空运、速递的基础上发展起来的，如美国联合包裹运送服务公司（UPS）、TNT 快递、联邦快递等；另一类则是以海运为主，逐步向综合物流发展，以马士基和美集为代表。据不完全统计，单进驻深圳的跨国物流企业就包括世界排名第二的物流企业英运物流 EXEL、货运量在全世界名列第三的近铁公司、全球排行前六位的 TNT 公司、亚太地区最大的物流企业日通公司等。此外，三九株式会社、YUSEN 公司等早已捷足先登，分别以合资、合作等方式在深圳建立了辐射珠江三角洲及内地的物流网络。这些国外物流企业的进入，在带来先进的物流理念、运作模式和管理技术的同时，也给我国本土的物流企业带来了巨大的挑战和机遇。

近几年发展较快的顺丰速运自 1993 年成立以来，每年都投入巨资完善由公司统一管理的自有服务网络：从蜗隅中山，到立足珠三角，到布局长三角；从华南先后扩展至华东、华中、华北；从大陆延展到香港、台湾，直至韩国、新加坡、马来西亚、日本及美国。随着公司的业务不断发展并迈向国际，顺丰速运现已成为中国速递行业民族品牌的佼佼者之一。

当今国际物流竞争早已突破国界，中国物流企业应该积极学习国外先进经验，加强国际物流的专业化运作模式，延伸“中国产品”的价值链，推动“中国制造”向“中国物流”、

"中国服务"转变。

10.3.3 主要的中国国际物流企业

在国家产业政策的大力扶持下，中国物流企业得到了飞速的发展，市场竞争力不断加强。到2002年，已经有68.4%的企业物流业务辐射全国，29%的企业业务范围超越国境，成为国际物流公司，为国际化生产企业和国际贸易服务。相当一部分企业已经拥有完善的物流网络、先进的信息系统、现代化的物流设施设备、健全的组织管理机构，能够从事国际运输、仓储、流通加工、物流规划与设计等经营业务。例如，中外运、中储股份、中国国际货运航空有限公司、海尔物流、宝钢物流、天津大田、广东宝供、上海捷运、上港集团、天津港等，它们走出国门，积极参与国际合作，已经在全球构筑自己的物流运作网络，并具备一定的国际竞争力，其业务类型也逐步从运输、装卸、仓储管理等传统物流业务向物流信息服务、物流金融、物流地产等高端物流服务转变。

1. 中远集团

中国远洋运输（集团）总公司简称中远或中远集团，成立于1993年，其前身是成立于1961年的仅有4艘船舶、2.26万载重吨的国有小型船公司。2001年，中远建立了包括国际环境管理体系、职业安全卫生管理体系在内的综合管理体系，成为中国国内首家获得三大管理体系认证的企业。2004年，中远正式加入联合国"全球契约"计划，努力实现可持续发展。经过50多年的发展，中远集团已经成为以航运、物流码头、修造船为主业的跨国企业集团，致力于为全球客户提供船舶和货运代理、公路货运、空运、码头、仓储、金融、房地产、旅游、贸易、劳务输出、船舶工业和IT等多个行业的优质服务。其已形成以北京为中心，以中国香港、美洲、欧洲、新加坡、日本、澳洲、韩国、西亚、非洲等九大区域公司为辐射点的全球架构，在50多个国家和地区拥有千余家企业和分支机构，员工总数约13万人，其中驻外人员400多人，外籍员工4 000多人，资产总额超过3 000亿元，海外资产和收入已超过总量的半数以上，正在形成完整的航运、物流、码头、船舶修造的全球业务链。截至2012年，该集团拥有和经营近800艘现代化商船，5 500多万载重吨，年货运量超4亿吨，远洋航线覆盖全球160多个国家和地区的1 500多个港口，船队规模位居中国第一世界第二。其集装箱船队规模在国内排名第一、世界排名第四。根据Drewry最新统计，中远集团所属中远太平洋的集装箱码头吞吐量继续保持全球第五；干散货船队世界排名第一；专业杂货、多用途和特种运输船队综合实力居世界前列；油轮船队是当今世界超级油轮船队之一。中远集团拥有含30万吨级、50万吨级的各类型船坞16座，业务涉及大型船舶和海洋工程建造、改装及修理，生产设备装配水平、生产管理水平国内领先，技术能力、生产效率及生产成本等指标居世界前列；在国内的多家船舶修造基地，年修理改造大型船舶500余艘，年造船能力840万吨，是中国最大的修船企业及技术最先进的造船企业。中远集团在全球范围内投资经营着32个码头，总泊位达157个。该集团控制各种物流车辆超过4 000台，包括具有400个轴线、最大承载能力达11 000吨的大件运输车，堆场77万平方米，拥有和控制仓库105万平方米，在家电、化工、电力、融资等领域为客户提供高附加值服务，为青藏铁路、天津空客、印度电站等国内外多个重大项目提供物流服务，创造多项业界纪录。由中远船务研发的"深海高稳性圆筒型钻探储油平台的关键设计与制造技术"项目成果获2011年度国家科技进步一等奖，这是国内海洋工程装备制造企业首次获得的国家科技殊荣。由中远集团承接、中远造船公司研发的国家科技支撑计划课题——中远"海盾（BOS）压载水处理系统"于2011年被列为"十一五"国家重大科技成果，该项目已达到或接近国际先进水平，拥有完全自主知识产权，获得12项国家级发明专利，被科技部、商务部、环境保护部、国家质检总局四部委列为"国家重点新产品"。

中远集团是唯一连续四年登上全球契约典范报告榜的亚洲企业，成为全球契约领导力（LEAD）项目督导委员会成员。据最新数据显示，中远集团在2012年《财富》杂志世界500强企业中排名第384位，且连续七次蝉联"中国物流百强企业"评比榜首。中远集团把积极履行企业社会责任与企业发展战略相结合，积极培育"绿色竞争力"，主要国际化经营指数正接近联合国"全球跨国公司100强"标准，正逐步确立国际航运、物流码头和修造船领域系统集成者的地位，朝着"全球发展，和谐共赢"的世界航运领先企业和打造"百年中远"的世纪愿景。

2. 中国外运长航

在航运领域，中国外运长航集团有限公司（简称中国外运长航）由中国对外贸易运输（集团）总公司与中国长江航运（集团）总公司于2009年3月重组成立，总部设在北京，下属境内外企业730余家，网络范围覆盖了全国30个省、自治区、直辖市，以及中国香港、台湾及韩国、日本、加拿大、美国、德国等50余个国家和地区，与400多家知名的境外运输与物流服务商建立了业务代理和战略合作伙伴关系。中国外运长航是中国三大船公司之一，中国内河最大的骨干航运企业集团，中国唯一能实现远洋、沿海、长江、运河全程物流服务的航运企业。中国外运长航是中国物流标准委员会审定的，中国唯一的集团整体5A级（中国最高级）综合服务型物流企业。它是以物流为核心主业、航运为重要支柱业务、船舶重工为相关配套业务的中国最大的综合物流服务供应商，致力于成为服务全球、世界一流的中国综合物流企业。它是中国最大的国际货运代理公司、最大的航空货运和国际快件代理公司、第二大船务代理公司。其物流业务包括海、陆、空货运代理、船务代理、供应链物流、快递、仓码、汽车运输等；航运业务包括干散货运输、石油运输、集装箱运输、滚装船运输、燃油贸易等；形成以船舶建造和修理、港口机械、电机产品为核心的工业体系，在国内外享有知名声誉，年造船能力超过400万载重吨。2011年，中国外运长航在中国物流企业50强中排名第二，其营业收入为1 031.13亿元，截至2011年年底，资产总额为1 210.72亿元，企业员工总数7万余人。

3．中国海运

中国海运（集团）总公司，简称中国海运、中国海运集团、中海集团，于1997年7月1日在上海成立。它是一家跨地区、跨行业、跨所有制和跨国经营的大型航运集团。中国海运现有资产总额1 590亿元，拥有各类船舶500余艘，2 800万载重吨，集装箱载箱位60万标准箱；集团年货物运输完成量4.35亿吨、1 100万标准箱。

中国海运拥有由集装箱运输、油运、货运、特种货运输、客运五大专业船公司组成的主营船队，各类船舶近440余艘，近2 200万载重吨，年货运量超过4亿吨。中国海运在全球90个国家和地区，设有香港、北美、欧洲、东南亚、西亚五个控股公司；境外产业下属90多家公司、代理、代表处，并拥有综合物流、船舶管理、码头经营、金融投资、工程劳务、供应贸易、信息技术等多元产业和300余家境外企业、办事处和代理网点。由中国海运控股的中海集装箱运输股份有限公司、中海发展股份有限公司和中海（海南）海盛船务股份有限公司分别在香港和上海上市。

4．宝供物流

宝供物流企业集团有限公司创建于1994年，总部设在广州，是国内第一家经国家工商总局批准以物流名称注册的企业集团，是中国最早运用现代物流理念为客户提供供应链一体化物流服务的专业公司。业务范围包括物流规划、货物运输、分销配送、储存、信息处理、流通加工、国际货代、增值服务等一系列专业物流服务。宝供集团汇聚和培养了一大批熟悉中西文化、深谙现代物流和供应链管理内涵、具有丰富运作经验的员工队伍。企业有员工2 200多人。1994年，美国宝洁公司进军中国市场，首先选择了拥有良好声誉的货物转运站（宝供前身），开始第一次合作。转运站按照严格的GMP质量管理标准和SOP运作管理程序，将宝洁的产品快速、准确、及时地送往全国各地的销售网点。早在1997年就率先在国内建立起一套基于Internet/Intranet的物流网络信息系统，实现物流数据的在线实时跟踪，并与客户信息共享，实时了解运输、仓储等物流信息。宝供集团已在全国80多个城市建立了分子公司或办事处，形成了一个覆盖全国并开始向美国、澳大利亚、泰国、中国香港等地延伸的国际化物流运作网络和信息网络，与国内外100多家（包括宝洁、飞利浦、联合利华、安利、通用电器、松下、三星、索尼、东芝、LG、壳牌、丰田汽车、福田汽车、吉利汽车、汉高、李宁、雀巢、卡夫、红牛、强生等）世界500强企业以及国内一批大型制造企业（如TCL、厦华、中石油、中石化等）结成战略联盟，为它们提供物流咨询、物流运作、增值服务、信息服务、资金服务等供应链一体化的综合物流服务。2006年宝供物流为福田汽车股份有限公司提供从物资零部件的供应和生产到生产库存的管理、JIT生产物流支持以及整车运输到备件物流的供应链一体化管理；率先构建基于全球供应链双向一体化的现代大型物流基地。宝供物流自成立以来，一直致力于中国物流行业的发展与探索，率先转变传统观念，建立现代物流理念和物流服务管理模式；大胆尝试将工业化管理标准、质量保证系统运用在物流服务中，是中国最具规模、最具影响力、最领先的第三方物流企业和民营企业之一。

5. 集装箱港口

随着外贸进出口总量的增加，我国口岸物流规模迅速扩大，已经形成沿海、沿江水运、航空和内陆边境全方位开放的立体化口岸体系。根据《商业日报》的统计，截至2012年8月，世界排名前50的集装箱港口，其中前11名中中国占据7名，分别是上海港第一，香港港第三，深圳港第四，宁波舟山港第六，广州港第七，青岛港第八，天津港第十一。

上海港位于我国海岸线与长江“黄金水道”交汇点，毗邻全球东西向国际航道主干线，以广袤富饶的长江三角洲和长江流域为主要经济腹地，地理位置得天独厚，集疏运网络四通八达。上海国际港务（集团）股份有限公司（简称上港集团）目前是我国最大的港口股份制企业，是长期集装箱吞吐量、货物吞吐量均居世界首位的综合性港口。主业领域包括港口集装箱、大宗散货和件杂货的装卸生产，以及与港口生产有关的引航、船舶拖带、理货、驳运、仓储、船货代理、集卡运输、国际邮轮服务等港口服务及港口物流业务。保持集装箱产业持续较快健康发展，是建设上海国际航运中心的重中之重，也是上港集团战略发展的核心任务。

宁波舟山港位于浙江省东北海岸，港区涉及宁波市和舟山市。港口条件非常优越，星罗棋布的舟山群岛诸岛屿，是港口的天然屏障。目前，港区主要分布在宁波镇海、北仑海岸及舟山岛南海岸。大型国际远洋船舶经虾峙门深水航道进出。宁波舟山港目前已成为集装箱远洋干线港、国内最大的矿石中转基地、国内最大的原油转运基地、国内沿海最大的液体化工储运基地和华东地区重要的煤炭运输基地。2012年，宁波舟山港货物吞吐量达到7.44亿吨，首次超越上港集团成为港口货物吞吐量世界第一。

天津港（集团）有限公司（简称天津港）处于京津城市带和环渤海经济圈的交汇点上，是环渤海港口中与华北、西北等内陆地区距离最短的港口，是首都北京和天津市的海上门户，也是亚欧大陆桥的东端起点。天津港是中国北方最大的综合性港口和中国最大的人工海港，是我国对外贸易的重要口岸。现有水域面积 326平方千米，陆域面积121平方千米，同世界上160多个国家和地区的300多个港口有贸易往来。

10.4 中国国际物流面临的新挑战

10.4.1 转型经济的发展

目前，我国潜在经济增长速度正在逐步放缓，有专家指出，未来一二十年，中国经济将从“持续高速增长阶段”进入“中速增长阶段”。这是经济发展到一定阶段的客观规律，也是我国主动政策调整的必然结果。受此影响，物流行业发展增速有所趋缓，企业效益不断下滑，投资增速持续回落。物流行业转型发展的重要挑战表现为以下几点。

（1）物流总体需求不足。长期以来，经济高速增长掩盖了企业物流服务外包的战略作用。企业物流外包仅限于运输、仓储等简单的低层次物流功能外包，或者仅限于销售环节物流外包，很少进行物流整体业务外包或整条产业链物流外包。同时，受传统的“大而全”、“小而全”观念影响，企业往往采取自营物流模式，严重地影响了物流行业的专业化发展。

（2）产业层次水平不高。由于我国物流业起步晚，门槛低，小微型企业占比高，大多数企业集中在中低端市场竞争，同质化竞争现象严重。物流服务附加值低，增值服务少，难以满足日趋增长的一体化、网络化、定制化高端服务需求。

（3）物流效率提升缓慢。用国际上通行的社会物流总费用与 GDP 的比率来衡量，我国从 2002 年的 18.9%降为 2011 年的 17.8%，10 年仅降低 1.1 个百分点。从企业看，2010 年工业、批发和零售业物流成本费用率为 8.8%，高于日本调查企业 4 个百分点。工业企业流动资金周转次数为 2.5 次，批发和零售业为 3.3 次，均远低于发达国家 9 ~ 10 次的平均水平。

（4）市场经营风险加大。近年来，我国原材料、劳动力、能源等要素成本不断上升，融资环境短期内难以好转。据调研反映，近年来物流市场“用工荒”愈演愈烈，劳动力成本不断上升。随着经济增速趋缓，物流市场将经历一次“阵痛期”。一批粗放式经营的企业将面临成本高企和失去市场的双重困境，加速退出市场。

（5）能力不足和运力过剩长期存在。受运能长期不足的影响，铁路运输仅占整个运输市场的 10%左右，远远低于国际水平，铁路优势难以发挥。而公路运输一直占据运输市场的主导地位，由于市场主体分散、规模较小，运力过剩问题长期存在。此外，随着城市扩容加快，原有仓储设施急剧缩减，而新增仓储设施短期内难以形成规模，未来仓储资源将成为物流业发展的重要瓶颈。

面对新的形势，我国物流业如何应对转型经济挑战、把握机遇，加快推动物流业从原有成本驱动、速度优先的粗放式增长方式向创新驱动、效益优先的集约化增长方式转变，从单一功能、比拼价格的传统物流服务商向系统集成、合作共赢的供应链管理服务商转型，全面推动行业持续健康和可持续发展，是一项非常紧迫和重要的任务。

10.4.2 新的区域经济格局的形成

从2009年开始，国家进一步加大促进区域协调发展的力度，先后批复了一批国家级区域发展规划，这些区域发展规划覆盖东、中、西、东北各地区，目的在于发挥不同地区比较优势，促进生产要素合理流动，深化区域合作，推进区域良性互动发展，逐步缩小区域发展差距。在2011年出台的“十二五”规划中，国家进一步明确了四大地区的重点发展区域（见表10-5），从而形成了国家经济战略新的格局，新的产业集群、城市集群、区域集群，必将对物流的流品、流量、流向、流速产生影响，从而影响物流空间布局、组织结构与运作模式，这对所有的物流企业都是一种机遇与挑战，是一种新的发展空间，如果做得好，物流先行可以成为一种引导性力量。

表10-5 国家“十二五”规划提出的重点发展区域

地区	重点发展区域
东部	推进京津冀、长江三角洲、珠江三角洲地区区域经济一体化发展，打造首都经济圈，重点推进河北沿海地区、江苏沿海地区、浙江舟山群岛新区、海峡西岸经济区、山东半岛蓝色经济区等区域发展，建设海南国际旅游岛
中部	加快构建沿陇海、沿京广、沿京九和沿长江中游经济带；重点发展太原城市群、皖江城市带、鄱阳湖生态经济区、中原经济区、武汉城市圈、环长株潭城市群
西部	推进重庆、成都、西安区域战略合作；推动呼包鄂榆、广西北部湾、成渝、黔中、滇中、藏中南、关中—天水、兰州—西宁、宁夏沿黄、天山北坡等经济区加快发展
东北	重点发展辽宁沿海经济带、沈阳经济区、长吉图经济区、哈大齐和牡绥地区

资料来源：根据《中华人民共和国国民经济和社会发展第十二个五年规划纲要》整理。

未来一段时期，根据我国实施区域发展总体战略、主体功能区战略的要求，区域间物流合作与协调发展将持续加快。钢铁、汽车、化工、装备制造等产业向沿海地区集中，劳动密集型企业向内地集聚，与之相匹配的物流平台将发生转移，形成新的“物流带”。城镇化速度加快，城市数量和规模扩张，以中心城市为核心的城市群加快发展，将促进物流业集聚区形成；区域经济加强合作，相邻城市同城化趋势，将会产生新的“物流圈”；推进农业现代化，加快社会主义新农村建设，农产品进城和农资、日用工业品下乡形成的“双向物流”网络将成为重点建设内容。

新的区域经济格局必然要求改变原有的物流网络和布局，这对物流企业的发展来说，既是机遇也是挑战。物流企业必须调整自己的业务和布局，以适应经济发展的新要求。

10.4.3 国际社会的节能减排意识增强

自哥本哈根会议以来，世界各地纷纷提出环保、绿色、低碳的概念，物流作为能源消耗量较大的行业，低碳物流理应受到国家及企业的重视。对我国物流企业而言，“低碳”将是一个新的挑战和发展机遇，同时是企业所应肩负的责任。中国政府向世界承诺，到2020年单位GDP碳排放长度比2005年减少40%～45%，节能减排目标将作为国民经济发展的约束性指标。

根据国际气候组织报告的数据，2002年全世界的二氧化碳排放中，交通运输占14%，而2005年全世界的能源消耗中，交通运输占26%。对此，业内有一个普遍共识，“低碳物流”很大程度上直指公路运输、海上运输与航空运输。这三者被视为集中减排重点，但也是减排的难点。另据一项调查结果显示，交通运输业是仅次于制造业的第二大油品消费行业，油品消耗量约占全社会油品消耗总量的33%。各种运输方式的二氧化碳排放比例：小轿车52%、货运汽车31%、海运6%、航空3%、铁路3%、其他5%。而在这些运输方式中，公路、航运和航空运输耗油量大、碳排放量大。

全球最大的航运公司马士基航运2013年1月28日宣布，公司已经提前实现了此前设定的碳排放目标，即基于2007年的碳排放量数据，在2020年前将这一指标减少25%。业内人士指出，面对不断加大的航运“碳税”压力，马士基此举无疑是在抢占未来竞争的制高点。

节能减排对物流业的影响是巨大的。它要求企业严格遵守碳排放标准，减少物流作业过程中的污染物排放。目前，中国货运汽车油耗比世界现在水平高30%，中国企业必须加快技术改造，大力发展节能减排的运载工具。运用专业知识，精打细算，优化物流流程，尽可能降低运输工具的空驶率，减少重复运输、交错运输、无效运输等不合理运输现象，改变各种运输方式衔接不畅、库存积压过大、仓储利用率低、物流设施重复建设、物流信息化程度低等现象。选用节能环保车辆、新能源汽车和绿色物流设施，优化工艺流程和运输组织，减少能源消耗；广泛开展逆向物流，实现废弃物、返退货的收集、运输和循环利用，加快构建低环境负担的循环物流体系。

10.4.4 物联网技术的新发展

物联网是一个动态的全球网络基础设施，它具有基于标准和互操作通信协议的自组织能力，其中物理的和虚拟的“物”具有身份标识、物理属性、虚拟特性和智能接口，并与信息网络无缝整合。物联网将与媒体互联网、服务互联网和企业互联网一道，构成未来互联网。

“物联网应用的一个重要方向是对传统产业的升级改造。利用物联网，我国物流业可以实现跨越式发展。”中国科学院科技政策与管理科学研究所研究员李真真表示，物联网的出现和应用，对我国物流业发展是机遇也是挑战。这些挑战有物联网规模化应用的不足，物联网商业模式创新的迫切需求，物联网缺乏能够整合硬件、软件、网络应用等产业链上下游的资本能力，以及物联网标准化体制的滞后和安全隐患等。

利用物联网技术，发展现代物流业，要加快对现有仓储、转运设施和运输工具的标准化改造，鼓励企业采用标准化的物流设施和设备，实现物流设施和设备的标准化。推广实施托盘系列国家标准，鼓励企业采用标准化托盘，支持专业化企业在全国建设托盘共用系统，开展托盘的租赁回收业务，实现托盘标准化、社会化运作。鼓励企业采用集装单元、射频识别、货物跟踪、自动分拣、立体仓库、配送中心信息系统、冷链等物流新技术，有效地提高物流运作管理水平。

随着信息采集与智能计算技术的迅速发展、互联网与移动通信网的广泛应用及与传感网结合的不断深入，大规模发展物联网的时机日趋成熟。在全球应对国际金融危机的环境下，主要发达国家和地区纷纷抛出与物联网相关的信息化战略，加大对物联网的投入，力图占据领先位置，寻求新的经济增长点。可以预见，继计算机、互联网与移动通信网之后，物联网将带来信息产业新一轮的发展浪潮，更是一场世界性的新技术革命，将对经济发展和社会生活产生深远影响。在全球物联网产业竞争中，中国与发达国家基本同步，而物联网时代的智慧物流是物联网相关技术最有现实意义的应用领域之一，中国企业必须密切关注物联网技术的新发展，并及时在物流行业中加以应用，使中国物流行业尽快走向智慧化、智能化、国际化。

10.4.5 物流行业的国际话语权

随着国际贸易物流产业的深入发展和其在国民经济发展中的重要战略作用日益凸显，世界各国都在利用资源促进本国国际贸易物流企业的发展。但是，由于发达国家物流产业发展早、起点高，发达国家的物流企业在国际贸易物流行业中居于领导地位，掌握并主导了行业标准和主要规则的制定。中国虽然在贸易量上占有优势地位，但货代、海运等环节几乎都被外资企业掌控，使中国在外贸物流上失去话语权。发达国家凭借掌握订单权和海运垄断优势的外资贸易商与外资海运企业合谋，把运费等转嫁给了中国货主企业。尽管中国贸易额在全球占有三分之一的份额，但中国航运企业、货运代理、物流企业由于目前经营水平低，根本谈不上拥有国际话语权。外国班轮公司货代企业的服务好，可以提供价格优惠“门到门”服务，因此，买主都愿意指定外国班轮公司和货代安排运输。这意味着我国货代企业能揽到的货相对较少。面对国际班轮组织利用其垄断地位频频提价和乱收费的现象，中国企业无能为力。因此，中国物流企业在开展国际航运、国际货运代理等业务时，必须做到提高效率、费用稳定，并不断完善服务，才能使我国货主企业有理由、有底气要求签订 CIF 合同条款（卖主指定海运、货代等物流公司），从而突破目前的 FOB 困境（买主指定海运、货代等公司）。目前，我国能与国际物流巨头竞争的物流企业，疲于应对国内市场的混乱竞争，遭受价格冲击，腹背受敌，国际业务日益萎缩，在国际物流市场上面临困境。

值得庆贺的是，2011 年 7 月 1 日，国际标准化组织（ISO）正式发布了编号为“ISO/PAS 18186”的《集装箱 RFID 货运标签系统》，它是自中国 1978 年开始参与国际标准化组织活动以来，第一个物流、物联网领域由中国专家发起、起草和主导的国际标准。尽管中国早已是世界集装箱制造、运输大国，世界上 90%以上的集装箱来自中国，但在此之前还没有一部集装箱国际标准是由中国人领衔制定的。目前，该系统已在中美、中日、中加、中马等多条国际航线上应用。

此外，国际市场限制、文化障碍、金融壁垒及配送渠道壁垒等也是中国物流企业进行国际化运作的重要障碍。与外国物流企业相比，绝大多数中国物流企业实力较弱，它们无论从资金实力、设施设备和技术装备，还是从人力资源、管理水平和物流运作能力上，都存在着差距。另外，中国物流企业上市数量也较少，利用社会资本的能力也较弱，这对物流企业的快速发展影响重大。对活跃在国际物流市场的中国企业来说，如何走出中国市场，克服全球化竞争中的各种挑战，逐步走向全球供应链管理，特别是进入欧美发达国家的物流市场，是一个持久的课题。

本章小结

物流业的发展水平是一个国家和地区综合国力的重要标志之一。经济全球化与区域经济一体化的深入，以及科学技术的飞速发展，为中国国际物流带来了广阔的发展前景。而中国经济及进出口贸易的持续增长及有利的国家政策扶植为中国国际物流的发展奠定了基础。中国国际物流的发展包括筹备阶段、起步阶段和发展阶段，是随着新中国的建立及实施对外开放的步伐逐渐成长起来的。

目前，中国国际物流的发展现状主要表现为国际物流市场规模增势减缓，行业内部资源整合力度加强，国际物流服务范围不断延伸，物流业成本压力进一步加大。虽然近十余年中国物流业获得了较快发展，但是相对于发达国家的物流产业而言，中国的物流产业尚处于起步阶段。如何降低成本、提高利润，是摆在我国物流企业面前的一道长期性的课题。

按照物流企业的形成方式不同，中国物流企业的产生和发展可以分为三类：大型制造业和商业企业自己建立的物流企业，过去从事仓储、运输业务的企业转变为综合物流服务企业，以及以现代物流思想为指导而新成立的物流企业。中国企业的国际物流运作模式主要有制造企业与物流企业联动发展、大型领袖企业实施物流一体化服务经营和物流企业单一业务的专业化运作三种模式。

本章对中远、中国外运长航、中国海运及宝供物流四个典型的中国国际物流企业进行业务介绍，并分析了中国国际物流企业的竞争实力，最后指出了中国国际物流发展面临的五个方面的新挑战：其一为我国转型经济的发展，其二为新的区域经济格局的形成，其三为国际社会的节能减排意识增强，其四为物联网技术的新发展，其五为物流行业的国际话语权。此外，国际市场限制、文化障碍、金融壁垒及配送渠道壁垒等也是中国物流企业进行国际化运作的重要障碍。对活跃在国际物流市场的中国企业来说，如何走出中国市场，克服全球化竞争中的各种挑战，逐步走向全球供应链管理，特别是进入欧美发达国家的物流市场，是一个持久的挑战。

案例

德国物流园的发展

德国现代物流业从服务于制造业和国际贸易起步，依托高度发达的交通、通信网络设施和先进的信息技术，逐步发展壮大，形成了独立的复合型服务产业，近年来保持了年均 3%～7%的增长速度，远高于 GDP 年均 1.3%的增速。目前，德国物流业规模产值达到 3000 亿欧元，企业数量达到 6 万家，吸纳就业人口 500 万，占就业人口的 1/7。产业构成也由传统的运输、仓储管理发展到涵盖物流信息处理、软件开发、物流流程设计和物流咨询服务在内的众多领域，被人们称为“第三利润源泉”，成为德国经济新的增长点。

物流业伴随着社会分工的发展，德国经历了从分散到集中，再到专业化的发展过程，逐步从流通和制造业中分离外包，通过现代信息技术整合传统的交通、仓储资源，形成独立产业类型，专业物流、物流咨询、增值服务等多个物流行业已经初具规模，并形成了德国敦豪快递服务公司（DHL）、德莎物流集团公司（简称德莎公司）等一批具有国际竞争力的物流企业。在为制造业服务的专业物流领域，德莎公司规模庞大，拥有仓储面积 100 万平方米，车辆 7300 辆，员工人数 15000 人。

德国高度重视多种运输方式的无缝衔接，充分利用网络。物流园区普遍建设两种以上运输方式连接和转运设施，形成将传统分散、独立的公路、铁路、水上等运输资源有效整合的系统，实现铁路与港口、码头和公路场站的无缝对接，方便了货物的转运，降低了不同运输方式转换的成本和运营风险，为提高企业供应链管理的灵活性创造了条件。物流园在管理、技术和规划等方面表现出明显的国际领先性。

（1）管理方法领先。德国将物流业定位为高技术产业，高度重视物流技术创新和物流基础研究，鼓励将 JIT（Just In Time，同期化）、JIS（Just In Sequence，同序化）、SMI

（Supplier Managed Inventory，供应管理库存）、精细物流、闭环物流等先进方法论运用于生产，在大型建筑等项目中创新和应用新的物流方法，支持物流流程设计和物流管理咨询服务等专业管理服务发展。

（2）技术水平先进。德国重视推广物流标准化、信息化发展模式，物品无论进入工厂、商店、建筑工地还是仓库、码头、配送中心，都通过集装单元、托盘和各种装卸搬运、输送机械以及专用车辆等实现。由于标准统一，这些工具和设施在欧洲大部分地区都可以通用，加上配备了先进的计算机信息管理系统，物流效率显著提高，物流费用大幅降低。

（3）发展理念超前。德国物流园区在发展的过程中率先引入绿色物流概念，注重全过程监控，通过改革运输、储存、包装、装卸、流通加工、管理等物流环节，达到节能减排的目的。例如，注重逆向物流，实现垃圾、饮料瓶、旧电器、轮胎、汽车等回收利用；运输过程中大量采用厢式车辆，保证途中不出现撒落；对于城市中心的货物运输，政府鼓励采用电动车辆和混合车辆，并给予补贴；运用信息化手段，优化运输组织，对不同物流企业的货物重新组合，增加满载，减少空驶；对多种运输方式合理分工，超过300千米运输距离，就要考虑铁路或水运；物流园区内的洗车污水处理后循环使用，不排入江河；物流园区内绿色面积不少于20%，不出现裸土；物流园尽可能建在城市近郊，不仅交通便捷，有利于货物集散，而且能够缓解中心城市的运输压力，减少城市中心的碳排放等。

德国物流园重视战略性筹建、规划和推进。早在20世纪80年代初，德国就开始谋划建设发展物流业，并逐渐承担起促进区域内商品顺畅流动、连通东西欧经贸交往的角色。随着物流业所带来的影响，德国愈加认识到物流业发展的重要性，随后在全国谋划了44个物流园区，截至目前已建成35个。尽管德国经济近年来发展迟缓，但其物流行业走在了欧洲乃至全球的前列。自1980年制定在全国建设44个物流中心的规划后，德国就开始着手布局建设公路、铁路和港口等基础设施，协调各种运输方式，形成综合立体交通网络，在交通枢纽处，政府主导投资建设物流园区。几十年来，德国联邦政府和各州政府沿用该规划，积极做好选址、征地工作，并负责物流中心地面以下的基础设施建设以及连通物流中心的道路、铁路的建设，同时通过政策调整引导企业从事专业物流业务，为物流企业提供一个良好的经营环境。

任何产业的健康快速发展都离不开政府的支持、引导。为加快物流业的发展，德国对物流理论和技术的研究应用十分重视，政府对科研机构给予资助，推动科研机构与企业合作，促进科研成果转化应用，保持全球竞争优势。为适应物流全球化的发展趋势，德国政府针对基础设施及装备制定基础性和通用性标准，针对安全和环境制定强制性标准，引导行业协会对各种物流作业和服务制定相关行业标准，制定物流用语标准、物流从业人员资格标准等，保证物流产业发展战略的有序推进。

（资料来源：根据中国钢铁现货网 2013 年 04 月 10 日文章整理。）

复习思考题

1. 联系实际，说明中国国际物流的发展历程和发展环境。
2. 试评价中国国际物流的发展现状。
3. 联系实际说明中国物流企业进入国际物流市场的运作模式。
4. 中国国际物流企业应该从哪些方面培养自己的核心竞争力？
5. 举例说明，从国内一些从事国际物流业务的企业以及国外一些著名的物流企业发展经历中，中国的物流企业可以从中得到哪些启示。
6. 中国国际物流企业面临着哪些挑战？你认为应该如何应对？
7. 阅读案例，并结合中国国际物流的发展现状，试述中国物流园如何借鉴德国经验，得到更好更快的发展。

参考文献

[1] 中国物流与采购联合会. 中国物流年鉴[M]. 北京：中国物资出版社，2012，2011，2010.

[2] 国家发展和改革委员会经济运行调节局，南开大学现代物流研究中心. 中国现代物流发展报告[M]. 北京：中国物资出版社，2012，2011.

[3] 刘军. 国际物流[M]. 北京：电子工业出版社，2009.

[4] 李勤昌. 国际货物运输实务[M]. 北京：清华大学出版社，2008.

[5] 王昭凤. 国际物流组织与管理[M]. 北京：电子工业出版社，2007.

[6] 张清，栾琨. 国际物流实务[M]. 北京：清华大学出版社，北京交通大学出版社，2012.

[7] 柴庆春. 国际物流管理[M]. 北京：北京大学出版社，2011.

[8] Pierre David，Richard Stewart. 国际物流——国际贸易中的运作管理（第二版）[M]. 王爱虎，乐泓，译. 北京：清华大学出版社，2011.

[9] 仇荣国. 国际贸易实务[M]. 北京：电子工业出版社，2011.

[10] 卢晓晴. 国际贸易实务[M]. 北京：电子工业出版社，2009.

[11] 杨鹏强. 国际货运代理实务[M]. 北京：电子工业出版社，2011.

[12] 武晋军，等. 报关实务[M]. 北京：电子工业出版社，2011.

[13] 道格拉斯·朗. 国际物流：全球供应链管理[M]. 刘凯，张晓东，译. 北京：电子工业出版社，2006.

[14] 真虹，张婕姝. 物流企业仓储管理与实务（第二版）[M]. 北京：中国物资出版社，2007.

[15] 孙宏岭，武文斌. 物流包装实务[M]. 北京：中国物资出版社，2007.

[16] 刘伟. 海上保险[M]. 天津：南开大学出版社，2006.

[17] 骆念蓓. 国际物流管理[M]. 北京：北京大学出版社，2008.

[18] 张良卫. 国际物流实务[M]. 北京：电子工业出版社，2010.

[19] 杨长春，顾永才. 国际物流[M]. 北京：首都经济贸易大学出版社，2009.

[20] 姚新超. 国际贸易运输[M]. 北京：对外经济贸易大学出版社，2010.

[21] 杨志刚，孙志强，陈扬. 国际航运实务、法规与案例[M]. 北京：人民交通出版社，2009.

[22] 王学锋，殷明，郑丙贵. 国际海上货物运输[M]. 上海：同济大学出版社，2006
[23] 王述英. 物流运输组织与管理. 北京：电子工业出版社，2011.
[24] 张海燕，吕明哲，国际物流[M]. 大连：东北财经大学出版社，2006.
[25] 毕功兵，王慧玲. 国际物流[M]. 北京：中国物资出版社，2006.
[26] 于汝民. 港口规划与建设[M]. 北京：人民交通出版社，2003.
[27] 陈彩凤. 国际货运代理[M]. 北京：清华大学出版社，2010.
[28] 顾丽亚. 国际货运代理与报关实务（第 3 版）[M]. 北京：电子工业出版社，2012.
[29] 夏荣辉，孟于群. 国际货运及代理基础（第 2 版）[M]. 北京：中国海关出版社，2011.
[30] 余世明，国际货运代理基础理论与实务[M]. 广州：暨南大学出版，2010
[31] 白世贞，李楠. 国际物流与货运代理[M]. 北京：中国人民大学出版社，2009.
[32] 董维忠. 港口经济研究[M]. 中国财政经济出版社，2005.
[33] 王诺. 工程物流学导论[M]. 北京：化学工业出版社，2007.
[34] 中国交通运输协会. 2010 年度全国先进物流企业发展报告[M]. 北京：中国物资出版社，2011.
[35] 冉文学，朱文超. 重大件工程物流运输管理[J]. 物流技术与应用，2010(11)：98-102
[36] 丁俊发. 十大因素影响“十二五”物流业格局[FB/OL].（2011-06-16）[2013-04-24] http://finance.sina.com.cn/hy/20110616/092010000117.shtml.
[37] 王敏. 世界首个物流物联网国际标准中国诞生[N]. 中国水运报，2012-01.
[38] 胥会云，陈姗姗. 国际航运话语权“争夺战”[N]. 第一财经日报，2010-03.
[39] 李其峰. 以物流增值服务践行航空战略. 中国航空报[N]，2012-11.
[40] 何黎明. 物流业应积极应对“中速增长阶段”[N]. 中国商报，2012-10.
[41] 晁毓山. 借力物流业物联网产业迎来发展新机遇[N]. 中国高新技术产业导报，2011-06.
[42] 李金铠. 我国现代物流产业竞争态势分析：基于国际化视角[J]. 商业经济与管理，2008.
[43] 张凤展. 天津港集装箱物流中心战略构想[J]. 港口经济，2002（4）.
[44] 袁俊斌. 大型工程项目物流配送中心的选址及配送研究[D]. 南京航空航天大学，2009.
[45] 王靓靓. 国际工程物流项目中运输方案优化研究[D]. 大连海事大学，2010.
[46] 陈志荣. 我国现代物流业发展研究[D]. 内蒙古大学，2011.
[47] 杨太伦. 我国国际物流现状分析与核心竞争力探讨[D]. 西南交通大学，2007.